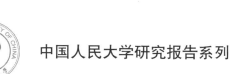

中国人民大学研究报告系列

中国网络社会研究报告

元宇宙专题

2022

STUDY REPORT OF
INTERNET SOCIETY IN CHINA
ISSUE OF METAVERSE

主　编　刘少杰
副主编　王建民

中国人民大学出版社
·北京·

总 序

陈雨露

当前中国的各类研究报告层出不穷，种类繁多，写法各异，成百舸争流、各领风骚之势。中国人民大学经过精心组织、整合设计，隆重推出由人大学者协同编撰的"研究报告系列"。这一系列主要是应用对策型研究报告，集中推出的本意在于，直面重大社会现实问题，开展动态分析和评估预测，建言献策于咨政与学术。

"学术领先、内容原创、关注时事、咨政助企"是中国人民大学"研究报告系列"的基本定位与功能。研究报告是一种科研成果载体，它承载了人大学者立足创新，致力于建设学术高地和咨询智库的学术责任和社会关怀；研究报告是一种研究模式，它以相关领域指标和统计数据为基础，评估现状，预测未来，推动人文社会科学研究成果的转化应用；研究报告还是一种学术品牌，它持续聚焦经济社会发展中的热点、焦点和重大战略问题，以扎实有力的研究成果服务于党和政府以及企业的计划、决策，服务于专门领域的研究，并以其专题性、周期性和翔实性赢得读者的识别与关注。

中国人民大学推出"研究报告系列"，有自己的学术积淀和学术思考。我校素以人文社会科学见长，注重学术研究咨政育人、服务社会的作用，曾陆续推出若干有影响力的研究报告。譬如自2002年始，我们组织跨学科课题组研究编写的《中国经济发展研究报告》《中国社会发展研究报告》《中国人文社会科学发展研究报告》，紧密联系和真实反映我国经济、社会和人文社会科学发展领域的重大现实问题，十年不辍，近年又推出《中国法律发展报告》等，与前三种合称为"四大报告"。此外还有一些散在的不同学科的专题研究报告也连续多年，在学界和社会上形成了一定的影响。这些研究报告都是观察分析、评估预测政治经济、社会文化等领域重大问题的专题研究，其中既有客观数据和事例，又有深度分析和战略预测，兼具实证性、前瞻性和学术性。我们把这些研究报告整合起来，与人民大学出版资源相结合，再做新的策划、征集、遴选，形成了这个"研究报告系列"，以期放大规模效应，扩展社会服务功能。这个系列是开放的，未来会依情势有所增减，使其动态成长。

中国人民大学推出"研究报告系列"，还具有关注学科建设、强化育人功能、推进协同创新等多重意义。作为连续性出版物，研究报告可以成为本学科学者展示、交流学术成果的平台。编写一部好的研究报告，通常需要集结力量，精诚携手，合作者随报告之连续而成为稳定团队，亦可增益学科实力。研究报告立足于丰厚素材，常常动员学生参与，可使他们在系统研究中得到学术训练，增长才干。此外，面向社会实践的研究报告必然要与政府、企业保持密切联系，关注社会的状况与需要，从而带动高校与行业企业、政府、学界以及国外科研机构之间的深度合作，收"协同创新"之效。

为适应信息化、数字化、网络化的发展趋势，中国人民大学的"研究报告系列"在出版纸质版本的同时将开发相应的文献数据库，形成丰富的数字资源，借助知识管理工具实现信息关联和知识挖掘，方便网络查询和跨专题检索，为广大读者提供方便适用的增值服务。

中国人民大学的"研究报告系列"是我们在整合科研力量，促进成果转化方面的新探索，我们将紧扣时代脉搏，敏锐捕捉经济社会发展的重点、热点、焦点问题，力争使每一种研究报告和整个系列都成为精品，都适应读者需要，从而铸造高质量的学术品牌、形成核心学术价值，更好地担当学术服务社会的职责。

目 录 ▶

第一章　从集体表象到数字表象：元宇宙热潮的演化逻辑与扩展根据

引　言

元宇宙热潮奔腾而至，关于元宇宙人们众说纷纭，令人如堕云雾，难窥其究竟。借鉴迪尔凯姆（又译为涂尔干）在宗教生活中发现集体表象和社会制度的研究方式，可以在快速变化的元宇宙热潮中揭示元宇宙的观念演化逻辑、扩展根据和发展趋势。时至今日，元宇宙已经不能仅被理解为表象空间或精神社会，它在利益、权力和技术的驱动下，已经开始了同现实社会的融合，扩展为丰富而崭新的社会形态，成为社会学进入数字化、网络化和智能化时代不可回避的研究对象。本章借鉴经典社会学在宗教生活或社会生活中揭示集体表象和社会制度的研究方式，对数字表象等元宇宙的深层因素做些初步探讨，以期引起关于元宇宙更深入的社会学研究。

一、元宇宙观念的演化逻辑

元宇宙这个崭新的名词被赋予了很多令人耳目一新的含义。被公认为元宇宙开发领头羊的扎克伯格解释什么是元宇宙时说："我们从桌面转到网络，再转到手机；从文字转为照片，再转到影片。但进展并非到此结束。下阶段的平台和媒体将让人更有身临其境的感觉。你将置身在网络中，而不是从旁边看，这也就是我们所说的'元宇宙'。"① 虽然扎克伯格对元宇宙做了许多生动的描述，但简而言之，其不过是

---

① 扎克伯格眼中的"元宇宙"：细品 Facebook 改名的背后．（2021－11－11）［2022－03－30］．https：//baijiahao．baidu．com/s？id＝1716185983208889799&wfr＝spider&for＝pc．

说，元宇宙是在网络信息技术和数字影视技术的基础上形成的"让人更有身临其境的感觉"的崭新空间。

从扎克伯格的描述中可以看出，这个发现元宇宙具有无限商机的网络公司巨头，尽管已经毅然把自己公司的大名由 Facebook 改为 Meta，表达了他对元宇宙具有广阔发展前景的坚定信心，但他仍然不觉得元宇宙就是人类身处其中的现实社会。他明确肯定的是，元宇宙是可以使人们获得身临其境的感觉的表象空间，而不是身体真正进入其中的现实世界。更明确地说，在扎克伯格看来，元宇宙可以使人们在虚拟空间中产生更真实的体验。然而，无论体验有多么真实，元宇宙都不是身体活动于其中的现实世界。

正是看中了数字表象的神奇魅力，扎克伯格理解的元宇宙是超越现实的另一个宇宙（meta＋verse），是一个虚拟的但可以从中获得比现实更生动、更丰富、更真实的体验的表象空间。在网络信息、数字模拟和数字影像等技术的支持下，一个五彩缤纷、神奇梦幻的虚拟世界被构建了出来。戴上 VR 眼镜，在这个虚拟世界中能够看到比实体世界更生动丰富的变化过程，可以形成比在地方空间中更真实的体验。

而元宇宙热潮在中国兴起之后，追逐者们对元宇宙的理解则比扎克伯格的"真实感说"更进一步，甚至把元宇宙看成比现实更加真实的世界。经济学家朱嘉明认为，"'元宇宙'为人类社会实现最终数字化转型提供了新的路径，并与'后人类社会'发生全方位的交集，展现了一个可以与大航海时代、工业革命时代、宇航时代具有同样历史意义的新时代"[①]。可见，元宇宙被认为具有划时代的意义，它是以数字化转型为基础的"后人类社会"。

赵国栋等学者在考察了元宇宙各方面的发展之后，认为元宇宙作为一种新型社会，将给人类文明增添难以想象的辉煌。元宇宙"不仅是经济"，"还是一个'社会'，更是 M 世代[②]组成的后现代社会。其中不仅有经济现象，还有文化现象、社会现象。在这个超越国家、民族、地域、时间界限的社会中，会孕育什么样的文明？实在令人神往"[③]。也就是说，元宇宙不仅包含了现实社会中的各种经济、文化和社会现象，而且还超越了时空的边界限制，将孕育出令人难以想象的崭新文明。

---

① 赵国栋，易欢欢，徐远重．元宇宙．北京：中译出版社，2021：2.
② 关于 M 世代，《元宇宙》作者给出的界定是："M 世代（metaverse generation），即生活在元宇宙的这代人，出生于 1995 年到 2010 年之间。这代人伴随着互联网一起成长，受到互联网、即时通信、短信、MP3、智能手机和平板电脑等科技产物影响很大。……他们是元宇宙世界的居民。"赵国栋，易欢欢，徐远重．元宇宙．北京：中译出版社，2021：39.
③ 赵国栋，易欢欢，徐远重．元宇宙．北京：中译出版社，2021：227.

于佳宁与何超从更加广阔的视野看待元宇宙，他们认为，元宇宙就是第三代互联网，它展开于社会生活的各个方面，应当在虚实的融合中把握其本质特征。他们指出："元宇宙的本质特征是五大融合：数字世界与物理世界的融合、数字经济与实体经济的融合、数字生活与社会生活的融合、数字资产与实物资产的融合、数字身份与现实身份的融合。元宇宙并非只是'虚拟空间'，发展元宇宙的关键是'融合'。"①

从上述关于元宇宙的具有代表性的观点中可以发现，中国学者视野里的元宇宙要比扎克伯格描述的元宇宙更具有构成综合性和社会总体性。扎克伯格认为，"元宇宙是移动互联网的升级版，是融合虚拟现实技术，用专属的硬件设备打造的一个具有超强沉浸感的社交平台"②。不过，戴着VR眼镜在虚拟世界中形成的体验，无论有何种程度的真实感，都同在地方空间中通过身体活动形成的体验具有本质区别。

地方空间中由身体经历形成的体验，往往会受到各种因素的限制，诸如空间范围、物质条件、地方文化、活动能力、周围环境，从而无法与超越了这些限制的表象空间中的体验相提并论。但是，无论地方空间中的体验多么沉重、单调和受限，只要身体进入其中、活动其中，这种体验就都是直接的、现实的、此岸的体验；而凭借VR技术形成的表象体验，不过是间接的、虚拟的、彼岸的体验。前者是身体活动的实践经历，后者是表象展开的精神活动。

国内学者把扎克伯格理解的具有虚拟性的元宇宙扩展为虚实结合的另一种元宇宙。朱嘉明论述的后人类社会，赵国栋界定的M世代组成的后现代社会，于佳宁与何超讨论的第三代互联网中的五大融合，虽然各有特点，但共同性也很明显，即都强调了数字化在经济、文化和社会等各种领域的全面渗透催生了一个与传统社会不同的元宇宙新社会。简而言之，国内学者讨论的元宇宙是一种把虚拟与现实、精神与实体统一起来的过程，是数字化、网络化和智能化在经济、文化和社会等各种领域的全面展开。

总之，元宇宙概念经历了在科幻游戏中生成并向经济、文化、社会扩展的发展过程。这虽然是一个高度压缩的发展过程，但却清晰地展现了从虚拟世界的视觉表象到虚实结合的现实生活的演化逻辑。元宇宙通过《雪崩》、《黑客帝国》和《头号玩家》等文学影视作品，以生动的感性形象向人类展现了超越现实的奇幻世界。感

① 于佳宁，何超．元宇宙：开启未来世界的六大趋势．北京：中信出版社，2021：22.
② 扎克伯格眼中的"元宇宙"：细品Facebook改名的背后．（2021-11-11）[2022-03-30]．https://baijiahao.baidu.com/s? id=1716185983208889799&wfr=spider&for=pc.

性形象具有概念演绎和逻辑推理无法比拟的感染力和易理解性，尤其是在数字技术的支持下，元宇宙中的感性形象具有了更斑斓的色彩、更广阔的空间、更丰富的内容、更神奇的魅力，为人类展开了一个景观无限的精神世界。

并且，元宇宙展开的精神世界与神话和宗教追求的精神世界不同。虽然神话对神灵的歌颂和宗教对神明的崇拜，也表达了人类对力量、善良和永恒的追求，但其直接结果是引导人类在敬畏中远离现实；而元宇宙则借助网络信息和数字影视技术展开具有科学含量的精神世界，人们在欣赏变化万千的科幻影像时，能产生对现实的体验和联想，其结果不是超脱现实，而是引导人类返回现实、深入现实。正是在这个意义上，扎克伯格认为在元宇宙中能够"形成比在现实中更真实的体验"，同样是在这个意义上，中国学者视野里的元宇宙展开了同现实更加广泛的融合。

二、元宇宙热潮的扩展根据

虽然元宇宙概念问世已有 30 多年的时间，但对元宇宙的追逐热潮却是在 2021 年才兴起的。而在 2021 年至今这段较短的时间中，元宇宙的追逐热潮却轰轰烈烈、波澜壮阔。2021 年 3 月 10 日，世界上最受欢迎的青少年游戏网站 Roblox 作为"元宇宙第一股"在纽约证券交易所纳斯达克上市，第一天收市股价 69.50 美元，市值 382.63 亿美元。2021 年 5 月，谷歌公司宣布正在研发一项具有裸眼三维效果的显示器技术 Starline，有望实现全息网络视频通话。这些接踵而来的元宇宙相关信息，激起了人们对元宇宙的强烈关注。

尤其引人注目的是 2021 年 10 月，扎克伯格宣布具有万亿美元市值的 Facebook 公司改名为 Meta。时隔不久，元宇宙领域又传来一个惊天新闻：2022 年 1 月 19 日，微软宣布将斥资 687 亿美元收购游戏开发公司动视暴雪，全球元宇宙追逐者欢呼雀跃，各国证券市场中的元宇宙概念股股价也应声大涨。元宇宙成为蕴含着巨大商机、美好前景的广袤无垠的新空间、新世界和新宇宙，引起日益增多的投资者、开发商的热切关注，各种巨额投资信息和宏伟开发规划不断涌现。对经济效益敏感的经济学和对新鲜事物能够做出迅速反应的新闻学或传播学等学科，也纷纷把目光转向元宇宙这个可以使学术想象空前活跃和无限扩展的崭新领域。

元宇宙在中国也引起了实业界和学术界的热烈追逐。早在 2020 年 11 月，腾讯 CEO 马化腾就已撰文提出了与元宇宙同义的"全真互联网"概念："一个令人兴奋的机会正在到来，移动互联网十年发展，即将迎来下一波升级，我们称之为全真互联网。……虚拟世界和真实世界的大门已经打开，无论是从虚到实，还是由实入虚，都在致力于帮助用户实现更真实的体验。从消费互联网到产业互联网，应用场景也已打开。通信、社交在视频化，视频会议、直播崛起，游戏也在云化。随着VR等新技术、新的硬件和软件在各种不同场景的推动，我相信又一场大洗牌即将开始。就像移动互联网转型一样，上不了船的人将逐渐落伍。"[1]

至2021年6月，国内投资界和学术界对元宇宙的追逐开始形成热潮。在深沪证券市场，被划入元宇宙行列的100多只股票价格开始不断上涨。作为A股中元宇宙领头羊的中青宝，股价从9月初的8.28元开始上涨，至11月11日达到最高价42.63元，上涨幅度达4.15倍。2021年10—11月，中国移动通信联合会元宇宙产业委员会和中国民营科技实业家协会元宇宙工作委员会相继成立。11月18日，张家界元宇宙研究中心成立。12月5日，新华社元宇宙联创中心成立。学术界对元宇宙现象也给予了极大关注，赵国栋和于佳宁等人撰写的介绍元宇宙的著作，成为2021年的畅销图书。相关学术论文也纷纷发表，至2022年2月，知网收录的直接以元宇宙为主题的论文竟然有1 200多篇。

元宇宙能够在全球形成如此浩大的追逐热潮，一定有其兴起和扩展的根据。虽然有人指责元宇宙追逐热潮中有跟风炒作的因素，但人们看到微软、Meta和腾讯等巨型科技公司纷纷投以巨资，中外大量政府机构积极推出元宇宙发展规划，很多学者做出深入探索并且著书立说之后，自然会得出元宇宙热潮不能简单归结为跟风炒作的结论，相反会认真思考什么是元宇宙热潮生成与持续的根据。从元宇宙首先兴起于对数字游戏的开发和追逐，到后来向实业和投资领域扩展的演化过程看，元宇宙热潮兴起和扩展的根据可从以下几个方面考虑：

首先，丰盛时代的到来，不仅为数字游戏和休闲娱乐的开发奠定了坚实的物质生活基础，而且还日渐强烈地提出了丰富和拓展人们精神生活的要求。Roblox上市引起热烈追捧，腾讯大力开发数字游戏产业，微软巨资收购动视暴雪，都明确无疑地说明巨型科技公司对数字游戏产业的看好。鲍德里亚早在20世纪70年代就已经明确指出，丰盛时代的到来，不仅使人们摆脱了物质生活资料匮乏状态，满足了人们的物质生活需求[2]，而且还引起了人们消费需求的深刻转变：从对使用价值的追求转向了对符号价值的追求[3]。对符号价值的追求是对个体差异性、与他人的区分性或身份地位的追求，也可以归结为对精神生活的追求。

① 马化腾.大洗牌即将开始，全真互联网到来.中关村，2021（1）：58-59.
② 鲍德里亚.消费社会.刘成富，全志钢，译.南京：南京大学出版社，2008：1.
③ 鲍德里亚.符号政治经济学批判.夏莹，译.南京：南京大学出版社，2009：44.

　　事实上，丰盛时代的到来引起消费需求的变化，不仅表现为通过穿着打扮的特殊性彰显个体的地位和价值，而且还表现为游戏、休闲、娱乐等方面的精神生活需求大幅增长。这些在物质生活资料匮乏状态下不可能成为社会成员普遍关注的生活形式，但在丰盛时代不仅成为社会成员日常生活的基本形式，而且成为企业市场投资获利的重要领域，进而还成为政府管理、整合和联系社会的重要途径。从游戏起步甚至将之作为主要内容的元宇宙的建设与开发，正适应了人类社会从贫困走向富裕过程中发生的精神生活地位提高和精神需求增加等深刻变化。

　　其次，从游戏起步的元宇宙，通过生动的表象吸引了人们的关注，并有效地刺激了参与者使其持续兴奋，进而生成了元宇宙中的集体表象乃至社会表象。迪尔凯姆深入论述了集体表象和社会表象在宗教生活以及社会生活中的力量和作用。在他看来，人们在宗教或社会的集体活动中形成了蕴含着价值认同、共同信念和群体崇拜等内容的集体表象。集体表象是通过形象意识活动形成的可以记忆、传递和传承的集体共识，它不仅可以整合个体的意识和情感，成为增强集体兴奋、维持集体活动的纽带，而且还具有淹没个体意识和规定集体行动的社会强制性。

　　在更大规模的社会事件或社会革命中，随着集体活动扩展为广大社会成员参与的社会运动，集体表象扩展为社会表象。在诸如法国大革命这样大规模的社会运动中，广大社会成员忘我地投入其中，甚至为赢得革命胜利而英勇献出自己的生命，靠的不是理论逻辑和理性计算，而是社会运动的热烈场景、激动氛围和群体兴奋融合而成的社会表象。社会表象作为感性意识活动，直接支配感性行动并指向具体的奋斗目标，它可以动员起难以抵挡的社会力量，去冲击和改变与社会表象不同的社会秩序。

　　迪尔凯姆论述的集体表象或社会表象，是在地方空间中的社会活动中形成的与感性存在直接联系的直接表象；而在元宇宙中通过数字技术和VR视觉效应形成的数字表象，是一种同感性存在具有间接联系的间接表象。之所以说其具有间接性，是因为元宇宙中的游戏动作和游戏场景是虚拟的，尽管游戏者在虚拟空间中形成的游戏体验，要比在实地场所中的游戏活动中形成的体验更生动、更丰富和更有真实感，但这些特点无论多么强烈也改变不了游戏的虚拟本质。游戏者在元宇宙中看到的，甚至感觉接触到的，都是一种经由数字技术的中介作用而生成的数字表象。

　　虽然数字表象具有虚拟的间接性，但正是凭借因虚拟技术而获得的生动性、丰富性和真实性，加上虚拟空间的广袤性或无边界性，数字表象才可以引起参与元宇宙游戏的活动者更加丰富的联想，让他们获得更加丰富的体验。于是，数字表象获得了比集体表象更强的吸引力、凝聚力和扩展力。腾讯公司开发的数字游戏《王者荣耀》，平均每天有300多万在线玩家，同时在线的玩家有100多万人。由美国拳头游戏（Riot Games）开发、后由腾讯控股的数字游戏《英雄联盟》，每天有2 700万的上线账号数量，同时在线人数超过750万人。Roblox游戏的火爆程度更是令人难以想象，2020年第四季度，其用户平均每日达到3 710万人[①]。这些事实都十分清楚地表明了数字表象的吸引力、凝聚力和扩展力。

　　而当数字表象被应用于视野更广阔的网络交往、虚拟聚会、线上旅游和数字文化等活动时，其展开的场面就更加广阔而生动、丰富而真实，所以，超现实的或另一个世界的元宇宙的称谓也就得到了普遍认同。正是数字表象展开的广阔景观，使它具有了在地方空间中通过群体活动形成的集体表象所不具备的扩展力量。元宇宙中有难以计数的兴趣共同体，当其中形形色色的共同体通过共有表象链接成千万人同时在线或持续互动的社会过程时，元宇宙就成为超越地方空间的具有整体联系的精神社会。

　　中国学界和实业界所关注的元宇宙，发生了精神社会与实体社会、表象空间与地方空间、线上活动与线下行动的融合。在中国学术界，率先对元宇宙给予最积极关注的是一批经济学者。赵国栋、于佳宁等学者从经济学视角阐释了元宇宙与数字经济、数字金融、数字文化、产业开发和云旅游、云游戏的联系，揭示了元宇宙广阔的发展前景和蕴含的巨大经济效益。实业界和投资领域对元宇宙也展开了热烈追逐。元宇宙在中国展示的形象已经不是佩戴VR眼镜才能看到的表象世界，而是表象与实体、虚拟与地方紧密联系的新的现实世界。

　　因此，元宇宙在中国引起的追逐热潮，就具有了表现为效益、产业和实业的更加真实的现实基础。元宇宙在中国产生的虚拟与现实联系更加紧密的变化，与中国社会的发展现状和社会需求直接相关，即虽然中国经济社会有了较大程度的发展，但物质生活资料的满足程度在全国范围内还处于很不平衡的状态。城乡之间、东部与西部之间、不同社会阶层之间和不同行业之间仍存在较大贫富差距。因此，即便相对富裕地区和相对富裕群体的物质生活达到了较高的满足程度，出现了精神生活需求大幅提高的变化，发展滞后地区和相对贫困群体仍有对物质生活资料的较大期待或需求。面对这种发展不平衡的现实，元宇宙的建设就不能仅仅仰望星空，而要适应社会发展的不平衡状态和社会需求的多元差异，在虚拟与现实、表象与实体、精神生活与物质生活的联系中拓展发展空间。

---

　　① 赵国栋，易欢欢，徐远重. 元宇宙. 北京：中译出版社，2021：10.

三、社会学研究面临的挑战

无论是从科幻游戏的起步，还是向虚拟与现实广泛融合的扩展，元宇宙都离不开数字表象的作用。正是通过数字表象，人们可以在元宇宙中展开比地方空间中的宗教群体或社会集体更广阔、更有活力的崭新社会生活。虽然只有戴上 VR 眼镜才能身临其境地进入元宇宙之中，娱乐与观赏、交往与沟通都不过是一个表象过程，但这种元宇宙中的活动也是一种社会生活，只不过是与实体社会不同的精神社会生活。物质生活和精神生活都是人类不可或缺的生命历程。迪尔凯姆对图腾崇拜或原始宗教的考察，就已经充分地说明精神生活也是一种社会现象，并且正是精神生活的存在，才使人们结成了群体、认同了制度，才使社会保持了活力、形成了秩序。

同迪尔凯姆在对原始宗教活动的分析中论述的集体表象相比，数字表象作为感性意识活动，凭借数字技术使人们获得了更加灵敏的感受力、更加有效的沟通力、更加广阔的视野范围；而在元宇宙中，数字表象还作为行动者的感知对象和活动环境，展现了更加生动的画面、更加丰富的意义、更加自由的活动空间。因此，数字表象赋予行动者的主体能力和为其生成的客体环境都更加具有生机和活力，由此吸引了无数社会成员，尤其是那些精力充沛、想象丰富的青少年，流连忘返，沉浸其中，在五彩缤纷的表象世界中自由遐想，忘却地方空间中的无尽烦恼，在精神世界中无忧无虑地展翅翱翔。

而在数以百万、千万甚至数以亿计的社会成员投入其中，元宇宙成为广阔无垠的社会空间后，商人从中发现了利润丰厚的巨大商机，管理者从中看到了一个可以施展管控技能的权力场，道德家则发现这是个与现实有密切联系却往往不服从现实规则的场域，应当对之开展道德教化。于是，在推进虚拟与现实、表象与实体融合的过程中，地方空间中的利益追求、权力争夺和道德教化纷纷进驻元宇宙之中。由此，曾被一些浪漫的追逐者宣布为自由天堂的元宇宙也就不可避免地向世俗追求敞开了大门，被标榜为包罗万象而超越现实的元宇宙，变成了更加现实的社会。

同地方社会一样，元宇宙也需要获得人们共有表象的支持，相对而言，其共有表象由集体表象转变为数字表象，展开空间从有清晰边界的地方空间转变为广袤无界的虚实结合的数字空间。其最明显的也是最重要的特点，乃是精神生活由从属地位上升为主导地位。因此，元宇宙确实是一个广阔无限、内容丰富的崭新社会，是一个不仅传统社会学所探索和关注的内容都存在于其中，而且还生成了新内容和新问题的社会。社会学不应因元宇宙的日新月异和该领域中出现的陌生术语而止步不前，而应积极面对这个与传统社会大不相同的新社会。

令人遗憾的是，呈现出崭新内容与形式的元宇宙社会，虽然引起了经济学、传播学和哲学等学科的高度重视，但却没有引起社会学的积极关注。当元宇宙被称为2021年最令人瞩目的热词，关于元宇宙研究的学术论文和新闻评论大量发表之时，却很少能够看到来自社会学领域的研究成果。为何一向对新社会现象给予积极关注的社会学在元宇宙热潮中却保持了相对沉默？究其原因，首先在于传统社会学研究主要关注的是作为经验过程的实体社会生活，而元宇宙追逐者广泛讨论的人类社会新空间主要表现为脱离实体社会的虚拟空间，因此自然不在社会学的视野之内。

然而，一些元宇宙的追逐者却认为，元宇宙中的数字交往、沉浸式体验、云旅游、云看展以及数字游戏等活动也是一种社会现象。元宇宙活动借助数字技术形成了无限丰富的数字表象，人们以这些表象为基础去体验、交往和联结，从而形成了精神社会。并且，元宇宙的建设开发并没有止步于精神社会，人们又把数字表象同经济、政治、文化和社会生活联系起来，不仅使元宇宙实现了虚拟与现实的广泛融合，而且使人们自己获得了比仅仅固守于实体空间更大的效益。

元宇宙中的集体表象和社会表象，就其表现形式和社会作用而言，同迪尔凯姆论述的集体表象并无本质区别。但不可否认的是，宗教生活中的集体表象旨在超越现实而达到彼岸世界，而元宇宙中的数字表象却志在在虚拟中实现对现实的更真实的体验。数字交往、数字游戏、云旅游等元宇宙活动，是通过 VR、AR 和 MR 等数字技术创造和激发的数字表象，引得人们心醉神迷，拥有了比在实体空间更有实体感的沉浸式体验。因此，元宇宙凭借数字技术展现了一个在传统视野中令人深感陌生的世界，但其目的却与宗教相反，意在让人们同现实发生更亲密、更和谐的联系。

不过，元宇宙创造者们天真善良的愿望未必能够实现。一旦理想化的数字表象同现实发生了联系，现实中的贪婪妄为、残酷竞争、资源控制、权力争夺，都会一股脑地涌入其中。元宇宙中的房产开发与交易、数字经济与数字市场、云旅游和数字游戏等，都表明现实的利益争夺之手已经伸向其中。尤其是于佳宁等学者论述的元宇宙发展的六大趋势[①]，更加清楚地显示，元宇宙的发展不仅会带来可供争夺的巨大效益，而且在这种无止尽的利益争夺中也会出现值得社会学深入探究的社会矛盾或社会问题。

进一步说，无论是凭借 VR 眼镜看到的数字精神世界，还是数字表象同实体存

---

① 于佳宁，何超. 元宇宙：开启未来世界的六大趋势. 北京：中信出版社，2021.

在发生种种融合的虚实统一的现实世界，都包含着真实的社会交往关系、价值取向不同的社会行动、表象形式不同的财富资源、因资源占有多寡而出现的社会分层、通过获取与支配能力区分的权力关系。凡此种种，都是社会学在元宇宙中面对的重要课题。因此，面对汹涌的元宇宙热潮和正在推进扩展的元宇宙建设，社会学不应当保持沉默，而应当像社会学兴起之初努力探索工业社会的本质与规律那样，积极考察和深入研究元宇宙发展的形式、路径、问题和前景。

然而，尽管元宇宙表现出了同现实社会融合的趋势，很多在传统社会中发现的问题和呈现的规则在元宇宙中也同样存在，但元宇宙毕竟展开了另一个空间，这个虚拟的表象空间的主要内容是一种精神生活或精神社会。以在地方社会中开展经验研究见长的社会学，应当调整自己的研究方式和学术追求，在虚拟与现实、缺场与在场、精神与实体的统一中拓宽自己的学术视野。

社会学应当超越对经验事实的表层描述，像迪尔凯姆倡导的那样，在经验现象中揭示作为制度的社会事实。社会学以社会事实作为自己的研究对象，这是迪尔凯姆在为社会学奠基时提出的[①]。虽然当代社会学没有忘记迪尔凯姆做出的这个论断，但很多学者对社会事实的理解却与迪尔凯姆相去甚远。迪尔凯姆承认面对经验事实的重要性，但他说的社会事实不是直接呈现着的经验现象，而是通过人们的经验活动形成的思维方式、生活方式、行为方式和感觉方式，而这些方式就是规范着社会行动的制度，社会学就是关于这些制度的科学[②]。

人们在宗教或社会的群体活动中，通过交往互动形成共同的情感、知觉和表象，亦即形成共同坚持、信仰和遵循的集体表象，宗教团体、社会群体乃至部落和民族才能整合与维持，才能在历史变迁中持续地激发集体兴奋或社会运动，使各种形式的社会生活在动荡不安的历史中世代相继地延续下去。迪尔凯姆在《宗教生活的基本形式》等著作中通过对宗教活动与社会活动的深入考察，揭示了集体表象和社会表象在社会发展变迁中的深层作用，树立了在地方空间、社会空间和心理空间的融合中开展社会学研究的典范。

在元宇宙热潮席卷而来的新时代，数字化、网络化或信息化的超实体空间已经不可回避地呈现在社会学研究者面前，它突破了所有边界限制而无处不在。无论人们给这个新空间赋予何种称谓——数字空间、网络空间、虚拟空间、表象空间……，它都以难以预料的神奇速度、广阔场景和多彩表象在不断创新地生成和扩展着。社

---

① 迪尔凯姆.社会学方法的准则.狄玉明，译.北京：商务印书馆，1995：7.
② 迪尔凯姆.社会学方法的准则.狄玉明，译.北京：商务印书馆，1995：19.

会学应当承继奠基者确立的方法原则和开阔的学术视野，在地方空间、社会空间、心理空间和数字空间的多重空间联系中，对已经到来的元宇宙新社会开展更有创新性的研究。

结　语

在对元宇宙越发热烈的追逐中，人们对元宇宙的认识逐渐发生了重要变化，并呈现出清晰的演化逻辑。随着元宇宙观念的转变，推进和建设元宇宙的行动发生了从虚拟转向虚拟与现实的融合的扩展，元宇宙由此不仅同经济、政治、文化和社会生活产生了广泛联系，自身还呈现为广阔而崭新的社会现象。元宇宙是精神社会与实体社会的统一，支持元宇宙思想观念和建设实践快速发展的基础包括：丰盛时代的富裕物质生活、由各种数字网络技术综合支持的数字表象、经济社会发展的不平衡性。元宇宙是社会学研究不可回避的崭新课题，社会学应当改变单纯面向经验事实的研究方式，转而像经典社会学所倡导的那样，在经验现象中探究规定行为与思维的集体表象和社会制度，实现对数字表象和元宇宙行为与制度的深入理解。

参考文献

［1］鲍德里亚．消费社会．刘成富，全志钢，译．南京：南京大学出版社，2008.

［2］鲍德里亚．符号政治经济学批判．夏莹，译．南京：南京大学出版社，2009.

［3］迪尔凯姆．社会学方法的准则．狄玉明，译．北京：商务印书馆，1995.

［4］马化腾．大洗牌即将开始，全真互联网到来．中关村，2021（1）：58－59.

［5］于佳宁，何超．元宇宙：开启未来世界的六大趋势．北京：中信出版社，2021.

［6］赵国栋，易欢欢，徐远重．元宇宙．北京：中译出版社，2021.

第二章 元宇宙的前奏：网络社会中的表象化生存

引 言

元宇宙成为近期科技界、产业界和学术界关注的焦点并迅速出圈，成功进入大众的视野。很多对元宇宙的描述和解释，力图通过这个概念，向人们展示一个将要出现的互联网发展新阶段，甚至是一种必然发生的未来网络社会新形态。不可否认的是，当前，元宇宙更多的是一种对未来情境的设想，现有的科技和商品尚不能完全支撑元宇宙的设定，元宇宙的完全实现还需要一定时间。但是，当我们仔细审视对元宇宙的各种说明和理解时，可以发现，元宇宙也不是一个与当下完全剥离的全新幻想，而是一个有其自身的历史根源、与当下实践紧密相连的概念。这并不是仅仅因为如扎克伯格在演讲中介绍的那样，从技术的角度看，现在已拥有了构成元宇宙的部分基本元素，可以窥见元宇宙完成后的全貌①，更重要的是因为，回到元宇宙概念的缘起和对它的叙述，可以发现元宇宙概念的核心特征，是从人们的认识和体验角度规定了一种生存状态和生活方式——表象化生存，而这在当前网络社会中的一些方面已经得到体现。

一、元宇宙：从虚拟呈现到真实体验

"元宇宙"（metaverse）一词，被认为最早出现在尼尔·斯蒂芬森在 1992 年出

---

① 参见哔哩哔哩 UP 主"一成－_－"2021 年 11 月 7 日发布的视频《Facebook Metaverse－元宇宙发布会全程》（https：//www.bilibili.com/video/BV1Wf4y1T7Lm/？spm_id_from＝333.788.recommend_more_video）。

版的科幻小说《雪崩》中。在中文译本中，它最开始时被称为"超元域"。在小说中，它首先出现在男主角递给他人的名片上，名片列举了各种能够联系到男主角的方式，包括电话号码、邮政地址、网站地址和超元域地址。这里就标定了元宇宙可以被看作为人们所承认的、与其他联系方式地位相同的一种媒介空间。而小说中描述的超元域是一个由电脑生成的世界，这个世界由全球多媒体协议组织建设运营，其样貌是一条环绕于黑色球体赤道上的比地球赤道长得多的大街。借助电脑的摄像头、激光发射器、耳机音响等设备，人们可以看到大街上与现实世界同样清晰的景象，听到与现实世界同样逼真的声音。人们的身体以虚拟化身（avatar）的形式进入这个超元域世界，可以进行购买土地、建设房屋、居住经营、漫步聊天、交换信息、交易商品等一切与现实生活中同样的活动。小说中的男主角正在超元域里最高级的建筑中真实地与最顶级的程序开发者和企业家交流，他正身处超元域中的"此地"，开展着真实的交往活动，但他又不是真地身处"此地"，现实空间中的他正躺在贫民窟的一处凌乱的房间里。小说中的元宇宙在形式上和操作上不是一个传统意义上具有特定参数和目标的游戏环境①，其本质是一个巨大的虚拟世界。

2021 年 3 月，世界最大的多人在线创作游戏社区 Roblox 发布招股说明书，用元宇宙形容未来的 Roblox，引发了科技、金融等行业的巨大关注。在其招股说明书中，元宇宙是一个持久的、共享的三维虚拟空间，这能够使 Roblox 最终成为共享的在线体验平台，用户能够在其中实现共同体验（co-experience）。元宇宙般的 Roblox 可以用以下关键词概括：统一的身份、朋友/社交、沉浸、随地、便捷、内容多样、经济系统、安全文明。通过这份招股说明书，人们意识到元宇宙不再仅仅是一个科幻文学中的虚拟概念，而是一个真正有可能依靠物质技术实现的具象存在。它不仅仅是人们依靠技术实现的虚拟客观环境，还具有一定的文化意义，强调内容生成的共创过程。此外，这份招股说明书中第一次提出了元宇宙能否被人们普遍接受的问题，可见业界在设想之初，就考虑到了人们如何在主观上认识元宇宙的问题。

在 2021 年 10 月扎克伯格那场将元宇宙带入主流大众视野的演讲中，关于元宇宙的叙述除了包括技术上实现的方式，还包括元宇宙对身处其中的人来说具有怎样的意义这一问题。扎克伯格认为：元宇宙强调"现场"（present），现场感能够让人们感受到就像在此时此地与他人交往，而不管在实地中大家是否远在千里之外；元

---

① Dionisio J D N, Burns Ⅲ W G, Gilbert R. 3D virtual worlds and the metaverse: current status and future possibilities. ACM Computing Surveys，2013，45（3）：1-38.

宇宙强调"沉浸"（immersive），人们可以突破电脑、屏幕、窗口的限制，与他人实现更深入的联结；元宇宙强调"体验"（experience），因为它是以人为中心的技术，是在人们如何体验世界和与他人互动上所做的文章①。这是元宇宙的意义所在，相比尼尔·斯蒂芬森在小说中的描述，扎克伯格所表达的"身临其境"，不仅包括了通过虚拟现实对"其境"的营造，而且更看重人们在其中的生存状态，即"身临"的意义。正是通过"身临"，元宇宙中的人才不是一个简单的头像符号，而是与线下实地中的人一样的主体，即对进入这个世界的人来说，这个虚拟世界能产生与现实世界一样的行动和意义。

在对元宇宙概念的学术分析中，我们也可以看到与以上三种影响力较大的叙述相对应的说明，正是它们将元宇宙与之前的虚拟现实等类似概念区分开来了。虽然当前的研究分析对元宇宙的概念还没有达成具有共识性的明确定义，但从 2003 年至今，在计算机科学、传播学等学科对元宇宙的阐述中，能够看到多数论述的共性——元宇宙被认为是互联网进化序列中的一个阶段：从技术构成来说，元宇宙是虚拟现实、开放式游戏、VR、AR、互联网平台、用户创造内容等元素的杂糅和集合；从认识体验来说，沉浸式体验、普遍开放、深度交互、复合协同是元宇宙的基本特征。在这些解释中，元宇宙具有具象化属性，表现为在一个持久的、模拟的和沉浸的环境中，由计算机生成实时互动，多个用户能够凭借化身进行体验和展开行动，产生一种存在于他们所处环境之外的空间感觉②。

不管是在文学界的设想中、科技界的目标中，还是在学术界的分析中，我们都可以发现关于元宇宙的叙述存在着共同之处，那就是除了技术设备和商业产品这些客观配件上的综合设计，元宇宙还要从人的体验出发，让人们承认线上的存在和行动与线下具有等价的意义，即让人们认为"虚拟的"是"现实的"，"呈现的"是"存在的"，"体验的"是"真实的"。这就是元宇宙概念的核心，也是元宇宙能够实现的关键条件。虚拟现实仅仅是试图将线下的真实存在呈现在线上的虚拟空间中，只要线上的空间还是被认为是虚拟的世界，"线下的"和"线上的"还具有不同的意义，此时哪怕已经具备足够先进的技术设备，扎克伯格所描述的元宇宙的状态就不能完全实现；因为人们仍然会认为那只是一种如网络游戏一般的特定虚拟场域，其与现实还存在着不可跨越的差别。在一定程度上，元宇宙已经超越了虚拟现实的虚拟呈现式的模拟真实，其关键是让人们在非现实的情境中通过体验来承认真实。

---

① 见哔哩哔哩 UP 主"一成－_－"2021 年 11 月 7 日发布的视频《Facebook Metaverse－元宇宙发布会全程》（https：//www.bilibili.com/video/BV1Wf4y1T7Lm/？spm_id_from＝333.788.recommend_more_video）。
② 胡泳，刘纯懿."元宇宙社会"：话语之外的内在潜能与变革影响.南京社会科学，2022（1）：106－116.

当然，承认真实与模拟真实密不可分，后者可以说是前者的基础，但前者的普遍发生是元宇宙概念区别于当前网络社会发展阶段的关键。

二、网络空间中面向虚拟呈现的真实体验

关于元宇宙的叙述中这种对虚拟世界真实性的承认，并非独创，在当前的网络社会中已经有了诸多这样的现象，互联网中的形象和行动虽然可能被认为仅存在于线上的空间，但就其对人们的意义和发挥的功能而言却不是虚拟的符号，而是真实体验下的存在，能够产生与线下事物同样的价值。随着互联网和移动通信等技术的飞速发展，通过信息交流和话语沟通形成的网络空间成为广大社会成员立足日常生活世界，利用信息技术和新媒体工具开展交往实践的现实社会空间，形成了灵活多样的群体形式。网络空间不是脱离实际的虚拟观念空间，它具有了现实性和实践性，实现了从对现实生活的反映到本身就是现实生活重要内容的转变[①]。

信息是当前社会重要的资源，因此，以信息生产和信息交流为基本内容的网络空间，是现实社会的基本构成要素[②]。基于信息技术的多媒体，将所有信息整合在一种共同的认知中，包含了各式各样的文化内容，社会各个领域、各个阶层、各个地理空间、各个时间序列中的文化内容，在即时的、数码的、超文本的、网络化的媒体上聚合。当多媒体包含一切文化表现、涵盖一切文化现象时，信息的运作模式便呈现出简单的二元模式——在多媒体系统中"出现"或"缺席"[③]。沟通只有在公众普遍接受的系统中进行才具有社会意义，否则就只是个人化的想象。在这一假设下，进入网络与否成为现实的评判标准。几乎所有社会领域都建构在信息技术的基础上，在网络中的呈现成为对现实的直接映射，而不再需要中介过渡。此时，网络空间的信息在交流传播的过程中不再只是与现实相对立的虚拟意象，它们与现实直接相关，是可以直接与行动对象和实践环境具体对应起来的实践观念，从而成为直接经验。

这种现实性，体现在诸多网络现象中。当前的微博、微信等社交软件，不仅仅是一种网络通信技术，还是一种沟通交流方式，已成为人们开展社会生活的重要平台。社交媒体发布的内容以及相关评论、点赞、转发，不仅仅是对现实生活的反映，在一定程度上还构成了现实生活。在一则网络搜索引擎的广告上，列举了人们

---

① 刘少杰.网络空间的现实性、实践性与群体性.学习与探索，2017（2）：37-41.
② 刘少杰.网络空间的现实性、实践性与群体性.学习与探索，2017（2）：37-41.
③ 卡斯特.网络社会的崛起.夏铸九，王志弘，等译.北京：社会科学文献出版社，2001：462.

经常搜索的十大问题，其中一个是"不发朋友圈的人是一种什么心态"。从中可以看出，以朋友圈为代表的自媒体表达在一定程度上已经成为当代社会人的基本行动。"为什么有的人要发朋友圈"的假设是通过自媒体表达来展现日常生活，"为什么有的人不发朋友圈"的假设则是自媒体表达本身就是现实生活不可缺少的一部分。此时，线上的呈现不仅与线下具有同样的重要性，甚至在一定程度上还成为一种必须采取的而不是可以选择的行动。网络空间的呈现成为社会生活的一个必要因素。

当网络空间中的行动由"可选项"逐渐成为"必选项"时，其所表现出的必须性，意味着人们有时如果不能在网络空间呈现，甚至呈现得不全面，就会产生问题。在社交媒体中，有时不表达关切、不发表观点、不做出回应，不一定被认为没有通过这种方式采取行动，而是被认为这就是一种有意义的消极行动表示。之前的网络热点事件中，一位当红歌手去世，这位歌手的很多好友纷纷在社交媒体上发布悼念信息，其中一位没有发布信息的好友就被众多网友指责冷漠。由此可见，一定程度上，网络空间的行动意义能够与现实直接对应，虚拟呈现与真实体验形成了单一意义对应的直接链接。随着人们的信息获取更多地来自网络空间，网络空间的呈现和行动的社会意义更加凸显，网络空间中的认定和评价与社会交往和社会声誉的关系更为紧密。负面消息在网络曝光的结果之一就是社会性死亡。这意味着网络空间的呈现结果将决定社会交往是继续还是被阻断，将决定社会声誉是得到维持还是受损，甚至将决定其是否还有资格在网络空间中出现。当个体全面丧失在网络空间呈现的机会时，也就意味着个体社会性的"魂飞魄散"。

三、网络社会中的表象世界

网络空间这种现实性，与网络空间中的经验具有丰富的、生动的、形象的表现形式息息相关。经验是人们的身体经历和心理体验的统一。在网络空间中，人们面对或接受大量生动的感性表象，可以生成丰富的、通过感性表象刺激而成的心理体验，直接同生活中的具体存在对应起来①。与线下生活的经验生成和实践过程相比，网络空间的经验更强调具体的形象和充实的内容，是一种现实经验。形象化是网络呈现最显著的特点。通过形象化、人格化，网络空间中的存在天然地拥有了与主体同样的独立地位，拥有了作为现实社会的一部分直接与其他主体互动的合法性，从

---

① 刘少杰. 中国网络社会的集体表象与空间区隔. 江苏行政学院学报，2018（1）：58－65.

而拥有了进行实践的能力。在一定程度上，创造形象就是创造权力①，形象表现了感性具体的真实。

网络空间中的这种虚拟呈现之所以能带来真实体验，正是因为这些形象化的虚拟呈现激发了人们丰富生动的感性表象，产生了能够直接指向身体的感性意识。表象是感性意识的最高形式，具有很深的理论渊源。感性意识包括：感觉，指视觉、味觉、触觉等；知觉，指各种感觉的综合；表象，指对知觉的再现和回忆。

在社会学传统中，迪尔凯姆对集体表象予以高度重视。他将表象分为个体表象与集体表象，个体表象服从于集体表象，具有社会性的宗教就是表达集体实在的集体表象。集体表象借助庞大的符号体系，以人们心灵的相互作用与反作用为前提条件，通过物质媒介能够显现并创造这样的集体精神状态②。因此，物质标记和形象表现不是宗教力的直接来源，真正的宗教力来自集体，来自社会，是群体在群体成员中所激起的情感，只不过被对象化到所寄托的具体事物和图腾标记中。这种意义的产生不是来自具体事物的反映，而是来自集体表象，具体事物是集体表象的附着物，宗教图腾可以说是一种表象化的存在。

强调面向生活世界的现象学认为人们在生活世界中观察的首先是人们在日常生活中形成的知觉。现象学更强调其中的主体交互性、生活意义与生命价值、主观意向和理想要求，生活世界呈现为知觉的空间表象③，即现象不是单纯的客观的现象，而是通过人的认识整理出来的现象，是主观与客观的综合，其呈现形式是一种表象。梅洛-庞蒂进一步从身体活动和身体图式论述知觉，他从主观性出发，不仅重视知觉表象的主观意识，还强调身体的处境、身体的行动和身体的环境与经历对知觉表象产生的整体作用。身体成为主观体验的来源，成为知觉表象形成的关键，"身临"在认识世界过程中的意义被凸显。

进入20世纪60年代后期，随着后工业社会的发展，特别是当代文化的影像化，表象概念再次受到社会科学的高度关注。丹尼尔·贝尔认为后工业社会不仅是一场生产革命，而且是一场感觉革命，这表现为面对在大规模扩展和高密度的城市空间中展现的不断变换的场景，人们的视觉表象变得空前活跃，特别是在影视技术的支持下，视觉文化（亦可称之为表象文化）以不可阻挡的趋势取代了理性文化的统治地位④。

让·鲍德里亚用"拟像"来论述这一阶段社会发生变化的逻辑。拟像的基本含

---

① 卡斯特. 网络社会的崛起. 夏铸九，王志弘，等译. 北京：社会科学文献出版社，2001：576.
② 涂尔干. 宗教生活的基本形式. 渠敬东，汲喆，译. 北京：商务印书馆，2011：315.
③ 刘少杰. 从物理学到现象学：空间社会学的知识基础转移. 社会科学战线，2019（9）：225－235.
④ 刘少杰. 中国网络社会的集体表象与空间区隔. 江苏行政学院学报，2018（1）：58－65.

义是对真实事物形象的模仿再现，他认为拟像是一个持续到现在的一直存在的长时间的历史过程，在不同历史阶段分别展现为仿造、生产和拟真三个等级。在人们进入丰盛社会后，物质生产的统治地位让位于消费和符号①，以物质生产为基础的等价原则，开始被拟真原则所替代，人们经历的是符号的现实，是代码的现实。影像不再能让人想象现实，不再能让人幻想实在的东西，因为它就是现实，就是虚拟的实在②。居伊·德波则用景观化来阐述影像发挥的作用，他认为当代社会已经成为视觉表象篡位为社会本体基础的颠倒世界③，被展现的图景具有主导地位，遮蔽了社会本真存在，拒斥了对话，使得景观在乍看起来的去政治化中完成了不干预的隐形控制。"拟像"和"景观"都强调影像的支配作用，具有强烈的批判意味，虚拟的符号似乎是一种具有特定目的的装扮表演，虽然被认为是本真实在，但仍是被扭曲了的或被遮蔽了的，即虚拟符号与本真实在并没有在本质上获得一致。

进入 21 世纪，有了网络信息技术的加持，以视觉影像为主要表现形式的影视文化或感性文化，铺天盖地地展现在社会生活的各种层面，得心应手地表达着人们用语言难以表达的具体而丰富的信息，超越了文字文化，获得了统治地位，形成了无限丰富的集体表象。正是在这个意义上，曼纽尔·卡斯特（Manuel Castells）常常把网络空间称为表象的空间④，提出了网络文化是"真实虚拟的文化"（culture of real virtuality）的观点，即"在这个系统里，现实本身（亦即人们的物质与象征存在）完全陷入且浸淫于虚拟意象的情境之中，那是个'假装'（make believe）的世界，在其中表象不仅出现于屏幕中以便沟通经验，表象本身便成为经验"⑤。他认为组织文化的一切沟通形式都是虚拟的象征，一切文化都是虚拟的，因而不存在未经编码的经验，所以"虚拟现实"中的"现实"本身就不存在，从而否定了"虚拟现实"的逻辑，强调了网络文化作为"真实虚拟的文化"的"真实"。媒介中包含海量全面多样的信息，从而在同一个多媒体中集合了人类从古至今的各类经验。这种映射在网络空间的呈现不再仅仅具有工具性的意义，作为人类经验的网络文化自身也就拥有了存在的意义。卡斯特就曾以网络中电视剧角色墨菲和现实中美国总统竞选者奎尔就妇女角色问题进行争论并最终导致奎尔竞选失败的事件为例，论述了网

---

① 刘少杰．后现代西方社会学理论．北京：北京大学出版社，2014：311.

② 博德力亚尔．完美的罪行．王为民，译．北京：商务印书馆，2014：8.

③ 张一兵．代译序：德波和他的《景观社会》//德波．景观社会．张新木，译．南京：南京大学出版社，2017：14.

④ 刘少杰．中国网络社会的集体表象与空间区隔．江苏行政学院学报，2018（1）：58－65.

⑤ 译文出自夏铸九、王志弘等翻译的《网络社会的崛起》，译文中的"表象"在原文中是"appearance"，是"出现"的意义，不是指哲学意义上的"表象"（representation）。卡斯特．网络社会的崛起．夏铸九，王志弘，等译．北京：社会科学文献出版社，2001：463.

络社会中文化形象的巨大实践力量。

可以发现，产生意义的电视剧角色墨菲以及社交媒体上的生活呈现，在人们的认识中成为表象化的存在。基于信息技术的构建，社会群体的意向投射在了网络空间的这些形象中，这些网络空间的呈现才具有了现实空间中真实存在的意义，让人们生成了同样层次的经验，展开了具有同样价值的互动。网络空间的虚拟呈现成为一种表象化的真实存在。一定程度上，这并不是有目的的表演，而是一种与本质结合的展演。在网络语言中，常用"二次元"形容网络空间的内容，用"三次元"形容现实社会的存在，当网络文化领域和现实社会直接相连时，则被称为"打破次元壁"。近年来，那些看起来荒谬的"打破次元壁"的事件，一方面展现了网络空间与现实社会的直接互动，另一方面也展现了独立的网络空间的表象化存在直接参与社会实践过程的巨大力量——由信息技术构建的网络空间中的呈现具有"存在"的意义，虚拟成为现实的一个基本向度①，网络社会成为丰富的表象世界。

四、面向元宇宙的表象化生存

在信息高速公路的建设之初，人们就展开了对互联网空间中存在状态的设想。1999年，具有建筑学背景的尼古拉·尼葛洛庞帝对互联网可能带来的变化做了分析性预测，以数字化生存描绘了线上城市中人的存在状态以及分散权力、全球化、追求和谐、赋予权力等乐观想象，认为这预示着新的生活、交往、消费等方式诞生的可能②。数字化生存关注的是信息传送和接收方式的改变，在以比特为基本单位的电子传输中，人们能够实现基于电子系统的沟通。尽管《数字化生存》中也设想了未来电脑的人性化界面以及能够直接"感觉"而不是"看"的虚拟现实全息术，指出了电脑世界中的各种图片、视频等影像的作用，但其中的数字化更强调信息技术手段是实现不同于非电脑世界生存状态的基础设施，电脑世界运作背后的理性数字计算是生存的关键支持要素。

随着网络新媒体广泛渗入日常生活，媒介化生存也被认为是网络社会中的存在方式。作为学术概念的"媒介化"（mediatization），最早出现在20世纪30年代的德国，由社会学家曼海姆（Ernst Mannheim）提出，指"人类关系的媒介化"。在传媒研究领域，肯特·阿斯普（K. Asp）首先使用"媒介化"概念，用以分析政治

---

① 卡斯特. 网络社会的崛起. 夏铸九，王志弘，等译. 北京：社会科学文献出版社，2001：576.
② 尼葛洛庞帝. 数字化生存. 胡泳，范海燕，译. 海口：海南出版社，1999.

媒介化的现象，认为当时的政治媒介化导致媒介逻辑取代政治逻辑。当前"媒介化"普遍代指媒介对社会运行的变革之力。特别是在电子沟通系统大发展的时代，受到数字传播模式影响的社会形态，会进一步依赖数字传播模式。媒介是日常生活的反映中介，也是创造整体存在状态的平台。媒介与社会各自充当主体的时代已经逐渐结束，人类的社会活动开始从属于一个混合主体——一个媒介与社会不可分割、实在与虚拟交相渗透的数字主体，一个"媒介—社会"①。媒介化生存强调将基于数据分析算法②的媒介平台作为基础设施。近年来，影像化生存、视频化生存更是描述了当前人们的日常生活全面媒介化的生存方式③。

总体来说，数字化生存和媒介化生存两个概念突出了网络社会生存的客观基础背景，前者强调信息技术这种实现形式的影响，后者强调面向社会的呈现形式的影响。但是正如上文所述，不管是数字还是媒介，在这一基础上形成的虚拟呈现作为一种客观基础背景的变化，需要人们主观意识的接纳和认同，才能转变为真实体验，真正实现以人为主体的变化。这种面向形象化虚拟呈现的真实体验，不仅仅是经由个人身体感觉触发的独立的感性意识活动，还是社会集体共同情感的激发，是集体认同的共同投射，是集体表象的呈现。

在这个意义上，表象化生存能将当前网络社会的变化表达得更为全面。表象化生存强调从人自身出发，将客观的形象呈现与人们的主观意识结合起来，也更强调社会集体和身体感觉在其中发挥的重要作用。这一点，在元宇宙的叙述中将会更加明显。正如上文分析的，元宇宙中人们会认为"虚拟的"是"现实的"，"呈现的"是"存在的"，"体验的"是"真实的"。"虚拟的"是"现实的"，即表象化生存不仅强调客观的技术构建的形象呈现，而且更强调人们的主观意识活动；"呈现的"是"存在的"，即表象化生存不仅强调个体的独立认识，而且更强调社会集体的整体认同，强调集体表象的生成；而"体验的"是"真实的"，则强调表象化生存中，正是身体直接体验的综合让由技术生成的虚拟呈现成为真实的存在。

一定程度上，我们虽未进入元宇宙，但却已经开始了表象化生存。虚拟偶像的发展就反映了这样一个过程。早在2003年，日本一款名为"初音未来"的基于语音合成程序的音乐制作软件出现，此后越来越多的音乐制作者利用这一软件的声音库制作歌曲，这些歌曲的演唱者都被署名为"初音未来"。2007年，官方公司为"初音未来"设计了拟人的形象，首次设定了"初音未来"的身高、体重、年龄等

① 杜骏飞. 数字交往论（3）：从媒介化到共同演化. 新闻界，2022（3）：14-23.
② 李沁. 媒介化生存：沉浸传播的理论与实践. 北京：中国人民大学出版社，2019：245.
③ 彭兰. 视频化生存：移动时代日常生活的媒介化. 中国编辑，2020（4）：34-40.

属性，"初音未来"作为一名电子歌手开始活动。在这之后，"初音未来"发行了多张个人专辑，其中很多歌曲广为传唱，她也多次获得音乐大奖。2009年，她在日本东京的新木场举办了第一场个人演唱会。全息投影技术将"初音未来"的舞蹈影像立体地投射在舞台上，因其如真人歌手登台一样逼真的效果，成为当时一大话题。此后，"初音未来"在日本、新加坡、美国、中国等国家的许多城市开过多场演唱会，观众场场爆满，反响非常热烈。"初音未来"和其歌曲不仅仅在网络空间中广受欢迎，还获得了日本主流社会的极大认可，比如日本著名演歌歌手小林幸子就在2016年日本红白歌会上翻唱了"初音未来"的《千本樱》。

近年来，各种虚拟偶像越来越多，很多已经超出了"偶像"的范畴，出现了更一般意义上的"虚拟人"。他们不再基于歌手、舞者等特定身份出现，而是作为独立的普通人出现，开始如华智冰一样成为大学生，如柳叶熙一样成为短视频博主，如Lil Miquela、Imma、AYAYI一样成为时尚网红。他们的形象都越来越真实，根据他们在网络上的图片、视频中的形象呈现，我们很难将他们与真实的人区分。他们涉及的领域、参与的活动越来越广泛，也越来越多地受到人们的认可。人们对虚拟人的态度逐渐不再像对待一个网络游戏形象，而是像对待一个与自己拥有同样意义的主体。虚拟人开始通过一些商业合作开展独立的工作：一些知名时尚品牌与虚拟时尚网红合作，导致许多真人时尚博主感叹当下他们接工作不仅仅要与真人博主竞争，还要与虚拟人竞争；自2020年开始，受疫情影响，人力资源系统需要降本增效，一些知名企业引进由AI系统构成的虚拟面试员作为面试官开展招聘工作——虚拟人不仅自己获得了工作，还成为评判其他人能否获得工作的关键因素。

从虚拟人的发展过程来看，线上内容逐渐产生形象，人们依靠对这些形象的认识，逐渐产生真实的体验：从获得初始的名称，到生成具体形象并开展类似演唱会、招聘面试等能够产生集体体验的活动，虚拟人获得了真实存在的意义。这一过程中虚拟人不仅仅需要以图片、视频等形式展现具体形象，还要与现实中的人通过语言交流或交互行动产生联系，在人们的心中产生感性认识，虚拟人也就因此具有了表象形成与传递的意义——实现表象化生存。

正是依靠表象，网络社会的诸多存在不再是线下虚拟映射的一种表现，而是像诸多虚拟人一样，其本身就构成了一种必不可少的真实存在，甚至如虚拟时尚博主和AI面试官般对线下的实际生活产生影响，深入地介入日常生活。不仅如此，元宇宙的发展更吹响了表象化生存的号角。2022年多次举办的元宇宙音乐会，将线下歌手和观众的形象都复刻到线上，并在线上模拟了一座演唱会的场馆，让歌手和观众的形象同时按照线下买票进入场馆的规则，在特定的线上空间中聚集。这一过程完成了对线下存在线上呈现的再虚拟——不仅曾经的虚拟呈现成为真实体验，而且线下的真实体验也具有了在线上呈现的必要，甚至在元宇宙中的这些呈现更能增强人们在情感与互动等方面的体验。

结　语

从线上呈现是线下现实的虚拟反映，到线上形象成为必不可少的真实体验，再到来自线上的真实体验对线下现实生活产生深入影响，最后到一些线下活动需要在线上呈现以获得线下不曾产生的体验效果或增强线下体验效果，是信息技术不断发展和扩散的过程，也是社会中众多群体生成的集体表象在线上不断呈现的过程。可以说，我们日渐进入这样一个表象化生存的时代。虽然当前的技术尚不能完全支持元宇宙的设想，特别是在身体感受方面，还不能实现身体感觉在线上空间的完全复刻，但当前网络社会正发生着符合元宇宙关键特征的变化，即在主观意识方面，实现从"虚拟的"到"现实的"、从"呈现的"到"存在的"的跨越，以形成"体验的"是"真实的"的认识，这正是丰富生动的感性表象和直接指向身体的感性意识发挥的作用。从这个意义上来说，当今网络社会中的表象化生存状态，正是元宇宙的前奏。

参考文献

［1］博德力亚尔．完美的罪行．王为民，译．北京：商务印书馆，2014．

［2］杜骏飞．数字交往论（3）：从媒介化到共同演化．新闻界，2022（3）：14－23．

［3］胡泳，刘纯懿．"元宇宙社会"：话语之外的内在潜能与变革影响．南京社会科学，2022（1）：106－116．

［4］卡斯特．网络社会的崛起．夏铸九，王志弘，等译．北京：社会科学文献出版社，2001．

［5］李沁．媒介化生存：沉浸传播的理论与实践．北京：中国人民大学出版社，2019．

［6］刘少杰．从物理学到现象学：空间社会学的知识基础转移．社会科学战线，2019（9）：225－235．

［7］刘少杰．后现代西方社会学理论．北京：北京大学出版社，2014．

［8］刘少杰．网络空间的现实性、实践性与群体性．学习与探索，2017（2）：37－41.

［9］刘少杰．中国网络社会的集体表象与空间区隔．江苏行政学院学报，2018（1）：58－65.

［10］尼葛洛庞帝．数字化生存．胡泳，范海燕，译．海口：海南出版社，1999.

［11］彭兰．视频化生存：移动时代日常生活的媒介化．中国编辑，2020（4）：34－40.

［12］涂尔干．宗教生活的基本形式．渠敬东，汲喆，译．北京：商务印书馆，2011.

［13］张一兵．代译序：德波和他的《景观社会》//德波．景观社会．张新木，译．南京：南京大学出版社，2017.

［14］Dionisio，J D N，Burns III W G，Gilbert R. 3D virtual worlds and the meta-verse：current status and future possibilities. ACM Computing Surveys，2013，45（3）：1－38.

第三章　元宇宙空间的虚实匹配及其社会性延展

引　言

随着人工智能、大数据等技术的日渐成熟，虚拟现实、增强现实等技术在多年积淀之后取得重大进展，"元宇宙"（metaverse）成为 2021 年的年度热词，呈现出现实发展与政策推动相交织的景象。

在现实层面，微软发布沉浸式在线办公平台"网格"，计划通过整合一系列虚拟环境的新应用程序让数字世界与物理世界共享互通。英伟达（NVIDIA）的"实时仿真与协作平台"（omniverse）在 2020 年 12 月就已正式上线公测，其所包含的五个核心组件 Connect、Nucleus、Kit、Simulation 和 RTX Renderer 以及相关创作协助工具功能强大。在国内，2020 年腾讯就参投了 Roblox 的 G 轮融资，百度发布首个国产元宇宙产品"希壤"，用户凭邀请码可以进入希壤空间进行超前体验[①]；2021 年，字节跳动收购虚拟现实设备公司 PICO[②]，并投资了代码乾坤、摩尔线程、熵智科技等公司。从社会动力学角度来看，2021 年出现了元宇宙要素的群聚效应（critical mass）[③]。

在政策层面，政府出台的新政策对元宇宙发展具有引导作用。在"十四五"规划纲要中，我国首次将"虚拟现实和增强现实"列为数字经济重点产业之一[④]。深

---

① 潘志庚. 没有虚拟现实就没有元宇宙. 语言战略研究，2022（2）：6－7.
② 卢梦琪. 字节跳动收购 Pico 抢占"元宇宙"的入口. 中国电子报，2021－09－03.
③ 朱嘉明. "元宇宙"和"后人类社会". 经济观察报，2021－06－21.
④ 中华人民共和国国民经济和社会发展第十四个五年规划和 2035 年远景目标纲要. （2021－03－13）［2022－02－23］. http://www.xinhuanet.com/2021－03/13/c_1127205564.htm.

圳市政府已经把数字孪生城市写进新的城市规划中①。上海市经济和信息化委员会发布《上海市电子信息产业发展"十四五"规划》以及电子信息制造业、软件和信息服务业两个专项规划，大力推进数字经济和元宇宙②。2022 年 8 月 3 日，北京市经济和信息化局印发了《北京市促进数字人产业创新发展行动计划（2022—2025年）》，制定了一系列政策措施，明确了到 2025 年数字人发展的目标和行动计划③。

随着虚拟现实、区块链、数字孪生等技术的飞速发展，元宇宙逐渐从科幻小说中的词语转变为影响现实世界人们交往沟通方式的客观存在。虽然元宇宙概念刚出现时颇具争议④，但技术突破、资本追捧和政策驱动让人们逐渐看到构建虚拟数字世界的可能性。元宇宙正在成为影响人与人之间关系、人与虚拟空间之间关系、个人生活形态和社会结构的未来数字图景。

一、元宇宙空间的二重性

元宇宙空间的二重性是指元宇宙具有的虚拟空间和现实世界相映射的性质。元宇宙并非一个完全意义上与现实世界并行的独立空间，没有现实世界就没有元宇宙空间。因此，元宇宙的二重性是在虚拟经济和实体经济、网络空间和物理空间、去中心化交往关系和社会垂直分层体系之间所做的现实回应。

对虚拟空间与现实世界关系的一致性认识

关于元宇宙的概念与应用场景，业界与学界的观点基本一致，均认为元宇宙所形成的虚拟空间与现实世界存在融合、互补和互动关系。苹果 CEO 库克称，元宇宙是由增强现实技术所构建的虚拟世界⑤。风险投资家马修·鲍尔将元宇宙定义为一个由实时渲染的三维虚拟世界组成的大规模、可互操作的网络，可由有效的、无限数量的用户同步和持续地体验，如通过身份、历史、权利、物品、通信和支付，

---

① 深圳市人民政府关于加快智慧城市和数字政府建设的若干意见．（2021 - 01 - 05）[2022 - 02 - 23]．ht-tp：//www. sz. gov. cn/szzsj/gkmlpt/content/8/8394/post_8394067. html.

② 上海市经济和信息化委员会关于印发《上海市电子信息产业发展"十四五"规划》的通知．（2021 - 12 - 30）[2022 - 02 - 25]．https：//www. shanghai. gov. cn/gwk/search/content/99677f56ada245ac834e12bb3dd214a9.

③ 北京市经济和信息化局关于印发《北京市促进数字人产业创新发展行动计划（2022—2025 年）》的通知．（2022 - 08 - 03）[2022 - 09 - 10]．http：//www. beijing. gov. cn/zhengce/zhengcefagui/202208/t20220808_2787958. html.

④ 尽管国内外元宇宙发展势头迅猛，但也有不少学者认为元宇宙是概念炒作、新式乌托邦，或者它只是一个由控制我们生活并将我们推向"消费黑洞"的力量创造的幻想世界。

⑤ 元宇宙炼金术：元宇宙是个什么宇宙？．（2021 - 12 - 28）[2022 - 03 - 20]．https：//baijiahao. baidu. com/s? id=1720343627567489001&wfr=spider&for=pc.

使个人具有存在感并能够保持数据连续性的（网络空间）[①]。扎克伯格将其描述为一个由无数相互关联的虚拟社区组成的"虚拟环境"世界，用户使用虚拟现实眼镜，通过应用程序沉浸其中，满足人们见面、工作和娱乐的需求[②]。清华大学新媒体研究中心提出元宇宙是整合多种新技术而产生的新型虚实相融的互联网应用和社会形态，它将虚拟世界与现实世界在经济系统、社交系统、身份系统上密切融合，并允许用户进行内容生产和环境编辑[③]。

可见，从技术层面讲，元宇宙为我们提供了一个映射现实世界的数字虚拟空间，人们可以以现实身份和数字身体进入其中进行社交、娱乐、科学实验等。元宇宙的本质是一个延伸现实世界的人造在线数字空间[④]，也是一种对数字媒介发展终极形态[⑤]的构想，兼具虚实相融、时空再构[⑥]、去中心化[⑦]等特征，整合并构造了覆盖政治、经济、信息、文化、心理等多个层面的多重虚拟环境[⑧]。因此，元宇宙也被可以视为基于信息技术的社会建构。

元宇宙空间存在三种虚实匹配关系

元宇宙是万物互联、人机互动、高度沉浸的虚实混融交往世界，无论元宇宙空间与现实世界中的人是否一一对应，在这一空间中都会形成新的社会关系与情感连接[⑨]。从这个意义上讲，我们可以将元宇宙视为连接虚实世界的桥梁和媒介，也可将其视为虚拟社会得以存在的载体。元宇宙空间正在从只具有单一的技术和功能模块的虚拟空间向具有完整世界观的虚拟社会空间发展。在当前及可预见的技术条件

---

① Ball M. Framework for the metaverse. （2021－06－29）［2022－03－22］. https：//www. matthewball. vc/all/forwardtothemetaverseprimer.

② Gillieron L. Facebook wants to learn into the metaverse：here's what it is and how it will work. （2021－10－28）［2022－04－20］. https：//www. npr. org/2021/10/28/1050280500/what-metaverse-is-and-how-it-will-work.

③ 清华大学新媒体研究中心. 2020—2021 年元宇宙发展研究报告：理念篇 . （2021－11－10）［2022－04－25］. https：//www. 163. com/dy/article/GODQF9KG0517L580. html.

④ 刘革平，王星，高楠，等 . 从虚拟现实到元宇宙：在线教育的新方向 . 现代远程教育研究，2021（6）：12－22.

⑤ 喻国明，耿晓梦 . 元宇宙：媒介化社会的未来生态图景 . 新疆师范大学学报（哲学社会科学版），2022（3）：110－118，2.

⑥ 向安玲，高爽，彭影彤，等 . 知识重组与场景再构：面向数字资源管理的元宇宙 . 图书情报知识，2022（1）：30－38.

⑦ 吴江，曹喆，陈佩，等 . 元宇宙视域下的用户信息行为：框架与展望 . 信息资源管理学报，2022（1）：4－20.

⑧ 刘革平，王星，高楠，等 . 从虚拟现实到元宇宙：在线教育的新方向 . 现代远程教育研究，2021（6）：12－22.

⑨ 苏涛，彭兰 . 虚实混融、人机互动及平台社会趋势下的人与媒介：2021 年新媒体研究综述 . 国际新闻界，2022（1）：44－60.

下，元宇宙空间与现实世界存在三种可能的匹配关系，即数字孪生关系、虚构关系和虚实共生关系。

数字孪生（digital twin，DT）是一种实现物理系统向信息空间数字化模型映射的关键技术[1]，可以对拟研究对象进行仿真，并将仿真结果反馈给物理对象，从而帮助物理对象进行优化和决策[2]，其技术基础可追溯至美国密歇根大学 Grieves 教授 2005 年提出的"镜像空间模型"[3] 和中国科学院王飞跃研究员 2004 年提出的"平行系统"[4]。数字孪生最大的作用就是作为检验和实验的场所，让人们在虚拟场景中进行虚拟仿真应用，实现"虚实融合，以虚控实"[5]。例如：数字孪生城市可感知城市的水文气象、机场车流等；数字孪生地球可预测全球气候变化，助力环境治理；数字孪生工厂则可在元宇宙中对产品进行设计、测试，提高生产效率和质量。在数字孪生关系中，虚拟空间是实体空间数字化模型的映射，它通过虚拟仿真为实体空间提供优化和决策方案。因此，虚拟空间的体验价值并不脱离现实物理对象，又具有超越现实世界的预测性，这也正是数字孪生的意义，其最终目的是给现实世界的改造提供参考和依据。

虚构关系分为完全虚构和并非完全虚构两个部分。完全虚构部分指的是场景和人物，它们在现实世界中可能并不存在，甚至具有一套独立的世界观，人们可以进入虚拟空间去体验，如游戏、旅行、接受教育甚至工作，需要重新建立社交关系。并非完全虚构部分是指人们创造某个场景背后所依赖的依然是现实世界中学到的技能、知识，比如游戏中的世界或科幻电影的故事情节在现实中不存在，但作者在编游戏或电影时还是有现实世界的影子，尽管设计出的角色外形怪异，但都有五官、有身体等，设计思维也仍然遵循现实世界的基本逻辑。离开现实世界基本逻辑的完全虚构、架空历史的世界被认为有可能是"竹篮打水一场空的玩物丧志"[6]。因为看似平行的时空消耗的是人们现实中的时间，挤压的是人们现实生活中的交往，并且在体验了光怪陆离的虚拟世界后，人们不可避免地要回到现实生活中。从另一角度看，这种所谓的完全虚拟空间背后实质上体现着现实世界中人们的意志和构想，是

① Korth B，Schwede C，Zajac M. Simulation-ready digital twin for real-time management of logistics systems. 2018 IEEE International Conference on Big Data（Big Data），2018：4194-4201.
② 樊留群，丁凯，刘广杰. 智能制造中的数字孪生技术. 制造技术与机床，2019（7）：61-66.
③ Grieves M W. Product lifecycle management：the new paradigm for enterprises. International Journal of Product Development，2005（2）：71-84.
④ 王飞跃. 平行系统方法与复杂系统的管理和控制. 控制与决策，2004（5）：485-489.
⑤ 杨林瑶，陈思远，王晓，等. 数字孪生与平行系统：发展现状、对比及展望. 自动化学报，2019（11）：2001-2031.
⑥ 刘建明. "元宇宙"臆造的新式乌托邦：展望下一代互联网的终极形态. 新闻爱好者，2022（2）：4-9.

人们意识世界的表象化。因此，与现实世界呈现虚构关系的元宇宙空间形态看似不以现实世界为基础，表面上与现实世界的关联性较弱，但仍与现实世界具有内在的隐性关联。

虚实共生关系是元宇宙空间与现实社会之间关系的终极形态。未来虚拟世界最终趋向于把现实世界容纳于元宇宙的世界[1]，虚实共生的元宇宙不仅对物理世界进行复制，同时还将呈现超脱现实生活的数字空间，呈现现实世界无法企及的超现实、想象性的虚拟场景，使用户的主体性得以增强、数字价值得以更好地发挥，进而反作用于现实社会中的生活与交往，与人类社会实现协同进化。人类自我认知的深化、创造性的发挥，也将使得元宇宙空间更快进入自组织境界，在不断的动态演化中实现与现实社会的互构。这种形态的元宇宙空间不仅面向现在（映射当下的人类社会）和未来（大数据技术的预测功能），同时还面向过去，即对人类历史和文物加以构建，在数字化时空和场景中构建现实社会与数字社会、历史社会与现代社会以及未来社会之间的动态关系。

元宇宙社会主体的虚实关系

在元宇宙空间所形成的虚实共生的"新型人类社会"[2] 必然具有新的社会关系和情感连接，演化出新的数字交往文明景象。这也意味着现实社会的主体——"人"的身份在元宇宙空间中将面临解构与重构。那么，元宇宙文明的主体是否与真实世界的人一一对应？元宇宙空间中的虚拟人是否就是真实世界中真实人的化身呢？有研究者将元宇宙中的数字人分为产生虚拟数据身份的虚拟假人、意识上传的真人以及由程序设计而成的 AI 数字人[3]。简单讲，就是数字化的真实人和虚拟的数字人两类。

数字化的真实人包括真实人的真实人格和真实人的虚拟人格。真实人格在元宇宙社会中代替真实人完成日常生活和交往，他们是以人的意识为主体的"意识上传的真人"[4]，人们通过可穿戴设备或脑机接口实现虚实主体的互联和切换。真实人格与真人是数字孪生关系，可帮助真实人实现虚拟场景中的"在场"体验、与现实世界无缝衔接的社会交往，弥补网络社会"缺场"[5] 交往的遗憾。当然，用户还可在

① 张昌盛. 人工智能、缸中之脑与虚拟人生：对元宇宙问题的跨学科研究. 重庆理工大学学报（社会科学），2021（12）：52－63.
② 黄升民，刘珊. 重新定义智能媒体. 现代传播（中国传媒大学学报），2022（1）：126－135.
③ 罗金海. 观点｜关于元宇宙的"42 条共识". （2022－01－19）[2022－06－20]. https://www.8btc.com/article/6716380.
④ 罗金海. 观点｜关于元宇宙的"42 条共识". （2022－01－19）[2022－06－20]. https://www.8btc.com/article/6716380.
⑤ 刘少杰. 网络社会的结构变迁与演化趋势. 北京：中国人民大学出版社，2019.

多个虚拟空间拥有不同的虚拟人格，他们是用户的化身。但无论是数字孪生人，还是虚拟人格人，他们均是真实的用户对自身身份建构的反应，是他们在虚拟空间的自我形塑，背后隐含着他们对现实和虚拟社会的认知与期待。正是他们的存在使现实世界和虚拟世界的发展和进化相互作用，共同构建和形成了元宇宙的文明基础。需要警惕的是，主体身份的不断切换和交替有可能导致自我与社会之间的断裂以及自我价值认同的危机，还有可能加深人们对真实自我的焦虑和质疑，甚至不愿再回归现实。

而虚拟的数字人则不仅包括模拟真人生理的数字人、虚拟新闻主播、聊天机器人、为复现已故者而创造的数字人①等，还包括 AI 数字人。虚拟的数字人是为元宇宙空间专门创造的建设者，有虚拟教师、虚拟工程师、虚拟建筑师等，他们摆脱了物理身体的束缚，以数学为边界，只受数学规律的限制②，属于元宇宙的"人工数智体"。在这种设定下，元宇宙社会的主体实现了从实在个体（真人）向非实在个体（非真人）的转变。这种多重的个体自我与多元化的社会主体构成了多层次、多种可能的元宇宙社会形态，也将会创造多元化的元宇宙文明。

二、元宇宙空间虚实关系的价值取向

元宇宙按虚拟沉浸式体验的程度可划分为无沉浸期、初级沉浸期、部分沉浸期。有研究预测，到 2026 年元宇宙将进入完全沉浸期，其特点是网联云控和有机融合③，这时元宇宙将成为人类进行全面数字化迁移的生产、生活、生存的载体，也将成为具有超越性力量的新型媒介。那么，元宇宙空间中的社会交往有可能追求的是虚拟端的体验感，也可能追求的是虚拟社会作用于现实端的意义感。在元宇宙社会中，人们的日常生活应该走向虚拟的乌托邦还是应该走向虚实结合所构建的现实，即坚持怎样的价值取向问题是值得我们思考的。

虚实结合的现实观

有研究将元宇宙的特征归纳为身临其境、无缝映射、永远在线、无限边界、数

---

① 张盖伦. 打造梅兰芳先生的孪生数字人有多难. 科技日报，2021 - 11 - 25 (8).

② 罗金海. 观点｜关于元宇宙的"42 条共识". (2022 - 01 - 19) [2022 - 06 - 20]. https://www.8btc.com/article/6716380.

③ Maney K. The king of alter egos is surprisingly humble guy. creator of second life's goal? just to reach people. (2007 - 02 - 05) [2022 - 06 - 25]. http：//www.usatoday.com/printedition/money/20070205/secondlife_cover.art.htm.

字分身、社交计算、文化多样性、无障碍访问、无摩擦、互用性、虚拟经济化[①]，也有元宇宙五大特征之说，即社交性、没有硬件限制、用户生成内容、生存与呼吸、连接世界[②]。从特征可以窥见元宇宙的成熟形态：由数字代码构建的元宇宙空间，犹如钱学森所意指的"灵境"，去实体化和非物质化的数字信息仿真景观愈加凸显人的心境和心灵世界[③]，也引发了学界对"脱实向虚"的隐忧。在技术的加持下，如果人们习惯了通过界面语言去感知世界，以脑机接口代替大脑想象力，以计算机语言代替社会文化语言，便会渐渐模糊自身与虚拟空间中的数字孪生人之间的区别，能带来高度沉浸感的空间让用户迷失在数字假象和虚假身份构建的"立时快感"中，进而引发数字世界的"纳西索斯效应"，使用户难以完成虚实之间的切换。

从本质上看，元宇宙空间作为一种新的虚拟生活场域，既是科技发展的结果，也是人类精神的诉求，更是一种文化想象的产物。因此，元宇宙的时空结构虽相对独立，但运转模式仍未脱离人类思维的基本形式[④]。元宇宙空间的一切都作用于神经元，而真实世界则作用于人的物理身体，元宇宙空间形态必将成为虚拟空间和现实世界相结合的存在[⑤]。从社会视角看，元宇宙可以理解为人类社会的数字化呈现，其运行可为人类现实社会的数字化转型提供思路和启迪。虽然人们在元宇宙中的虚拟交互对象可能是真人的数字映射，也有可能是单纯的 AI 数字人，但是人们在元宇宙社会中劳动、消费以及进行虚拟文化体验，均是为了让现实端的体验主体（真实的人）获得心理和精神的满足、物质和金钱的回报。因此，虚实结合的现实观追求的是以虚拟的身份在虚拟空间实现现实世界的价值。

这一点从元宇宙空间中体验主体的身体化建构上也可见一斑。为了让体验主体获得具有"在场"感的具身性体验，元宇宙进行了"以身体为中心的空间建构"[⑥]。

---

① 白龙，骆正林. 沉浸式网络、数字分身与映射空间：元宇宙的媒介哲学解读. 阅江学刊，2022（2）：68–77.

② Characteristics of the Metaverse.（2022 – 02 – 08）[2022 – 06 – 30]. https：//docs. boomspace. fi/metaverse/characteristics-of-the-metaverse.

③ Jiang Q L，Huang X Q. Internet：immersive virtual worlds//Miller P M，Ball S A，Blume A W，et al. Principles of addiction：comprehensive addictive behaviors and disorders. San Diego，London，Waltham：Academic Press，2013：881 – 890.

④ 马驰. 艺术"化身"与"元宇宙"的时空问题思考.（2022 – 04 – 08）[2022 – 07 – 01]. http：//www. cssn. cn/skgz/bwyc/202208/t20220803_5467433. shtml.

⑤ 高丹. 真实之虚幻，虚拟之现实：19 位学者探讨身份、价值与元宇宙.（2022 – 04 – 02）[2022 – 07 – 10]. https：//www. thepaper. cn/newsDetail_forward_17430258.

⑥ 周逵. 虚拟空间生产和数字地域可供性：从电子游戏到元宇宙. 福建师范大学学报（哲学社会科学版），2022（2）：84 – 95.

元宇宙空间与现实世界类似，有展览馆、会议室、公园等设施，尽管虚拟数字人不会疲倦，也不需要休息，但大众依然并不期待元宇宙是一种"去身体化的数字存在"①，而是极力将元宇宙空间构建成一种类似现实世界的存在，追求一种虚实结合的社会临场感②。社会临场感包括虚拟共在感、心理卷入和行为参与三方面的内容③，元宇宙空间中的社会临场感通过具身化的在场体验使人们产生身体和心理双重临场的感知，实现与他人在元宇宙空间的"虚拟共在"。网络社会中，线上赛博空间是不能被直接感受到的缺场空间④，这种以网络媒体为中介的交流只能通过语言文字形成的信息流动进行，缺乏真实个体的姿势、着装等非语言方式的交流，也缺少物理空间的环境背景，而元宇宙空间则通过对这种"社会临场感"的打造，弥补了线上赛博空间缺场交往的割裂感，重塑了交往中的个体对他人及环境的感受力。这种临场感和感受力的增强无疑也是为现实世界中真实人的沉浸式体验服务的，是为了更好地将虚拟空间体验反作用于真实人的意识活动、感知和记忆。

虚实互构的共生性

元宇宙中的虚实空间关系一致性的形成源于其共生性。一致性空间关系依赖共生性互动而不是冲突，共生性则意味着虚拟与现实的理念、价值具有一致性。共生的生长立足于现实，昔日重来和跨越未来都以现实为参照点构建元宇宙空间，所以，现实是元宇宙发展的基础。我们现在不仅有生物人、社会人，元宇宙数字媒体技术还会创造出数字人，即人类本体的数字化，这将导致人类本体与数字分身在身份、社交、生活、娱乐等方面的多维度融合现象，导致虚实结合的"身份共生、场景共生、内容共生、社交共生、文化共生"⑤。因此，元宇宙空间是一种沉浸式、立体化、可感知且与主体融为一体的具身性空间⑥，是具备现实映射性的数字空间，虚实相融、相生、共生，与现实世界具有高度耦合性。"虚拟数字对象与现实物理对象会彼此介入各自所处的环境，彼此之间也会发生各种因果相互作用或因果

---

① 周逵. 虚拟空间生产和数字地域可供性：从电子游戏到元宇宙. 福建师范大学学报（哲学社会科学版），2022（2）：84-95.

② 社会临场感理论（social presence theory）由心理学者 Short、Williams 和 Christie 提出，用以研究不同媒介的沟通效果对人际关系产生的影响；Biocca、Harms 和 Burgoon 在此基础上提出社会临场感包括虚拟共在感、心理卷入和行为参与三方面的内容。

③ Biocca F，Harms C，Burgoon J K. Toward a more robust theory and measure of social presence：review and suggested criteria. Teleoperators and Virtual Environments，2003（5）：456-480.

④ 刘少杰. 网络社会的结构变迁与演化趋势. 北京：中国人民大学出版社，2019.

⑤ 元宇宙"化虚为实"的三要素，各自发展到了哪一步？.（2022-02-14）[2022-07-28]. https：//tech. chinadaily. com. cn/a/202202/14/WS620a237aa3107be497a063fe. html.

⑥ 简圣宇. "元宇宙"：处于基础技术阶段的未来概念. 上海大学学报（社会科学版），2022（2）：1-16.

相互影响"①,存在紧密的"因果依赖关系",两者动态化地相互构建,促进彼此社会进化。

　　具体而言,数字人作为元宇宙的主体,通过主观能动性可在元宇宙中积累大量的人文性成果,发展出相对独立于现实的虚拟文明,形成一套"相对独立的人文社会系统"②。在这种新型社会形态中,上传了真人意识的数字人所处的场景、生产的内容、所依赖的社交和文化体验不断进化,并得以保存、记录,在元宇宙空间获得永存。这些更新和进化必然与现实世界产生联系,因为数字人在元宇宙空间中的经历也是与其相对应的现实生活中的人的经历,真人与数字人共享这段记忆,或者说二者的表象身份虽然不同,但本质上是一个主体。虚拟经历对主体的影响反映在现实世界中,则必然会影响其在现实世界中的认知、观念及交往方式,进而影响现实世界的发展;而现实世界的发展作为环境因素又会对真人产生影响,使得主体在进入元宇宙空间后,以被影响后的观念和行为模式作用于元宇宙社会的进化。于是,元宇宙的身份共生导致了社会场景、内容、社交和文化的共生,虚实空间以用户为媒介实现共生和互构,实现首尾相接、交叠共进的持续发展。因此,要建立以实为本、虚实共生的元宇宙价值观,就要以动态演化的理念来理解、建构和发展元宇宙世界③。从上述分析可以看出,元宇宙社会未来必然会与网络社会一样,成为人类社会发展进步的重要组成部分,并与人类社会协同进化。

三、元宇宙空间的社会性延展

　　在元宇宙空间中,人们的构想空间可以直接被形象化,形成再现的空间。这种将空间实践过程压缩的特性使得抽象的概念和思想形象化,不但强化着人们的表象思维,还影响着元宇宙空间中的社会关系,形成多层次、多元化的社会属性。因此,从社会学的视角来看,元宇宙空间形成的是现实社会与网络社会之外的第三种社会形态,是一种新的社会场域。互联网创造了一种信息流动的缺场空间,而万物互联、高度沉浸的元宇宙创造的是一种虚实混融的伪在场空间。具身强调身体是直觉与环境互动的中介,实在具身是指人客观存在的物质身体,而虚拟具身则是指人体验到的身体④。人们在元宇宙空间中通过去中介化的虚拟具身体验构建新的更类

---

① 王晓阳.“虚实交融”还是“虚实交映”:元宇宙的形而上学图景刍议.(2022-03-26)[2022-07-28]. http://www.cssn.cn/zx/bwyc/202203/t20220326_5400711.shtml.

② 方凌智,翁智澄,吴笑悦.元宇宙研究:虚拟世界的再升级.未来传播,2022(1):10-18.

③ 贾韬,王国成,郭春宁.“元宇宙热的冷思考”笔谈(上).科学·经济·社会,2022(1):1-14.

④ Audi R. The cambridge dictionary of philosophy. Cambridge: Cambridge University Press, 2010: 258.

似于现实世界的社会关系与情感连接，这种社会关系和情感连接的根源在现实世界，而又超脱于现实世界而存在，是现实世界的延展。

虚实结合的社会结构关系

如上所述，元宇宙所构建的虚拟景观涵盖了人类现实社会的方方面面，这种虚实结合所形成的元宇宙社会的结构关系也必将是现实社会与虚拟社会、物质世界与精神世界、现实获得与理想追求的结合体。

第一，现实社会和虚拟社会互映。智能技术与数字技术体系正在重构当今世界的结构，拓宽着世界的外延，实现着现实社会、网络社会（基于互联网技术创造的虚拟社会）、元宇宙社会（基于虚拟现实和数字技术创造的虚拟社会）的发展进阶。现实社会与虚拟社会呈现出看似独立又万物互联的关系。一方面，虚拟社会的超越离不开现实中的人已经形成的社会结构关系；另一方面，虚拟社会中人们的交往习惯也影响现实社会中本体的自我理解与认知，改变着现实社会中人们的观念、态度和价值认同。这种相互影响体现着元宇宙社会多重现实的交互性与反身性，呈现出人类本体与数字分身在身份、社交、生活、娱乐等方面的多维度融合现象，以及虚拟空间和政治、经济、文化、社会生活的实体深度融合的社会结构特征。因此，元宇宙社会虽然看似是虚拟社会，但是其社会交往具有极强的现实性，对现实社会也具有深度参与和极强的影响，是虚实结合的社会空间。

第二，物质世界与精神世界贯通。人们在元宇宙空间与网络空间中的交往类似，都是体现集体表象特征的交往形式。集体表象是"通过形象意识活动形成的可以记忆、传递和传承的集体共识"[①]。集体表象的文化传统和价值原则使元宇宙社会具有了类似传统社会的家庭、宗教、社群等，因此，元宇宙空间的社会交往体现着不同社会群体的价值认同、共同信念和群体崇拜等精神层次的集体共识。与传统社会不同的是，元宇宙空间毕竟超越了物理空间的边界，具有突破传统现实社会的空间无限性和广泛性，也呈现出"数字表象"的特征——尽管人的身体具有地方性和排他的感知性，但是数字表象的无限扩展性将呈现出社会主体更加丰富和无限可能的精神世界。在数字化、人工智能、脑机接口等技术的支持下，元宇宙空间将会呈现出一种区别于传统社会的新的表象世界，人们通过对自身经验的提取，对文学、艺术、建筑等思想性创造进行形象化表达和表象性呈现，实现对新世界秩序的共

---

① 刘少杰. 从集体表象到数字表象：论元宇宙热潮的演化逻辑与扩展根据. 河北学刊，2022（4）：162－168.

创共建共享，而传统社会中这些则仅存在于个人的脑海想象和语言表述中。这种精神层次的形象化展现不仅是技术发展到一定程度的必然结果，同时还是物质水平达到一定条件时人们对精神追求的真实感、沉浸感以及感官刺激强度的自然要求。

第三，现实获得与理想追求的场景构建。元宇宙是一个与现实世界互构共生的新空间，由于它是在人类社会发展到一定程度的情况下构建的，因此自然而然带有人类对未来世界的想象和愿景。"元宇宙就是人类一贯的、从人类之初就有的神奇的想象和美好的愿望，在不同的社会发展阶段、不同的技术支撑下的一种实现形式。"① 它在出现之初就被赋予了构建一种理想化社会场景的使命，其"自治的生态系统被认为是孕育民主属性的摇篮"②，人类期望可以在元宇宙这种开放式的空间中自由表达、相互交流，世界运营的政策和规定也可以通过自治组织"DAO"③ 进行。因此，人们对元宇宙空间的理想不仅仅包含着对空间运行方式和虚拟社会交往方式的想象，还包括了人们对自身身份、个人定位的追求。例如，前述真实人的虚拟人格背后隐含的就是人们对自己身份和个性的期待，其在现实中无法实现的愿望可以在元宇宙空间中得到实现。而人们的理想追求是现实社会的理想化映射，也会在人们进入元宇宙空间之后，反作用于现实社会。因此，元宇宙社会的构成包含着人们的理想追求、价值诉求和未来观，通过虚拟的场景建构，人们可以在理想追求与现实获得之间穿梭往来。

感性映射下的社会联结方式

与互联网的发展类似，在元宇宙建设初期，感性建构占据了主要位置。比如，通过游戏式的沉浸式体验和交互方式实现感性映射，利用强烈的视觉冲击力、丰富生动的形象化活动形式以及感性化的表征吸引人们的注意力，引发迪尔凯姆所说的"集体兴奋"④，人们在元宇宙空间中的群体特性、集体记忆、价值认同不断形成，逐渐显露出集体表象。而数字表象则能够更加准确地表现元宇宙空间超越现实空间的凝聚力和想象力，展现出社会主体因其感性化、表象化而呈现出的更加多元化的

---

① 贾韬，王国成，郭春宁 ."元宇宙热的冷思考"笔谈（上）. 科学·经济·社会，2022（1）：1-14.
② Pita S, Pedro L. Verbal and non-verbal communication in second life//Zagalo N, Morgado L, Boa-Ventura A. Virtual worlds and metaverse platforms: new communication and identity paradigms. Hershey, Pennsylvania: IGI Global, 2012: 100-116.
③ 英文 Decentralized Autonomous Organization 的首字母缩写。DAO 是基于区块链核心思想理念衍生出来的一种组织形态，它将组织的管理和运营规则以智能合约的形式编码在区块链上，因而是在没有集中控制或第三方干预的情况下自主运行的组织形式。
④ 刘少杰 . 网络化时代的社会结构变迁 . 学术月刊，2012（10）：14-23.

社会联结形式。元宇宙空间以此为基础，形成新的"精神社会"①。元宇宙社会看似指代线上虚拟交往，实则包含着真实的社会交往关系，并据此拓展了新的精神空间。可以说，元宇宙实现了人类感官在虚拟仿真平台上的场景化延伸，也是人类自身叙事空间的拓展和延伸，实现了数字空间的社会性延展，因此也被称为"虚拟社会化"②。

不过，值得注意的是，数字空间中的时空看似无限，行动看似自由，其中的体验对个人来讲却是割裂的和碎片化的，缺乏中心的生命历程极有可能会加速个体更深层次的异化，人们的体验被割裂成数不清的碎片飘浮在元宇宙空间中。因此，如何在虚拟空间与现实空间的融合、数字生活和真实生活的融合中探寻当代人类社会发展的方向和价值取向，将是社会学未来亟须探讨的问题。

数字人、数字空间和数字社会中的多层次社会关系

作为元宇宙空间与现实空间的媒介，"人"成为虚实共生得以实现的前提和基础。现实世界中的人将规则、法律、宗教、文化等精神性的内容引入元宇宙空间，现实社会中的社会关系和结构也影响着元宇宙的社会结构。不过，数字技术的赋权导致元宇宙空间的社会结构更加扁平化，在一定程度上消解了社会等级结构，也产生了新的不平等。元宇宙空间中所有数据的生产、占有和使用，数字资源的分配将形成新的数字权力，这也会反作用于现实空间。

个体由现实空间进入元宇宙空间，从现实空间的历史和社会中暂时脱离，去往另一个空间以其数字身份进行社会交往，个人在元宇宙空间的活动创造的是元宇宙的历史和社会。但元宇宙社会也是现实社会的延伸，扎根于现实世界，与现实社会具有相互映射的关系。元宇宙因其数字属性实现了多重想象空间的形象化和仿真化。这种承载人们理想追求的空间脱胎于现实，实现了数字超现实。因此，现实空间与元宇宙空间之间动态呈现了从相互结合形成的嵌入关系到前者延伸形成的映射关系，再到通过想象空间再造形成的超越现实关系。

在此，我们可以援引列斐伏尔（Henri Lefebvre）关于空间的思想：空间产生于劳动和劳动分工，社会空间是社会关系的产品，元宇宙空间的形成也是元宇宙社

① 刘少杰. 从集体表象到数字表象：论元宇宙热潮的演化逻辑与扩展根据. 河北学刊，2022（4）：162 - 168.

② Lorentz P. Is there a virtual socialization by acting virtual identities？：case study：the Sims//Zagalo N，Morgado L，Boa-Ventura A. Virtual worlds and metaverse platforms：new communication and identity paradigms. Pennsylvania：IGI Global，2012：206 - 218.

会发展的结果①。元宇宙空间与社会空间一样，具有意识形态性和政治性。社会主体在元宇宙空间中进行基础设施建设、生活场所搭建等具体化的生产，这被称为数字空间实践。在元宇宙空间中，人们的构想空间可以直接被形象化，形成再现的空间，这不但强化着人们的表象思维，同时也影响着元宇宙空间的社会关系，形成多层次、多元化的社会属性。

总之，由于元宇宙空间以现实世界为根据，并作用于现实世界，因此元宇宙与现实世界呈现出虚实互构的共生性，但它仍以现实世界的意义追求为主，以虚实结合的方式去改变现有社会的结构和运作。不过需要警惕的是，在把元宇宙作为媒介、平台或者另一个虚拟空间时，可能会出现"脱实向虚"的趋向，即盲目地追求虚拟世界的意义建构。此外，还应该注意元宇宙空间中具身化体验及其形成的感性表象引发的全民狂欢和技术崇拜对个人和社会的异化现象。应当清楚，在元宇宙空间及其形成的整个数字社会系统背后的主体依然是真实的、具体的人。

结　语

作为下一代互联网的元宇宙是信息化发展的高级阶段，旨在创造一个虚实互构、包括多重主体在内、具有社会属性的数字化超现实空间。尽管目前对元宇宙的讨论更集中在打通虚拟现实、脑机接口、神经网络、区块链等核心技术上，但无论怎样，概念化元宇宙都与社会主体的虚实匹配性分不开。虚实融合情境下的现实观和虚实互构的共生性都反映着元宇宙空间的社会表象和数字表象之间的联通关系，元宇宙空间的社会结构、社会连接方式以及身处其中的人们之间的社会关系充分体现了现实向虚拟的社会性延展，而人们对虚实空间关系的价值取向更是在人类精神和文化层面展现了他们对虚拟空间的控制。

虽然元宇宙的理论研究和相关产业发展呈现出蓬勃发展的态势，但是，我们应该看到，业界目前对元宇宙的相关探索还处在理念构想与模块性实现方面，而学界对元宇宙的概念、形态以及虚实空间关系还有待进一步明确。在此形势下，应谨防资本的概念炒作。另外，在元宇宙相关技术演进的过程中，也将会面临元宇宙标准的制定、现实与虚拟之间版权的厘清、内容生产的平等性等方面的问题。同时，现实世界中的技术垄断和资源霸权是否会同样映射在虚拟世界里，去中心化的愿景能否真正实现也将是元宇宙发展过程中的一大挑战。

---

① 列斐伏尔. 空间的生产. 刘怀玉，等译. 北京：商务印书馆，2021.

参考文献

［1］白龙，骆正林．沉浸式网络、数字分身与映射空间：元宇宙的媒介哲学解读．阅江学刊，2022（2）：68－77．

［2］北京市经济和信息化局关于印发《北京市促进数字人产业创新发展行动计划（2022—2025 年）》的通知．（2022－08－03）［2022－09－10］．http：//www. beijing. gov. cn/zhengce/zhengcefagui/202208/t20220808_2787958. html.

［3］樊留群，丁凯，刘广杰．智能制造中的数字孪生技术．制造技术与机床，2019（7）：61－66．

［4］方凌智，翁智澄，吴笑悦．元宇宙研究：虚拟世界的再升级．未来传播，2022（1）：10－18．

［5］高丹．真实之虚幻，虚拟之现实：19 位学者探讨身份、价值与元宇宙．（2022－04－02）［2022－07－10］．https：//www. thepaper. cn/newsDetail_forward_17430258.

［6］黄升民，刘珊．重新定义智能媒体．现代传播（中国传媒大学学报），2022（1）：126－135．

［7］贾韬，王国成，郭春宁．"元宇宙热的冷思考"笔谈（上）．科学·经济·社会，2022（1）：1－14．

［8］简圣宇．"元宇宙"：处于基础技术阶段的未来概念．上海大学学报（社会科学版），2022（2）：1－16．

［9］列斐伏尔．空间的生产．刘怀玉，等译．北京：商务印书馆，2021．

［10］刘革平，王星，高楠，等．从虚拟现实到元宇宙：在线教育的新方向．现代远程教育研究，2021（6）：12－22．

［11］刘建明．"元宇宙"臆造的新式乌托邦：展望下一代互联网的终极形态．新闻爱好者，2022（2）：4－9．

［12］刘少杰．从集体表象到数字表象：论元宇宙热潮的演化逻辑与扩展根据．河北学刊，2022（4）：162－168．

［13］刘少杰．网络化时代的社会结构变迁．学术月刊，2012（10）：14－23．

［14］刘少杰．网络社会的结构变迁与演化趋势．北京：中国人民大学出版社，2019．

［15］陆地．媒介该给元宇宙降降温了．编辑学刊，2022（2）：1.

［16］罗金海.观点｜关于元宇宙的"42 条共识".（2022 － 01 － 19）［2022 －06 － 20］. https：//www. 8btc. com/article/6716380.

［17］马驰.艺术"化身"与"元宇宙"的时空问题思考.（2022 － 04 － 08）［2022 － 07 － 01］. http://www. cssn. cn/skgz/bwyc/202208/t20220803_5467433. shtml.

［18］清华大学新媒体研究中心.2020—2021 年元宇宙发展研究报告：理念篇.（2021 － 11 － 10）［2022 － 04 － 25］. https：//www. 163. com/dy/article/GODQF9 KG0517L580. html.

［19］上海市经济和信息化委员会关于印发《上海市电子信息产业发展"十四五"规划》的通知.（2021 － 12 － 30）［2022 － 02 － 25］. https：//www. shanghai. gov. cn/gwk/search/content/99677f56ada245ac834e12bb3dd214a9.

［20］深圳市人民政府关于加快智慧城市和数字政府建设的若干意见.（2021 －01 － 05）［2022 － 02 － 23］. http：//www. sz. gov. cn/szzsj/gkmlpt/content/8/8394/post_8394067. html.

［21］苏涛，彭兰.虚实混融、人机互动及平台社会趋势下的人与媒介：2021年新媒体研究综述.国际新闻界，2022（1）：44 － 60.

［22］王飞跃.平行系统方法与复杂系统的管理和控制.控制与决策，2004（5）：485 － 489.

［23］王晓阳."虚实交融"还是"虚实交映"：元宇宙的形而上学图景刍议.（2022 － 03 － 26）［2022 － 07 － 28］. http：//www. cssn. cn/zx/bwyc/202203/t20220326_5400711. shtml.

［24］吴江，曹喆，陈佩，等.元宇宙视域下的用户信息行为：框架与展望.信息资源管理学报，2022（1）：4 － 20.

［25］向安玲，高爽，彭影彤，等.知识重组与场景再构：面向数字资源管理的元宇宙.图书情报知识，2022（1）：30 － 38.

［26］杨林瑶，陈思远，王晓，等.数字孪生与平行系统：发展现状、对比及展望.自动化学报，2019（11）：2001 － 2031.

［27］喻国明，耿晓梦.元宇宙：媒介化社会的未来生态图景.新疆师范大学学报（哲学社会科学版），2022（3）：110 － 118，2.

［28］元宇宙"化虚为实"的三要素，各自发展到了哪一步？.（2022 － 02 －14）［2022 － 07 － 28］. https：//tech. chinadaily. com. cn/a/202202/14/WS620a237aa 3107be497a063fe. html.

［29］元宇宙炼金术：元宇宙是个什么宇宙？．（2021－12－28）［2022－03－20］．https：//baijiahao. baidu. com/s? id＝1720343627567489001&wfr＝spider&for＝pc.

［30］张昌盛．人工智能、缸中之脑与虚拟人生：对元宇宙问题的跨学科研究．重庆理工大学学报（社会科学），2021（12）：52－63.

［31］张盖伦．打造梅兰芳先生的孪生数字人有多难．科技日报，2021－11－25（8）.

［32］中华人民共和国国民经济和社会发展第十四个五年规划和2035年远景目标纲要．（2021－03－13）［2022－02－23］．http：//www. xinhuanet. com/2021－03/13/c_1127205564. htm.

［33］周逵．虚拟空间生产和数字地域可供性：从电子游戏到元宇宙．福建师范大学学报（哲学社会科学版），2022（2）：84－95.

［34］Audi R. The cambridge dictionary of philosophy. Cambridge：Cambridge University Press，2010：258.

［35］Ball M. Framework for the metaverse. （2021－06－29）［2022－03－22］. https：//www. matthewball. vc/all/forwardtothemetaverseprimer.

［36］Biocca F，Harms C，Burgoon J K. Toward a more robust theory and measure of social presence：review and suggested criteria. Teleoperators and Virtual Environments，2003（5）：456－480.

［37］Bogost I. The Metaverse is bad. （2021－10－22）［2022－07－22］. https：//www. theatlantic. com/technology/archive/2021/10/facebook-metaverse-name-change/620449/.

［38］Characteristics of the Metaverse. （2022－02－08）［2022－06－30］. https：//docs. boomspace. fi/metaverse/characteristics-of-the-metaverse.

［39］Gillieron L. Facebook wants to learn into the metaverse：here's what it is and how it will work. （2021－10－28）［2022－04－20］. https：//www. npr. org/2021/10/28/1050280500/what-metaverse-is-and-how-it-will-work.

［40］Grieves M W. Product lifecycle management：the new paradigm for enterprises. International Journal of Product Development，2005（2）：71－84.

［41］Jiang Q L，Huang X Q. Internet：immersive virtual worlds//Miller P M，Ball S A，Blume A W，et al. Principles of addiction：comprehensive addictive behaviors and disorders. San Diego，London，Waltham：Academic Press，2013：881－890.

［42］Korth B，Schwede C，Zajac M. Simulation-ready digital twin for real-time management of logistics systems. 2018 IEEE International Conference on Big Data (Big Data)，2018：4194－4201.

［43］Lorentz P. Is there a virtual socialization by acting virtual identities?：case study：the Sims//Zagalo N，Morgado L，Boa-Ventura A. Virtual worlds and metaverse platforms：new communication and identity paradigms. Pennsylvania：IGI Global，2012：206－218.

［44］Maney K. The king of alter egos is surprisingly humble guy. creator of second life's goal? just to reach people.（2007－02－05）［2022－06－25］. http：// www. usatoday. com/printedition/money/20070205/secondlife_cover. art. htm.

［45］Pita S，Pedro L. Verbal and non-verbal communication in second life// Zagalo N，Morgado L，Boa-Ventura A. Virtual worlds and metaverse platforms：new communication and identity paradigms. Pennsylvania：IGI Global，2012：100－116.

［46］Short J，Williams E，Christie B. The social psychology of telecommunications. Contemporary Sociology，1976（1）：32.

第四章　元宇宙：社会现实的数字化扩展空间

引　言

自 2021 年以来，商界、学界和媒体掀起了一股"元宇宙热潮"，相关的讨论连同社会生活数字化、智能化的议题不断出现在报刊、论坛和网络空间中。对元宇宙性质的看法尚有分歧，代表性的观点是："元宇宙是通过虚拟增强的物理现实，是呈现收敛性和物理持久性特征的、基于未来互联网的、具有连接感知和共享特征的 3D 虚拟空间。"[①] 另有观点认为元宇宙是一个"大规模、可互操作的网络，能够实时渲染 3D 虚拟世界，借助大量连续性数据，如身份、历史、权利、对象、通信和支付等，可以让无限数量的用户体验实时同步和持续有效的在场感"[②]。类似的定义可谓不胜枚举，但主要是在虚拟世界的意义上看待元宇宙的。

从社会学的角度看，关于元宇宙有两个方面需要讨论：一方面，元宇宙体现了技术与社会的互构，即数字技术（如 AR、VR 等）能发挥作用和被接受，往往和社会发展的状况密切相关，因此需要探究元宇宙兴起的现实基础。那么，这种现实基础是什么？另一方面，仅将元宇宙视为"虚拟空间"的观点值得商榷，实际上，数字技术所营造的"虚拟性"仍是"现实性"的延伸或扩展。本章试图超越"现实—虚拟"二分的观点，深入分析元宇宙兴起的现实基础，并从结构与行动的双重视角理解元宇宙作为"社会现实的数字化扩展空间"的特点及影响。

---

①　成生辉. 元宇宙：概念、技术及生态. 北京：机械工业出版社，2022：3-4.
②　鲍尔. 元宇宙改变一切. 岑格蓝，赵奥博，王小桐，译. 杭州：浙江教育出版社，2022：75.

一、元宇宙兴起的现实基础

从广义上看，人类的"虚拟世界"是始终存在的，它或者是无意识感觉的结果，或者是有意识想象的产物。例如，在原始宗教中，初民就体验到现实世界和虚幻世界的不同。初民的神秘体验实际上源于社会性、集体性力量的集体表象的作用。正如迪尔凯姆所阐明的那样，人们感受到的虚幻世界和集体欢腾实际是社会力量作用的结果①，换句话说，神秘体验实际上是社会体验，是组织生活和群体活动的产物。而到了文明时代，人们借助语言、文字和图画，可以想象出丰富多彩的"另一个世界"。

如果说"现实世界—虚拟世界"的二分是人类生活的恒常特点，那么以此审视元宇宙对现实世界的"虚拟建构"，实际上并未指出元宇宙兴起的社会根源。或者说，"现实—虚拟"二分的观点虽然指出了社会生活虚实相间的特征，但其历史地和社会地变化的社会基础尚需讨论。因此，有必要把人类社会发展的阶段性特征纳入进来，以探究元宇宙兴起的必然性、特点与趋势。

在农业社会中，相对稳固的居住环境形成了稳定的群体生活和集体意识，同时，相对有限的空间环境也强化了"地方性知识"，使一些古老的传说或奇闻逸事代代相传，从而使人们在扎根于土地的同时也能想象另一个神秘世界——可能是令人向往的世外桃源，也可能是让人恐惧的邪恶之地。人们之所以对传说或奇闻逸事喜闻乐见，并不完全是因为人们理性尚不发达、对客观世界的认识有限，还因为人们有一种在单调重复的日常生活中寻求新奇而有趣的精神体验的倾向。

到了工业社会，科学技术的迅速发展带来了理性对迷信的"脱魅"以及宗教的世俗化进程，因此使"虚幻"世界也遭到了不同程度的质疑。但这并不意味着虚幻的结束，有时恰恰相反，交通与传播媒介的发展极大地拓宽了人们的活动边界，带来麦克卢汉所言的"人的延伸"②。在这种情况下，人们借助科技的力量进一步构造和想象出更大的"虚幻"世界，科幻文学和科幻电影便是重要证明。而且，随着物质生活的丰富，人们对精神生活的需求进一步增加，就此而言，人们对"现实之外"世界的想象和体验，实际上是在寻求精神生活的满足。尽管科学技术并不必然带来更丰富的精神体验，但它无疑提供了人们追求精神体验的工具和手段，好比汽

---

① 涂尔干. 宗教生活的基本形式. 渠敬东，汲喆，译. 北京：商务印书馆，2020：287－300.
② 麦克卢汉. 理解媒介：论人的延伸. 何道宽，译. 南京：译林出版社，2019：362－412.

车提升了旅游观光的便利性，电视能让人排遣一些寂寞和无聊，而互联网使人际表达和沟通更加便捷。

纵观近代人类的几次科技革命，前三次革命（蒸汽技术革命、电力技术革命、计算机及信息技术革命）的总体趋势是使人逐渐摆脱物质世界的束缚。以交通和通信为例，汽车突破了空间的隔阻，电话克服了文字的限制，而互联网使远洋信息传递（文字、图片、视频等）变得轻而易举。以人工智能、量子信息技术、虚拟现实以及生物技术为代表的第四次科技革命，突出了社会生活全方位的网络化、数字化和智能化。仍以交通和通信为例，如果说前三次科技革命使人跨越空间、压缩时间的能力大幅度提高，那么第四次科技革命则使人足不出户、身无位移便能往来穿梭于不同的时间和空间之中。在万物互联的网络化和智能化时代，人们对"另一个世界"的想象和体验除了可以通过"冥想"实现外，还可以通过借助一系列技术搭建出在通常的生活空间中所无法实现的场景实现。元宇宙技术和话语正是在第四次科技革命的背景下兴起的。

科技发展极大地满足了人的物质需要，也极大地激发了人的精神需求。相比之下，农业社会与工业社会的主导性需求是面向自然世界（土地或原材料）获得物质满足，而以生物和信息技术为代表的后工业社会的主导性需求是面向人本身获得精神满足。这种变化也被称为从"生存"到"发展"的变化，其重要趋势是人们对参与性、差异化、体验性活动的需求持续增加。例如，在《体验经济》一书中美国学者约瑟夫·派恩和詹姆斯·吉尔摩声称，服务经济的趋势是更加注重消费者在场景中的参与和体验，从管理者到员工和顾客就像在进行一场生动的表演，消费者经过参与的过程，留下美好的体验与难忘的记忆[①]。派恩和吉尔摩所言的体验经济，主要还是发生在通常的物理空间和实际场景中，他们所言的具有魔幻色彩的迪士尼乐园，也是基于在物理空间进行的模拟，其场景和道具都是实体的，在质地上和其他物品并没有本质区别。

一些著名的电子游戏营造了类似于元宇宙的场景。例如，《我的世界》《魔兽世界》《堡垒之夜》《王者荣耀》等游戏，不同程度地具备开放自由的创作功能、沉浸式体验玩法、与现实经济互通的经济系统、虚拟身份生成模块以及较强的社交性等，其中设置了日常生活中看不到的奇幻场面、人物和故事情节，并通过竞赛闯关激发玩家的兴趣。不过，游戏场景往往是独立于日常生活的虚拟世界。与此不同的是，元宇宙以物联网技术、网络及运算技术、人工智能技术、电子游戏技术、交互

---

① 派恩，吉尔摩．体验经济．毕崇毅，译．北京：机械工业出版社，2016：130-131．

技术、区块链技术为基础，不完全是在日常生活之外构造出一个虚拟世界，而是网络化、数字化、智能化技术对日常生活的全方位渗透，实际是日常生活的全方位数字化，人们的学习、工作、交友、娱乐等都融入了元宇宙的元素。

以全方位数字化技术为基础的元宇宙，将进一步提升参与者的现场感、真实感、沉浸感，还会根据参与者的"数字化痕迹"营造个性化、定制化体验，因此参与者本身也是场景的营造者。有观点认为，元宇宙将走过三个阶段：第一个阶段是"社交＋游戏"的奠基阶段，即通过开发一系列独立虚拟载体将游戏、社交、内容融合成沉浸式泛娱乐平台；在第二个阶段，虚拟和现实概念逐步模糊，消费、金融、教育、工作及生活服务等现实生活元素将转移至虚拟世界；在第三个阶段，各个赛道融入元宇宙体系，虚拟和现实的边界被打通，形成完全开放、经济系统自洽、流畅社交等交互体验[①]。就此而言，与其说虚拟和现实的边界变得模糊或被打通，不如说这是一种全方位数字化的社会现实。

元宇宙与日常生活的融合意味着，在网络化、数字化、智能化技术日益成熟的背景下，我们日常生活的基础已经发生了巨大变化。尽管元宇宙以虚拟现实技术为基础，但称之为"虚拟空间"并不准确，确切地说，它是一种社会现实的数字化扩展空间。实际上，元宇宙与家庭、社区等生活单元并不是彼此分隔的关系，它本身就会融合在家庭、社区等生活单元中。因此，在根本上，元宇宙不是与现实世界并行的"另一个世界"，它不是一个"地方"，而是一种生活方式，体现了消费社会和数字社会中人们寻求更丰富而多元的生活体验的倾向。"元宇宙＋"将重塑人们的学习和生活方式，使教育、娱乐、广告、工业生产等领域凸显智能化、参与性和体验感的特点[②]。在这个意义上，元宇宙"不是一项技术、一批行业，而是一个时代"[③]。

上述对元宇宙兴起之社会基础的讨论是从一般的宏观社会学视角进行的。此外，社会学思考的角度众多，涉及群体、组织、行动、互动、结构、变迁、认同等多个方面，这使得对元宇宙的讨论往往呈现出高度分散化甚至碎片化的倾向。下文拟结合社会学的两个基本视角——社会结构视角和社会行动视角，对元宇宙的特点及影响进行讨论，前者注重分析社会环境与条件，后者则关注相对微观的社会行动与人际互动。对元宇宙的结构与行动两方面的讨论，有助于认识其作为社会现实的数字化扩展空间的特点。

---

① 卢梦琪. "元宇宙"真的要来了？. 中国电子报，2021－08－20（1）.
② 鲍尔. 元宇宙改变一切. 岑格蓝，赵奥博，王小桐，译. 杭州：浙江教育出版社，2022：305－325.
③ 许雯斐，仇惠栋，姜天如，等. 明天，元宇宙见！. 新华日报，2022－03－14（A01）.

二、社会结构视角下的元宇宙

元宇宙尚未形成稳定的模式，其性质也难以具体地描述，但可以从已有的定义和讨论中识别其基本的结构性形象。根据"元宇宙第一股"游戏公司 Roblox 的说法，一个真正的元宇宙产品应该具备八大要素：（1）身份（identity），即拥有一个虚拟身份，无论它与现实身份是否有关；（2）朋友（friends），即有可以交往的朋友，无论在现实中是否认识；（3）沉浸感（immersive），即能够沉浸在元宇宙的体验当中而忽略其他的一切；（4）低延迟（low friction），即元宇宙中的一切都是同步发生的，没有异步性或延迟性；（5）多元化（variety），即元宇宙提供丰富的内容，包括玩法、道具、美术素材等；（6）随地（anywhere），即可以使用任何设备登录元宇宙，随时随地沉浸其中；（7）经济系统（economy），即元宇宙像一些复杂的大型游戏一样有自己的经济系统；（8）文明（civility），即元宇宙是一种虚拟的文明[①]。当然，这是一种带有前瞻性和预测性的观点，元宇宙发展的实际形态尚需时间和实践来证明。

这里，我们把"结构"理解为一种外在于个体并对其行动具有约束性的环境和条件。总体而言，元宇宙是一个生态系统，是由技术、身份、参与、社交、体验、规范等构成的整体。如前所述，本章倾向于将元宇宙看作广义的现实世界的一部分，即它是网络化、数字化和智能化技术对现实世界之虚拟特征的进一步强化，而不是与现实世界并行或对立的"虚拟空间"。据此，我们可以讨论元宇宙的一些结构性特征。

首先，元宇宙具有"强技术性"特征。元宇宙的兴起建立在网络信息技术发展的基础之上，在延续了网络社会"连接"属性的同时，也表现出新的特点，如：人与人（包括数字替身与虚拟机器人）之间的连接成为整个万物互联的一部分；功能更为强大的连接媒介（如虚拟现实）大大拓展了连接的形式与信息传递的方式，人机互联甚至可以超越神经反射与感官感知的连接，直接跳入思想的连接；情境再现突破空间与时间的限制，使得个人在与他人连接的同时，也可以和历史相连[②]。而要实现这种连接，需要新一代通信、虚拟现实、增强现实、混合现实、扩展现实、区块链、大数据、云计算、物联网、人工智能等领域的新技术[③]，这些数字技术将

①　李曦子，王诗琪. 脸书入局的元宇宙是什么？. 国际金融报，2021 - 08 - 02（4）.
②　沈阳. 元宇宙的大愿景. 青年记者，2022（4）：1.
③　成生辉. 元宇宙：概念、技术及生态. 北京：机械工业出版社，2022：15.

融入人们的日常工作、学习和娱乐活动中。

当然，技术并不是孤立存在和自发运作的，元宇宙的内容和运行机制等也需要经过公众的讨论、参与和反馈。例如，2022 年 6 月 21 日，首个元宇宙国际标准联盟宣告成立，名为"元宇宙标准论坛"（Metaverse Standards Forum），由全球数十家科技行业巨头组成，包括 Meta、微软、英伟达等美国厂商，也有包括华为、阿里巴巴达摩院在内的中国创始成员。该组织成立的目的是通过构建开放元宇宙所需的互操作性标准进行全行业合作，未来将探讨缺乏互操作性阻碍元宇宙部署的原因，以及如何协调和加速标准开发组织（SDO）定义并推动元宇宙标准制定的相关工作①。这既体现了技术与社会的互构，也说明元宇宙的发展是技术发展、组织沟通以及多方协作和竞争综合作用的结果。当然，元宇宙的"强技术性"特征，也将引发技术依赖、数字鸿沟以及娱乐沉迷等问题，因而需要对元宇宙进行社会引导和治理。

其次，元宇宙具有"拟空间性"特征。元宇宙是与通常的社会空间有所不同的、通过数字技术和设备"搭建"起来的空间。之所以说元宇宙是一种"空间"，是因为：它会带给人身临其境、身心投入的沉浸感；虽然身体处在某个物理空间和社会空间中，但可以瞬间进入另一个数字空间，并在不同的数字空间中切换，相应地还会产生不同的认知空间和表象空间。说这是一种"拟"空间，不是说元宇宙是对通常的空间的直接复制和模拟，而是强调它借助数字技术"建构"出远远比通常的物理空间和社会空间更丰富多彩的场景。尽管这种场景不像物理空间那样存在一个感官可及的实体，其中的互动和交往过程也不同于社会空间中的互动和交往过程，但通过数字技术的渲染和对感官的刺激（如对视觉、听觉、触觉的刺激），会使人产生与平时的物理空间和社会空间所带来的体验不同的感受，特别是参与感、沉浸感、新奇感。概言之，新的空间将带来新的感受、新的体验。

最后，元宇宙具有"拟时间性"特征。众所周知，社会性的要义之一就是时间性，这种时间性不仅仅表现为个体的自然生命历程，还表现为人的社会属性是漫长的人类"文化大生命"和"历史大生命"②的结果。按照安东尼·吉登斯的说法，传统社会中时间一直与空间（和地点）相联系，社会生活体现为地域性活动，是一种"在场"的活动。时钟体现了一种"虚化"时间（empty time），使时间从空间中分离出来，而航海图使空间"独立"于任何特定地点或地区③。概言之，在现代性条件下，时间和空间都虚化了。当下元宇宙逐渐兴起的时期，比吉登斯所言的发达

---

① 钱童心. 首个元宇宙国际标准联盟成立华为阿里参与. 第一财经日报，2022－06－23（A09）.
② 钱穆. 人生十论. 北京：生活·读书·新知三联书店，2012：49.
③ 吉登斯. 现代性的后果. 田禾，译. 南京：译林出版社，2000：15－17.

现代性（advanced modernity）或齐格蒙特·鲍曼所言的流动的现代性（liquid modernity）更进一步，表现出数字化的新特征。元宇宙通过数字化技术搭建的场景，除了是一种独特的空间之外，还体现了一种独特的时间：置身于元宇宙数字空间中的人，可以自由地"穿越"回古代或"进入"未来；在这里，时间更多地与人的感觉和体验而不是与具体地点或事物相联系。当然，这种"穿越"和"进入"关涉的并不是客观运动过程意义上的时间，而是基于数字技术对时间的模拟，是一种场景化的时间，好比"穿越"到唐朝，只是进入了数字化的唐朝场景，而不是真的回到了古代，同样，"进入"未来也只是进入了数字化虚设的未来场景，并没有真的超越客观的时间。但不管怎样，"穿越"和"进入"的场景是与当下现实不同的"拟空间"，参与其中的过程便形成了"拟时间"。在这个意义上可以说，"拟时间"主要是数字技术开发者和参与者"人为构造"的产物。

元宇宙的上述三个结构性特征让我们初步认识了这个社会现实的数字化扩展空间。元宇宙的"强技术性"使置身于其中的个体习得或建构起一系列新规则，但这一过程没有长时段生命历程的基础，而是依靠参与者对数字技术程序的熟悉和适应。"拟空间性"与"拟时间性"的重要后果是，个体在元宇宙之外习得的规范可能不再继续有效，而元宇宙的数字空间规范又无法"平滑地"移植到一般的日常生活空间中，于是将出现多元现实与多重自我的并存。概括地说，元宇宙作为社会现实的数字化扩展空间，既有对社会现实的强化和扩展，也有对社会现实的背弃和反叛。这就意味着，元宇宙的结构性特征也将使参与者的行动取向具有新的特点。

三、社会行动视角下的元宇宙

根据马克斯·韦伯的说法，社会行动的核心特征是行动者在主观意义上的关联性[①]。在元宇宙空间中，行动者所指向的对象要比通常社会现实中的对象更复杂一些，既可能是个体行动者，也可能是行动者的虚拟角色，还可能是虚拟数字人。就行动者"主观意义上的关联性"这点而言，我们仍称其行动为"社会行动"。

在元宇宙空间中，社会行动的第一个特点是"脱嵌性"，即个体在一定程度上从已有的历史和社会关系中脱离出来，进入一种数字化的交往关系中，甚至以五花八门的个性化角色与其他数字个体进行交往。众所周知，社会学所言的社会化或社会性，往往强调个体在家庭、社区、学校以及更大环境的影响下习得社会规范，并

---

① 韦伯.经济与社会：第一卷.阎克文,译.上海：上海人民出版社,2010：92-93.

形成对自我与社会之关系的认识，特别是形成自我对社会的依恋。而在元宇宙空间中，尽管这一数字空间在根本上仍是社会现实的延伸，但其"强技术性"特征使得技术逻辑建构的"规范"将带来对已有的社会规范的一定的冲击甚至反叛，而元宇宙的"拟空间性"与"拟时间性"也意味着个体的"社会性抽离"，亦即富有历史和文化多重可能性的自我可能变成单一的"数字自我"，即由数字符号、数字痕迹和数据资料构成的自我。

元宇宙社会行动的第二个特点是"孪生性"。"孪生性"主要是指数字孪生，即在数字化空间中创建通常的现实事物的数字动态孪生体，其本质是创造了一个数字版的"克隆体"。数字孪生实现了真实物理系统向虚拟空间数字模型的映射，经过这一过程，元宇宙可建构具有极其丰富的细节的逼真环境，并创造令人感到身临其境的临场体验①。在社会行动的意义上，数字孪生实际上是以数字化的方式生成了新的数字自我，这一过程不是通常的社会互动过程，它是借助代码、数据、算法和模型来实现的，本质上是人机互动的过程。因此，数字孪生实际上是行动者在和另一个数字自我对话。

数字孪生让我们想起美国社会学家查尔斯·库利的经典概念"镜中我"（looking-glass self）②。这一概念强调的是个体在社会化的过程中从他人的角度看待自己的能力。相比之下，数字空间的"镜中我"包括更复杂的维度：一是个体从通常的现实空间和数字空间这两个空间审视自己，既是从现实空间的重要他人的角度看待自己，这是通常的"镜中我"的形成，也是从数字空间的数字人的角度看待自己，即以数字空间的规范为依据审视现实空间中的自我；二是数字空间中的个体审视作为数字的自己，即以数字社会的规范看待作为数字孪生体的自己。如此一来，现实空间与数字空间、现实自我与数字自我交织在一起，其中隐含了多重情境下多重自我转换的复杂性，以及可能因此而产生的角色转换、混乱甚至冲突。

元宇宙社会行动的第三个特点是"跨阶层性"，即个体的交往互动因数字情境而发生，传统的"物以类聚，人以群分"的原则往往不再适用。在这种情况下，职业、声望、教育程度等社会分层要素将变得模糊，人们在元宇宙中往往以兴趣、议题或临时角色为根据开展交往。随着元宇宙与日常生活融合程度的加深，这种"跨阶层"的程度也将上升。这将产生两种后果：一方面，个体可以超越现实的身份与虚虚实实的各色人等进行交往，感受到前所未有的"自由"体验；另一方面，数字

---

① 成生辉. 元宇宙：概念、技术及生态. 北京：机械工业出版社，2022：100.
② 库利. 人类本性与社会秩序. 包凡一，王湲，译. 北京：华夏出版社，2015：129.

空间的"拟空间性"和"拟时间性"使得人们在其中的交往和认同缺乏稳固的社会性连接，个体也将因此而面临"社会的缺席"的危机。

元宇宙社会行动的特点表明，数字化条件将成为自我形成与更新的重要来源。澳大利亚学者安东尼·艾略特指出："数字化不仅在我们身边发生，也在我们内心发生。在这个自我养成的时代，自己动手建立和重建身份是非常普遍的，这意味着数字技术、机器人技术和人工智能将成为自我养成的原材料。""数字技术系统越来越多地将自我包裹在即时的体验中，而个人构建和重塑数字身份的工作则是通过'搜索''粘贴''删除'和'取消'等按键进行的。"[1] 这说明，数字化成为自我认同的重要机制，在积极的意义上，行为选择的多样性体现了世界对个体的开放[2]，个体在"构建自我"上获得了巨大的自主空间；在消极的意义上，"自我"的片段化和不确定性问题也将增加。可以预期，随着社会现实的数字化扩展空间的不断发展，"数字自我"及其机遇与困境将成为一个重要的研究课题。

结　语

在人类社会变迁及生活方式变革的意义上，元宇宙的兴起有其现实基础，即它顺应了网络化、数字化、智能化时代人类日益增加的对美好生活的需要。通常，人们会通过阅读书籍、美术创作、聆听音乐、旅游、群体聚会等方式获得感官和精神上的满足，但这主要是在物理空间和社会空间中完成的，而元宇宙所营造的感官和精神体验，主要是在数字空间中完成的。从社会学的视角看，关注元宇宙应"避虚就实"：不仅要关注元宇宙的"未来性"，即它以多种数字技术为基础营造出的新奇的数字空间，而且要深入分析其兴起对实在的个人与社会之关系的影响。虽然元宇宙有助于满足人们对丰富多彩的精神生活的需要，但它无法取代传统的亲密关系和组织纽带对于个体生活的基础性意义。"避虚就实"也意味着，元宇宙并非完全隔绝于一般现实空间的另一个空间，而是深深地植根于现实空间之中。

在问题意识上，社会学在关注元宇宙时需要接续"社会（秩序）何以可能"这一经典问题意识。在宏观层面，关注个人和群体如何连接成更大的秩序；在微观层面，关注人与人如何实现对话、沟通、理解和认同。元宇宙在社会结构层面的"强技术性"、"拟空间性"和"拟时间性"，在社会行动层面的"脱嵌性"、"孪生性"

① 艾略特. 人工智能文化：日常生活与数字变革. 郝苗，译. 武汉：华中科技大学出版社，2022：14，24.
② 吉登斯. 现代性与自我认同：晚期现代中的自我与社会. 夏璐，译. 北京：中国人民大学出版社，2016：177.

和 "跨阶层性"，使个人与社会之连接具有了更强的虚拟性、松散性和不确定性，也凸显了 "社会（秩序）何以可能" 这一问题在数字空间中的意义。西美尔（也译作齐美尔）曾言："金钱只是通向最终价值的桥梁，但人是无法栖居在桥上的。"[①] 他反思了货币文化下人的现代性体验和生存处境。套用这句话或许可以说："元宇宙是通往精神体验的桥梁，但人是不能栖居在桥上的。"元宇宙具有人际关联意义上的社会属性，但主要是数字化的情境，与通常意义上的社会交往和社会规范不同，其结构层面与行动层面的特征抽离了一定的历史和文化的因素，存在 "社会性" 弱化的趋势，由此可能带来自我认同与社会认同的危机。

此外，社会学需关注人的 "数字属性" 或 "数字人" 的特征，扩展对社会学研究对象的传统理解。通常，社会学所言的研究对象，无论是社会行动、社会群体、社会组织，还是宏观的社会结构，往往都是具体而实在的，而在元宇宙空间中，社会学所研究的人、行动、组织或制度等具有了更多的数字化特征。这种数字化特征的初级形式表现为参与者的生活世界增加了大量的数字化元素，在身份、行为、生活痕迹上具有了 "数字人" 的特点，其高级形式是 "虚拟人" 即具有数字化外形的虚拟人物的出现，"虚拟人" 拥有人的相貌（与人相同的长相）、人的举止（能说话、能举手投足）以及人的思想（能与人交谈）。"虚拟人" 是人机互动的产物，不具有生理属性和生命成长的过程，严格来说并不是通常意义上的 "人"，但因其会成为人们的交往对象，甚至与人形成较为亲密的关系，从而这种互动也便具有了 "实在" 的意义，也将成为社会学的研究对象。

社会学的重要特点是密切关注经验现实，并深入剖析社会现实变化的原因及影响。对于方兴未艾的元宇宙，一方面要紧扣社会发展变化的实际，"避虚就实" 地分析其兴起的现实基础，在社会现实的数字化扩展空间的意义上理解元宇宙的兴起及其社会后果；另一方面需要接续 "社会（秩序）何以可能" 的问题意识，对元宇宙隐含的 "社会性危机" 予以批判性分析。同时，元宇宙热潮的兴起也为社会学反思有关 "个人"、"社会" 以及 "个人与社会的关系" 的前提预设提供了机会，或许也为社会学理论和方法的更新提供了现实土壤。

参考文献

[1] 艾略特. 人工智能文化：日常生活与数字变革. 郝苗, 译. 武汉：华中科

---

① 西美尔. 金钱、性别、现代生活风格. 顾仁明, 译. 上海：华东师范大学出版社, 2010：11.

技大学出版社，2022.

　　［2］鲍尔．元宇宙改变一切．岑格蓝，赵奥博，王小桐，译．杭州：浙江教育出版社，2022.

　　［3］成生辉．元宇宙：概念、技术及生态．北京：机械工业出版社，2022.

　　［4］吉登斯．现代性的后果．田禾，译．南京：译林出版社，2000.

　　［5］吉登斯．现代性与自我认同：晚期现代中的自我与社会．夏璐，译．北京：中国人民大学出版社，2016.

　　［6］库利．人类本性与社会秩序．包凡一，王湲，译．北京：华夏出版社，2015.

　　［7］李曦子，王诗琪．脸书入局的元宇宙是什么？．国际金融报，2021－08－02（4）.

　　［8］卢梦琪．"元宇宙"真的要来了？．中国电子报，2021－08－20（1）.

　　［9］麦克卢汉．理解媒介：论人的延伸．何道宽，译．南京：译林出版社，2019.

　　［10］派恩，吉尔摩．体验经济．毕崇毅，译．北京：机械工业出版社，2016.

　　［11］钱穆．人生十论．北京：生活·读书·新知三联书店，2012.

　　［12］钱童心．首个元宇宙国际标准联盟成立华为阿里参与．第一财经日报，2022－06－23（A09）.

　　［13］沈阳．元宇宙的大愿景．青年记者，2022（4）：1.

　　［14］涂尔干．宗教生活的基本形式．渠敬东，汲喆，译．北京：商务印书馆，2020.

　　［15］韦伯．经济与社会：第一卷．阎克文，译．上海：上海人民出版社，2010.

　　［16］西美尔．金钱、性别、现代生活风格．顾仁明，译．上海：华东师范大学出版社，2010.

　　［17］许雯斐，仇惠栋，姜天如，等．明天，元宇宙见！．新华日报，2022－03－14（A01）.

第五章　元宇宙时代技术与社会的互嵌共生

引　言

面对元宇宙热潮，学界对于元宇宙概念的定义众说纷纭。一派学者认为元宇宙是虚拟空间或虚拟世界，而另一派则将元宇宙定位为物理现实与虚拟现实的结合[①]。甚至多位学者认为，元宇宙会在既有社会之外创造出新的社会，乃至新的文明形态[②]。无论学者对元宇宙的定义是什么，近来关于元宇宙的论述都认为其蕴含着巨大的社会变迁力量。喻国明等人认为，元宇宙可以将人作为一个整体进行数字化，从而实现心智、身体、环境三位一体的具身传播，完成传播权力向人回归的巨大革新[③]。胡泳、张钦昱等人分析了元宇宙时代数据和虚拟货币可能引发的治理难题[④]。王天夫则认为元宇宙可能造成更深层次的社会不平等[⑤]。纵观元宇宙既有研究，其基本都是针对经济、传媒、教育等具体领域展开论述，少有研究描摹元宇宙时代社会的总体轮廓。此外，多数研究都遵循决定论的观点，要么从技术决定论的角度关

---

① Dionisio J D N，Burns Ⅲ W G，Gilbert R. 3D virtual worlds and the metaverse：current status and future possibilities. ACM Computing Surveys，2013，45（3）：1－38；Herman J，Kellen B. Are we in the metaverse yet?. (2021－07－10)［2022－06－30］https：//www. nytimes. com/2021/07/10/syle/metavese-virtual-worlds. html.

② 喻国明. 未来媒介的进化逻辑："人的连接"的迭代、重组与升维：从"场景时代"到"元宇宙"再到"心世界"的未来. 新闻界，2021（10）：54－60.

③ 喻国明，耿晓梦. 元宇宙：媒介化社会的未来生态图景. 新疆师范大学学报（哲学社会科学版），2022，43（3）：110－118，2.

④ 胡泳，刘纯懿."元宇宙社会"：话语之外的内在潜能与变革影响. 南京社会科学，2022（1）：106－116；张钦昱. 元宇宙的规则之治. 东方法学，2022（2）：4－19.

⑤ 王天夫. 虚实之间：元宇宙中的社会不平等. 探索与争鸣，2022（4）：76－79.

注元宇宙对社会结构的影响，要么从社会决定论出发，认为元宇宙概念风靡全球是为资本积累服务。

法国技术哲学家雅克·埃吕尔（Jacques Ellul）指出，技术并不是孤立的，而是一个自主运行的系统，涵盖生产、政治、经济、教育等所有领域[1]。在信息通信技术快速迭代的网络社会，埃吕尔这一论断得到了证实。信息通信技术的应用领域从最初的军事，迅速扩展到经济、金融、政治、教育、娱乐等社会的方方面面，深深嵌入人们的日常生活中。虽然元宇宙的实现还需要时间，但是在可以想象的未来，在一个多维的数字化空间，元宇宙的实践主体不仅有实体人，还有如 AI 一样的虚拟人，甚至还可能有无机体[2]。社会现行的政治经济制度与价值主张，都势必发生翻天覆地的变化[3]。作为一个具有整体性的技术系统，元宇宙将挑战社会既有的交往方式、组织方式、治理方式；与此同时，新建立的社会制度、规范、知识系统也将形塑元宇宙的发展。由此观之，无论是社会决定论还是技术决定论，都无法从单一的侧面对元宇宙中的技术和社会关系进行准确把握，因此需要建立一种新的理论框架。本章尝试提出从"互嵌共生"（mutual-embedded symbiosis）角度来审视元宇宙时代技术与社会双向互动的动态关系，以及由此引发的社会治理新问题与新挑战。

一、技术与社会关系的理论视角演进

尽管技术与社会的关系在经典社会学议题中很少得到专门、细致的考察与论述，但对技术的思考依然可以追溯至古典时期三大社会学家的理论中。韦伯认为技术的本质是形式合理化，他认为现代社会发展的过程就是形式理性不断扩张、实质理性不断萎缩的过程。迪尔凯姆将 19 世纪快速发展的技术视为一种社会事实，纳入对自杀现象的解释中。马克思则是在一种"历史—社会"关系中去理解技术，认为技术是可以为人所利用的，并主要作用于生产领域。早在社会学创建之初，技术就已经在社会结构与变迁的分析中占有一席之地。

20 世纪 30 年代，美国社会学家莫顿针对 17 世纪风云变幻的英国社会，用一种具体的、历史的眼光考察了科学技术与经济发展、军事技术及清教主义之间的关

---

[1]　Ellul J. The technological society. New York：Vintage Books，1964：79－133.

[2]　陈云松，郭未. 元宇宙的社会学议题：平行社会的理论视野与实证向度. 江苏社会学，2022（2）：138－146，243.

[3]　Huang J，Henfridsson O，Liu M J，et al. Growing on steroids：rapidly scaling the user base of digital ventures through digital innovation. MIS Quarterly，2017，41（1）：301－314.

系，由此引入了理解社会变迁的技术维度，开启了专门探索技术与社会运行关系的研究领域①。

从技术系统论到技术决定论

梳理技术社会学的理论脉络，绝不可以忽略活跃于 20 世纪下半叶的法国社会学家埃吕尔。埃吕尔的研究没有被翻译成中文，但他创造的技术系统论与马克思学派、杜威学派和海德格尔学派并称为四大技术哲学学派。埃吕尔在 1954 年出版了他的著作《技术社会》（*The Technological Society*），他在其中系统地阐释了他的技术社会学思想。延续韦伯对于"手段—目的"的关注，埃吕尔用效率来定义技术②。埃吕尔将技术视为以理性设计为中心的控制事物和人的方法的集合，涵盖生产、政治、经济、教育等所有领域③。在埃吕尔看来，现代社会就是一个技术系统，可以从三方面去理解其中的意涵。

首先，埃吕尔认为现代社会是围绕着理性设计出来的。在埃吕尔看来，技术的核心就是理性。换言之，现代社会前进的方向就是技术要求的方向。因此，区别于马克思、杜威等人的实用主义倾向，埃吕尔认为技术不是一个只能被人们利用的工具，而是一个具有自主性的实体。技术可以自我设定目标、制定路径而不受其他标准如道德、美学的干扰，它甚至可以更改或取消其他社会价值标准。因此，社会一旦接纳了技术，就不得不按照技术（也就是理性）的要求进行社会制度设计。

其次，作为一个系统，社会总体技术水平的进步并不源于某一项具体技术的突破，而是得益于先前技术的有机集合。此外，由于一项技术创新可能使很多技术形式成为可能，因而现代社会技术的增长速度是指数级的。需要再次明确的是，埃吕尔论述的技术并不局限于自然科学范围，而是指一切控制人与事物的方法的集合。因此，一项信息通信意义上的技术革新，可能会给社会经济带来新的产业组织方式，例如宽带技术为平台经济奠定了基础。

最后，社会被埃吕尔视为一个技术系统，这个系统不仅涵盖社会内部所有角落，还将世界上各个国家也囊括其中，使不同文明的社会形态逐渐趋同。技术将古典主义的国家变为了机构的混合体，还在自由经济之上施加理性规划。除了掌控人类社会的政治与经济领域之外，为了使人更好地适应由技术建构的环境，技术同样研究人的情绪、心理与行为，人类越来越被网罗于理性设计当中，变为规范化的、

---

① 莫顿．十七世纪英格兰的科学、技术与社会．范岱年，等译．北京：商务印书馆，2000：2-23.

② 黄欣荣，王英．埃吕尔的自主技术论．自然辩证法研究，1993（4）：41-47.

③ 狄仁昆，曹观法．雅克·埃吕尔的技术哲学．国外社会科学，2002（4）：16-21.

图示化的"机器人"。并且由于技术按照理性的标准往往会选择最为高效的方式，因而不同的社会之间开始争相模仿高效的方法，从而在形态上越发趋同。最终，整个人类世界都成为一个统一的技术系统。

通过对埃吕尔观点的总结，不难发现埃吕尔是强技术决定论者，这一点也为学界所公认。在埃吕尔之后，美国芝加哥学派针对社会变迁提出了"台球模型"（billiard-balls model）①。在这个模型中，技术被视为影响社会系统运行的独立变量，强调了现代社会中制度、文化变迁与技术更新的异步性问题。从埃吕尔到芝加哥学派，技术社会学形成了技术决定论的研究范式。然而后来的技术决定论者显然忽略了埃吕尔思想的另一重要论述，即技术系统论。在埃吕尔的思想中，确实存在非常明显的技术决定论倾向。但是埃吕尔的观点要想成立需要一个前提，即把技术等同于现代社会，等同于现代社会的政治、经济、法律以及所有知识，这是一种"泛技术论"的观点。实际上，这种观点并没有始终贯穿于埃吕尔对技术系统的阐释中。例如，在解释人文社会科学（也就是埃吕尔书中的人类技术，原文为 human techniques）兴起的原因时，埃吕尔认为是社会的快速变迁导致的。显然在这里，埃吕尔没有把技术等同于社会。因此，如果抛弃"泛技术论"倾向，分别考察现代社会与代表理性的技术，就会发现埃吕尔的技术系统论实际上暗含着一种技术与社会在现代社会中的互嵌式关系。

由网络社会到数据系统论

延续技术与社会双向互构的视角，技术社会学界确立了一种新的研究范式，即技术—社会互构论②。该范式认为，技术与社会的关系不是单方决定的，而是双方在不断互动中共同建构的。技术革新是建立在一定社会结构、制度、文化之上的，而技术进步也会重新形塑社会组织运行方式。特别是从 20 世纪 90 年代开始，由于信息通信技术的普及与快速迭代，包含制度、法律、规范、知识等在内的现行社会文化系统无法解释新的技术现象，也无法约束新的技术行为，从而导致了技术失范等众多社会问题③。因此，学者们逐渐用技术互构论范式对信息通信技术进行研究。与埃吕尔的观点一致，卡斯特认为以互联网为代表的现代信息通信技术不仅在生产领域带来了巨大变革，而且重塑了社会交往方式、组织方式、价值认同等社会结构

---

① Volti R. William F. Ogburn "Social change with respect to culture and original nature". Technology and Culture, 2004（2）: 396 – 405.
② 邱泽奇. 技术与组织的互构: 以信息技术在制造企业的应用为例. 社会学研究, 2005（2）: 32 – 54, 243.
③ 邱泽奇. 技术化社会治理的异步困境. 社会发展研究, 2018（4）: 2 – 26, 242.

性要素。因此，卡斯特将现代社会称为网络社会①。简要概括网络社会的特征，即经济行为全球化、组织方式网格化、工作方式灵活化以及职业结构两极化②。

随着大数据技术的普及，有学者指出，大数据之于网络社会是一场新的革命③。大数据构建了新的科学研究范式，使现有的认识论和伦理学发生了深刻变化④。传统数据分析技术的运作逻辑是针对特定问题进行分析，严格遵守假设并进行科学抽样，最终从稀疏的、静态的数据集中提取结论⑤。而大数据分析技术则植根于人工智能研究，通过计算的方式从丰富、多样、详尽、动态的数据中自动挖掘和检测模式并建立预测模型，进而优化结果。因此许多研究者认为，基于机器学习的大数据技术是科学的、经验的与中立的。学者 Kitchin 和 Lauriault 则承袭了技术—社会互构论的观点，批评了这种经验主义认识论。他们认为：首先，尽管大数据技术力求捕获整个领域的详尽数据，但数据本身仍然受到技术、平台以及监管环境的制约⑥；其次，机器自动学习生成的归纳策略也不是凭空出现的，而是根据既有理论生成的。因此，Kitchin 等人指出应该将大数据技术置于广泛意义上的数据集合（data assemblage）中去讨论⑦。这里的集合是一种概念，它有助于理解大数据与经济、政治以及知识互动的多种方式。

Kitchin 等学者提出的数据集合包括促进数据生成、流通和部署的所有技术、政治、社会和经济系统及要素⑧。从地方、国家、国际三个尺度来理解集合，就是构成大数据的社会结构。数据集合的概念遵循技术—社会互构论的观点，认为数据的演变始终与新思想和知识的出现、技术的发明、组织的变化、商业模式的创建、政治经济制度的变化、法律法规的引入和废除等交织在一起，现代社会将由网络社会迈向一个更为复杂的社会技术系统。作为一个虚拟空间，元宇宙生态体系的搭建需要基于大数据引擎对海量数据进行处理、分析与挖掘，数据始终是元宇宙的核心

① Castells M. The rise of the network society. Hoboken：Blackwell Publishing，1996：500－509.
② 邱泽奇. 技术化社会治理的异步困境. 社会发展研究，2018（4）：2－26，242.
③ Anderson C. The end of theory：the data deluge makes the scientific method obsolete.（2008－06－23）[2022－05－18]. https：//www. wired. com/2008/06/pb-theory/.
④ Boyd D，Crawford K. Critical questions for big data：provocations fora cultural，technological，and scholarly phenomenon. Information Communication and Society，2012，15（5）：662－679.
⑤ Miller H J. The data avalanche is here. shouldn't we be digging？. Journal of Regional Science，2010，50（1）：181－201.
⑥ Kitchin R. Big data and human geography：opportunities，challenges and risks. Dialogues in Human Geography，2013，3（3）：262－267.
⑦ Kitchin R，Lauriault T. Towards critical data studies：charting and unpacking data assemblages and their work. The Programmable City Working Paper 2，2014.
⑧ Iliadis A，Russo F. Critical data studies：an introduction. Big Data & Society，2016，3（2）.

要素，大数据技术是构建元宇宙的重要底层技术之一，因此 Kitchin 等人针对大数据技术提出的数据系统论为我们理解元宇宙与社会的互动提供了非常有启发的理论视角。

在数据系统论看来，不能将组成元宇宙的数据视为独立的、中立的技术要素，而应该将其置于政治、经济及社会系统中去理解与管理。首先，大数据收集于社会中的个体与组织；其次，大数据的排布方式生成于政治机构、商业组织与学术机构共同制定的规则；最后，大数据分析的成果应用于社会的同时也形塑着社会组织运行方式。由此观之，大数据与社会的关系既不服从单方决定论，也不是两个独立变量互动的结果，而是一种"互嵌共生"的关系。除了大数据技术，元宇宙还整合了人工智能、沉浸式交互、数字孪生、区块链等多重技术①。人工智能技术能够把社会实践的主体扩展至无生命的虚拟人，沉浸式交互与数字孪生技术可以将现实社会移植到虚拟空间中，区块链技术则保证了每一条活动都被记录为独一无二的数字化符号。本章认为，元宇宙时代技术与社会的边界将越来越模糊，技术嵌入在社会的方方面面，与此同时社会也随着技术化过程逐渐成为技术系统的一部分。因此，在技术—社会互构论的基础上，本章提出技术与社会互嵌共生论，从二者互嵌、共生演化的视角来看待技术与社会的关系在元宇宙时代前后的变迁，并尝试将其总结概括为社会数字化过程与数字社会化过程。

二、社会数字化：现实社会向虚拟空间的扩展延伸

最初，数字化只是一个限定在信息通信技术意义上的概念，指从模拟信号到数字信息的转换过程。随着该项技术应用领域逐渐拓宽，有学者指出，数字化通过信息、计算、通信和连接性技术的结合，可以触发实体（entity）属性的重大变化②。换言之，数字化过程暗含实质性变革。这种解读使数字化从简单的技术领域扩展到了社会实践领域。肇始于商业管理，学者们认为数字化是企业通过应用数字技术，寻求在组织方式、运营模式、管理流程和价值创造上实现根本性转变的过程③。这种对技术与组织关系的研究随后由私营企业管理扩展到了产业转型、政府治理以及

① 向安玲，高爽，彭影彤，等．知识重组与场景再构：面向数字资源管理的元宇宙．图书情报知识，2022，39（1）：30－38.

② Agarwal R，Gao G，DesRoches C，et al. The digital transformation of healthcare：current status and the road ahead. Information Systems Research，2010，21（4）：796－809.

③ Kretschmer T，Khoshabi P. Digital transformation and organization design：an integrated approach. California Management Review，2020，62（4）：86－104.

公共服务等多个社会领域。

尽管在学界讨论中众多学者一致认为应该将"数字化"这一概念严格地限定于数字技术意义上，提出用"数字化转型"（digital transformation）这一概念来指称数字技术对社会的形塑①。但是本章认为，"数字化转型"更多的是在商业模式、组织管理上进行探讨，难以囊括社会数字化的各个方面。尽管信息领域率先开展了数字化，促使丰富、多元的信息从纸媒传播转换为数据传播，为社会数字化奠定了坚实的基础，但所谓"大数据变革"并不仅仅是数量意义上的描述。正如前文所述，借助人工智能等高功率计算技术，大数据意味着系统可以自动计算、挖掘和检测数据，建立预测模型，并且采用集成方法来构建多个解决方案。基于机器学习的数据分析，不是通过分析数据来测试理论，而是寻求"扎根"于数据的见解。换言之，社会数字化意味着用一种全新的认识论方法来理解世界②。数据系统论明确指出，数字化是一个社会系统变革的过程，包括但不限于社会中的思想系统、知识形式、金融、政府治理和法律、基础设施、组织和机构、社区等子集的变化。因此本章认为，"数字化"绝不可以被"数字化转型"替代。本章延续学者刘少杰的社会实践观，认为社会数字化是指人们利用数字化的信息重新组织、控制与认识社会的过程③。

根据2021年发布的"中国元宇宙白皮书"对元宇宙技术架构的设想，基础支撑平台（例如区块链、云计算等）、接入访问终端的相关技术、数字孪生技术以及数据智能技术是搭建元宇宙的关键技术④。元宇宙被视为 Web 3.0 时代的应用场景，如果将其置于互联网更新换代的意义上进行探讨，则可以总结概括出它的两个核心技术，即能够把人作为整体数字化的沉浸式交互技术，以及模拟人的人工智能技术。沉浸式交互技术能够改变人工作与生活的方式，人工智能技术能够促使现代社会职业变革，进而引发社会实践的重大变革。因此，尽管元宇宙包含的技术纷繁复杂，但本章将仍然围绕元宇宙两大核心技术展开对元宇宙时代社会结构变迁的分析。

行业领域的变革

以游戏《第二人生》（*Second Life*）为代表，娱乐及媒体行业率先对元宇宙开始了投资与布局，从而成为元宇宙时代最先发展变化的行业领域。借助元宇宙代表

---

① Verhoef P C, Broekhuizen T, Bart Y, et al. Digital transformation: a multidisciplinary reflection and research agenda. Journal of Business Research, 2021 (122): 889-901.
② Kitchin R. Big Data, new epistemologies and paradigm shifts. Big Data & Society, 2014, 1 (1).
③ 刘少杰. 从实践出发认识网络化、数字化和智能化. 社会科学研究, 2022 (2): 66-71.
④ VR观察者. 2021"中国元宇宙白皮书", 元宇宙技术支撑架构图与元宇宙科技公司参考. (2022-01-05) [2022-05-18]. https://zhuanlan.zhihu.com/p/453731864.

的各项技术，人类的娱乐产业会进一步扩张，尤其是类似高空跳伞、高空蹦极等追求感官刺激的娱乐项目。产业的兴起离不开消费需求的增长。根据一位网媒评论员在英国的调查，超过 60% 的被访者希望在虚拟空间中体验极限运动①。大量的消费者会涌向这类体验项目，首要原因是成熟的沉浸式交互技术可以在还原真实体验的前提下保证消费者的人身安全，另一个更为深刻的原因在于这项技术可以改变人们注意力的方向。元宇宙时代，社会实践的主体不仅有人的虚拟化身，还有成熟的人工智能。在许多工作场景中，人工智能会依据高效、经济、最优的原则代替人脑从大数据中提取结论、做出判断。技术在解放人力的同时，在很多模式化生产中也逐渐将人排除在外。生产实践活动是现代社会人们生活意义的重要来源，面对职业活动的质变，人们需要利用刺激的娱乐项目分散注意力②。娱乐允许人们按照自己的意志生活，在短暂的体验时间里拓展生命的意义。

作为一个技术系统，构成元宇宙生态体系的技术之间具有必然的联系，其在娱乐信息产业取得的进展也必然会引起其他行业的变革。目前，人们可以依靠强大便捷的通信技术获取远隔重洋的信息，甚至实现即时性互动，但这种信息传播仍然建立在分割人体感官的模拟媒介技术之上③。而在元宇宙时代，空间和时间在依托扩展现实技术建构出来的虚拟世界中被无限地压缩。数字孪生技术可以赋予人与场景数据化的具身，成熟的沉浸现实技术则使虚拟化身拥有和现实躯体相同的感官体验，将人的视觉、听觉、触觉、嗅觉等感觉有机统一起来。人们能够不再依赖交通工具跨越地理空间的限制，而是在虚拟的元宇宙世界办公、学习或娱乐。已经有美国学者用实验研究证明，在现有沉浸式交互技术还比较薄弱的条件下，虚拟空间中的工作效率仍然可以保持在较高的水平④。这一结论证明了沉浸式交互技术对现实进行复刻的潜力，在未来该技术成熟的时期，上述猜想将不再是空谈。因此，元宇宙时代，交通运输产业可能会由于消费需求锐减而日益萎缩。

除了文娱产业和交通运输业的变化之外，元宇宙时代生产性行业的运作模式也将逐渐智能化。在农业生产领域，农业生产者可以借助智能设备对农作物和养殖的

①　Szaniawska-Schiavo G. Must-know metaverse statistics and predictions for 2023. (2022 – 11 – 25) [2022 – 12 – 20]. https: //www. tidio. com/blog/metaverse/.

②　邱泽奇. 社会学家邱泽奇深度对话 ChatGPT：我们终将变成"无用之人"？｜"机"智过人——ChatGPT 与社会发展新变 圆桌会议①. (2023 – 03 – 09) [2023 – 04 – 15]. https: //mp. weixin. qq. com/s/CSQBjm-mriVSpuIzdv5xQKA.

③　喻国明，耿晓梦. 元宇宙：媒介化社会的未来生态图景. 新疆师范大学学报（哲学社会科学版），2022，43（3）：110 – 118，2.

④　Owens D, Mitchell A, Khazanchi D, et al. An empirical investigation of virtual world projects and meta-verse technology capabilities. ACM SIGMIS Database，2011，42（1）：74 – 101.

生物进行生长检测，从而制定最佳的培育方案与计划，在降低人力成本的同时创造更高的劳动收益，推动农业产业的结构性转型与升级。随着元宇宙的深入发展，人们对空间和时间的感知正在逐渐发生变化。虚拟世界的扩张可能导致现实中的土地价格不断下降，农业生产成本随之减少，从而提高农业从业人员的积极性。在工业生产领域，借助元宇宙创造出的虚拟世界，产品研发环节得以大幅缩减设计的成本。创新性的设计可以在虚拟空间中以数字化的形式得到测试而不必具有实体，这种方式不仅可以降低生产成本，还可以提高产品更新换代的速率，从而优化整个制造周期。

时空关系的颠覆

按照列斐伏尔的观点，如今的网络空间是社会空间的表象，主要涉及社会成员的信息交流、符号表达与意义追求，是社会共有的集体观念[1]。在网络空间基础上形成的元宇宙，虽然也是由数据组成的虚拟空间，但可以实现实践主体的身体在场，因此它既是代表社会数字化的表象空间，又是社会数字化进程中的一个环节。

元宇宙时代，由于人们的时空观念发生了质变，因此社会成员共有的空间表象也将产生转变。空间表象概念源于古典社会学家迪尔凯姆的核心观点——集体表象。在他看来，作为社会成员共同持有的观念，集体表象会支配社会成员的集体行为，进而影响社会的运行与控制方式。作为群体的心理状态，集体表象服从群体生活中的社会制度、价值观念、宗教信仰[2]。另外，迪尔凯姆还认为，集体表象是附着于时空而存在的。因为空间和时间不仅是一切经验事实的载体，还是人们对具体经验事实进行认识和再现的重要工具[3]。时空的变化必然会引起人们知觉的转变，进而颠覆集体表象。虽然迪尔凯姆生活的年代已然久远，但丹尼尔·贝尔针对信息技术革命的分析延续了他的思想，贝尔认为后工业时代围绕着技术发生的社会变革更是一场感觉革命[4]。

新马克思主义学派在前人的基础上，进一步推进了时空与现代社会关系的研究。列斐伏尔从日常生活实践出发，提出了空间实践、空间表象与表象空间的三元空间分析框架。按照列斐伏尔对社会空间的分析，元宇宙建构的虚拟空间将颠覆社会对空间实践的既有定义。正如埃吕尔所说，探讨技术在物理学意义上的本质并不

---

① 刘少杰. 网络化时代的社会空间分化与冲突. 社会学评论，2013，1（1）：66－74.

② Durkheim E. The elementary forms of the religious life. London：George Allen & Unwin Ltd.，1964：25－47.

③ 刘少杰. 中国网络社会的集体表象与空间区隔. 江苏行政学院学报，2018（1）：58－65.

④ 贝尔. 资本主义文化矛盾. 严蓓雯，译. 北京：人民出版社，2010：126－156.

重要，重要的是分析它对人类社会产生的影响。虽然元宇宙是通过数字化虚拟出来的空间，但得益于沉浸式交互技术的应用，它可以使人拥有与身处真实物理空间时相同的体验。实践活动从地理意义上的空间延伸至虚拟空间，这意味着人们只需开启元宇宙的访问终端就可以足不出户地在数据化的虚拟场所中进行社会实践。职场白领可以和同样身在家中、地理距离达数千里的同事面对面协调工作；学生能够和同样是数据化身的同学在虚拟教室中学习。此外，得益于成熟的人工智能技术，社会中的实践主体不再局限于人，还可能包含不具备实体的人工智能。元宇宙时代，不仅个体能够大幅度减少社会实践的时间成本，而且组织机构也可以节省开展非物质生产活动的成本。

空间实践的革新也将改变人们的集体性认识，也就是空间表象将发生变化，从而进一步改变人们在感性意识支配下展开的日常生活，即表象空间。元宇宙空间在便利人们生活的同时也使实践过程与时空在人们的共同认识中分离，改写了实践主体赋予空间的功能、认识与意义。不同于现实世界中的实践场景，元宇宙中的虚拟空间具有随时可以退出的功能，这被学者们称为"永续性"[1]。人们只要关闭物理设备，切断自己与虚拟空间的连接，即可离开工作、学习的场景，退出社会互动。这对个体来说意味着在具有生产属性的空间中，社会实践活动可能高度重视理性与效率，忽略个人情感。换言之，承载工作、学习的空间会剥离社交和娱乐性活动，而社交和娱乐性活动则在专门的虚拟场景中开展。从效率的角度去看，这种实践方式能够让个体节省时间成本，然而技术带来的高效是以社会空间专门化、任务化以及隔离化为代价的。

社会认同的更替

元宇宙时代，沉浸式交互等技术可能重塑社会实践过程和社会成员共有的时空观念。虚拟空间中的实践主体不只有数字化的人，还有信息人、生物人等本质上非人的人工智能[2]。这意味着成熟的人工智能技术可以基于大数据技术与算法，代替人工计算出最优的结果，近期备受关注的 ChatGPT 就是该技术现阶段发展的最高成就之一。

作为一个人工智能聊天机器人，ChatGPT 能够通过学习和理解人类的语言与人类进行对话交流，甚至能完成写文案、翻译、写代码、写论文等任务。虽然目前

① 成生辉.元宇宙：概念、技术及生态.北京：机械工业出版社，2022：3.
② 陈云松，郭未.元宇宙的社会学议题：平行社会的理论视野与实证向度.江苏社会学，2022（2）：138－146，243.

它只能以文字方式交互，距离畅想中元宇宙时代自主工作的人工智能仍然很远，但这项技术成果仍然引起了人类的职业恐慌。人们担心人工智能的大面积应用将导致人们十几年、几十年社会化学习、训练得来的职业技能被轻易取代，使个体的价值需求无处安放。人们的担心不无道理，因为面对可自动化的工作机器确实比人类更高效。但是人类同样具备机器无法通过学习模拟得到的能力，如社交中的共情感知能力、个性创造能力、持续学习适应能力以及解决伦理价值问题的能力。以外科医生为例，由于个体之间存在巨大差异，因此手术中外科医生不仅要依靠领域内雄厚的知识积累，还需要结合患者身体的具体情况做出最优的判断。虽然人工智能基于大数据技术能够从海量数据中自动生成预测模型，但是这种计算所耗时间甚巨，在需要快速做出判断的场景中并不能够替代人脑[1]。除此之外，外科手术实际上不只是一场人类智力与疾病的角逐，还是人的智力、专注力、忍耐力与最原始的肌肉力量的精准结合。每一台手术考验的都是医生的专业知识、临床经验，以及对自身肌肉的精准把控，这也是人工智能无法替代的。马克思在他的《资本论》中指出，正是劳动创造了价值[2]。这种需要运用高精尖技术的职业在元宇宙时代将仍然受到社会的尊崇。

随着技术的发展和产业的变化，社会也将产生新的无法模式化生产的工作内容与价值认同。当今社会，专业领域技术人才的劳动过程以及劳动成果是难以被人工智能复刻的，因此他们仍然是管理者争抢的对象。虽然这种以技术为导向的职业价值排序在元宇宙时代仍然适用，但它不会继续作为唯一的考量标准。尽管人工智能可以从数据中自动生成预测模型，但所谓"创造"并不是产生于真空，而是产生于对现有知识的重新排布。换言之，人工智能很难具备人类特有的创造能力。此外，作为元宇宙的基础技术之一，区块链以及由此产生的非同质化代币（NFT），保证了人们的创造成果难以被盗取、复制，将创造能力的价值维持在很高的水平。元宇宙时代，人们除了给予创新能力更多的尊重之外，还将赋予人工智能无法具备的人际交往中的共情感知能力、回答伦理道德问题的能力更高的价值。

三、数字社会化：从平台垄断到社会共享

社会化通常指个体社会化，即个体在特定的社会文化环境中学习知识、规范、

① Kitchin R. Big data and human geography: opportunities, challenges and risks. Dialogues in Human Geography, 2013, 3 (3): 262-267.
② 马克思. 资本论：第一卷. 中共中央马克思恩格斯列宁斯大林著作编译局，译. 北京：人民出版社，2004：84.

价值观等，逐渐适应社会生活并按照社会期望行动的过程。显然，本章的"数字社会化"并不能适用该理论。数据不是有思维能力的生命体，不需要学习社会的规则去维持生存与生活。因此社会心理学意义上的"社会化"，并不能很好地解释本章的"数字社会化"。本章使用"社会化"一词，是为了强调那些外在于个体并且能够对个体施加影响的结构性要素。尽管不同学科与理论视角下"社会化"的具体内涵不同，但"社会化"始终是在集体性与外在性意义上被加以探讨，这种理论倾向可以追溯到马克思。

马克思针对资本主义进行分析时，认为资本主义生产方式的特征在于生产社会化。这包含两个方面：一是劳动过程实行社会分工而不是由个人或是家庭手工作坊完成；二是生产资料由群体共同而非个人使用（尽管生产资料所有权掌握在资本家也就是个体手中）。马克思所说的生产社会化，就是生产的规模化与集中化①。虽然马克思对社会化的定义只是在生产领域的意义上进行的描述，但马克思使用"社会化"的目的，就是强调社会实践过程及其参与者是集体性的，而非个体或单一的。

参考前人的思想，本章认为数字社会化就是数据社会化，即数据的生产、使用和管理与权益分配等各个环节向社会各界的组织、群体以及个人逐渐开放，参与主体由企业、政府向社会转变的过程。众多学者建议把对数据的探讨局限于计算机科学领域，因为他们认为数据是价值中立的，即数据是科学的、客观的和原始的。但是他们忽略了数据实际上是被社会加工过的②。已有研究证明，互联网企业会从用户（也就是数据的生产者）那里秘密地获取他们的各项数据，并在没有任何申请与授权的情况下使用这些数据③。无论这些数据是被用于服务社会的科学研究还是被用于谋取私利，数据的生产者都无从知晓这些数据的用途。除此之外，用户的数据还可能被黑客窃取，导致用户利益受损④。当今时代，互联网企业掌握着使用与管理海量数据的权力。数据是一种权力形式，绝非一种中立的科学经验⑤。因此，数字社会化也是社会力量围绕着数据进行权力再次分配的过程。

---

① 王璐，李晨阳. 数字经济下的生产社会化与企业分工协作：演进与特性. 北京行政学院报，2022（1）：84-94.

② Gitelman L. "Raw Data" is an oxymoron. Cambridge：MIT Press，2013：89-103.

③ Metcalf J, Crawford K. Where are human subjects in big data research? the emerging ethics divide. Big Data & Society，2016，3（1）.

④ Ioannidis J P A. Evidence-based medicine has been hijacked：a report to David Sackett. Journal of Clinical Epidemiology，2016（73）：82-86.

⑤ Iliadis A，Russo F. Critical data studies：an introduction. Big Data & Society，2016，3（2）.

数据生产的再定义

如今的网络社会是建立在互联网从 Web 1.0 进化到 Web 2.0 的技术基础之上的。Web1.0 时期，数据生产者是各大互联网公司，用户只能搜索、浏览信息，基本没有修改、生产信息的权限。在这个时期，互联网是中心化的"只读"模式。到了 Web 2.0 时代，中国诞生了以微博、微信、QQ 等为代表的一系列自媒体平台，生产信息的权力由互联网平台向用户转移。换言之，如今数据的生产主体就是各大互联网平台的用户。信息生产与传播的主体不仅仅有组织机构，还有散布于社会中的每一位平台用户。用户可以自由选择以视频、音频、图片抑或文字的形式进行内容创作，这种创作的自由催生了诸如"牛""666"等一系列代表性网络用语，也促使中国互联网社会形成了独特的"表情包"文化。这些网络文化现象都出现于 Web 2.0 时代，得益于用户掌握了数据生产的权力。需要指出的是，这种用户创作的自由不是绝对的自由，而是被限制在平台制定的框架内的相对自由。作为技术精英的化身，各大互联网平台对内容创作与传播作出了诸多规定。以新浪微博平台为例，用户创作一条文字形式的内容被平台限制在了 140 字以内，音频、视频等形式的内容同样有数据大小的要求。除此之外，创作的内容也会被限制在各种政策、社会规范允许的范围内。Web 2.0 时代，用户的创作自由是被限定了的自由，用户只能在被设定好的范围内进行活动。而划下自由范围的，或者说制定标准的，依然是互联网平台。

相比 Web 2.0，建构于 Web 3.0 技术之上的元宇宙是一个开源开放的空间。它不为一个或几个平台垄断，而是由众多组织机构及个人共同创建而成。在元宇宙时代，用户不只拥有创作的权力，制定标准的权力也被分配给了用户。元宇宙的另一巨大革新在于用户发布信息的空间不再局限于平台，用户自身就是一个信息创作与传播的平台，个体成为汇聚消息、生产消息、发布消息的信息资源池，个体能够真正地实现"自由表达"。Web 2.0 阶段，社交软件通常情况下通过基本的"头像＋昵称"的方式赋予用户身份。尽管用户可以使用各式各样的图片作为自己的头像，但是头像的尺寸、形状等都由平台规定，用户拥有的仍然是被限定了的自由。同理，平台还规定了用户指代自己的昵称的语言与符号。与之相比，元宇宙时代，个体不再需要按照平台的规定填写账户信息，因为个体不再依赖平台给予的账号进行创作表达，个体自己就是信息的源头。元宇宙中的用户可以用任意的字眼、词语来代表自己，他们甚至可以选择用一串音符、一段视频来介绍自己。网民还可以创建自己在元宇宙中的虚拟形象，这种形象展现在元宇宙空间中就是一个个立体、鲜活的行动者。此外，元宇宙时代，这种"去平台化"意味着平台门槛消失，伴随的是一系列带有不平等意味、彰显权力的标签被抹除。虽然元宇宙中行动者仍然会根据兴趣、利益组成不同的群体，形成不同的圈层，但是划归范围、制定规则的权力掌握在网民手中。换言之，数据由网民共同定义。

数据管理的新方式

如上文所述，Web 2.0 是互联网平台化与中心化的同义词。平台会跟踪和监控用户在平台上的活动，并隐秘地获取与使用用户的数据。"隐秘"一词包含两个意涵：第一个意涵是当用户需要使用平台或其某项功能或服务时，必须同意平台追踪数据的协议，这种协议采取"点击即生效"（clickwrap）的机制，意味着用户让渡追踪和管理数据权力的过程是快速且难以察觉的[①]。第二个意涵是协议中关于"哪些数据将被追踪与使用"的表达往往是模糊不清的。换言之，用户很难意识到自己的社交活动正在被监控，也不清楚自己生产的哪些数据会被使用，更无法获悉这些数据的用途。互联网平台利用大数据等技术分析这些隐秘收集得来的数据，从而在公司内部将用户划分为不同的利益群体，并将他们转移到消费领域以此获取利润。学者 Srnicek 在他的书中将现有的互联网公司根据其盈利模式划分为不同的类型，例如美国著名互联网公司 Meta 就是通过在广告商和社交软件用户之间进行中介交易获取收入的[②]。用户的数据会被平台以合法化的方式攫取，还可能因为黑客的攻击导致泄露与非法使用，造成大量的财产损失。这是互联网发展到现阶段的局限，但是得益于区块链、边缘计算等技术，元宇宙时代大数据的管理方式将焕然一新。

上文论述过，元宇宙是一个"去中心化""去平台化"的多元共治空间，网民不需要利用平台赋予他们象征身份的账号去表达自我，他们自己就可以创建虚拟形象、获取信息、创造信息、传播信息。元宇宙时代，成熟的边缘计算技术可以让网民将数据存储于自己的终端设备中，不必依赖互联网公司的中央计算机。边缘计算可以被简单地理解为与云计算相反的数据处理方式，它在数据源头的一侧进行数据的计算、存储与应用。而基于哈希算法的区块链技术则保证存储于个体终端设备的数据不被轻易盗取、篡改与损坏。简而言之，元宇宙时代，数据的生产者即数据的管理者与使用者。网民不需要为了某些权限而向任何平台让渡自己持有数据的权力，他们可以管理好自己的数据；网民在元宇宙中每一次活动都会被永久地记录，

①　Obar J A, Oeldorf-Hirsch A. The clickwrap: a political economic mechanism for manufacturing consent on social media. Social Media＋Society，2018，4（3）.

②　Srnicek N. Platform capitalism. Cambridge：Polity Press，2016：36－40.

而海量数据的持有人就是网民自己；网民有权力决定数据被谁使用、哪些数据被使用、何时被使用、如何被使用以及出于何种目的而使用。

元宇宙时代，网民管理数据的运行机制也将催生出新技术，特别是一系列针对边缘计算处理服务器的保护技术。这里需要对本章的观点进行再次申明，即元宇宙是一个技术复合体、一个技术系统，同时也可能成为人类技术史上一次革命性的创新标志。它不只会带来如今正在研发的技术，如边缘计算、沉浸式交互技术等，还将促使更多尚未有雏形的技术诞生。在元宇宙时代，边缘计算的保护技术将成为网民持有、管理和使用自己的数据的重要工具。

数字权益的新分配

如今是平台经济盛行的时代，平台掌握着数据，也掌握着利益分配的规则。这种分配机制不仅规定着平台内部利润的分配，还影响着平台外部，也就是社会的收入平等。网络平台内部汇聚了大量的用户信息，平台通过匹配用户喜好与产品广告来促使买卖双方达成交易，从而获取差价或服务费，进而实现赢利。平台企业虽然并不生产商品，但把控着交易过程中最重要的信息环节。因此在平台经济中，是互联网企业决定着交易利益如何分配。买卖双方是否需要向平台缴纳服务费、缴纳多少，均由平台决定。此外，平台还会影响社会群体享受科技带来的红利的情况。谁可以享受到，享受多少，很大程度上也是由平台掌控的。以元宇宙核心技术之一沉浸式交互技术为例，虚拟现实技术可以让用户在数字空间中拥有实体的感觉，它通过跟踪用户头部和手持设备的位置，将用户的运动转换为机器可读的数据，从而达到使用户拥有沉浸感与即视感的效果。但是什么样的身体会被数据追踪与采样，也是平台企业选择的结果。已有研究表明，虚拟现实技术会追踪被"规范化"身体能力主义建构出来的身体的数据，并根据他们的数据设计物理穿戴设备与虚拟空间[①]。这就意味着目前几乎没有适合残疾人体验虚拟现实技术的设备。因此，平台掌握规则会将社会中一部分群体排除在新兴科技之外，使他们无法享受到科技带来的红利，造成社会利益分配不均。

然而，正如前文论述过的那样，元宇宙是一个多元共治的虚拟空间，这意味着社会各界可以分享技术红利、制定权益的分配规则，不存在个别平台垄断的情况。一方面，元宇宙时代数字权益的共享群体将进一步扩大。这一过程意味着两个障碍

---

① Egliston B, Carte M. Critical questions for Facebook's virtual reality: data, power and the meta-verse. Internet Policy Review, 2021, 10 (4).

将被逐渐清除：第一个即上文提到过的身体能力主义。目前虚拟现实技术的体验设备大多根据"规范化"的身体数据设计生产，社会上不符合"规范"的弱势群体如女性、残疾者、年长者等因此难以获得进入虚拟空间的机会，更遑论享受新技术带来的红利了。但是随着元宇宙建设主体不断丰富，设计与生产相关设备的企业也将进一步增加，这为冲破身体能力主义的藩篱奠定了坚实的基础。第二个障碍是财富不平等，具体体现在个体住房面积的差异上。目前体验多数虚拟现实游戏至少需要3平方米的物理空间，这对于那些居住于狭小公寓内的人来说是难以满足的[①]。然而，得益于数字孪生、沉浸式交互等技术，用户在元宇宙中可以拥有自己的数字化具身，虚拟世界里的行动能够不再受现实的物理空间掣肘，贫困者同样可以体验元宇宙技术。另一方面，元宇宙时代的数字利益分配规则由多方协商制定、动态更新。元宇宙空间中，每一位用户既是创作信息的主体，也是发布信息的资源池，他们在元宇宙中进行消费、社交等活动无须向任何人缴纳费用，交易过程完全由交易双方在不断的互动协商中完成，不需要互联网公司作为第三方为其制定利益分配规则。一言以蔽之，让更多的人享受到科技带来的红利，交易双方能够自主地制定利益分配规则，就是元宇宙可以重新分配数字权益的含义。

结　语

自互联网诞生以来，人们对它的物质性与空间性建构从未停止。从1967年马歇尔·麦克卢汉（Marshall McLuhan）提出用"地球村"来比喻互联网建立起的信息交流网络，到BBS被命名为虚拟社区，再到如今人们热议的元宇宙概念，互联网内含的数字空间隐喻一直存在，甚至这一特征越来越突出[②]。有学者认为应该将元宇宙和现有的互联网划清界限，原因在于元宇宙从本质上讲是一个持久的、去中心化的三维虚拟空间，它对人类现有社会的影响可能是颠覆性的，因此学界需要紧跟元宇宙的发展趋势，细致地分析元宇宙对现实社会的影响，审慎地做出判断[③]。这种对待元宇宙的态度仍然遵循着技术决定论的研究范式，是对新技术被动接受式的回应。如果仅在技术原理的意义上探讨元宇宙对社会经济的影响，就难以解释元

---

① Amano-Smerling T. The inequality of virtual reality. （2021 - 02 - 22）［2022 - 05 - 18］. https：// www. vce. usc. edu/weekly-news-profile/the-ineequality-of-virtual-reality/.

② 周逵. 虚拟空间生产和数字地域可供性：从电子游戏到元宇宙. 福建师范大学学报（哲学社会科学版），2022（2）：84 - 95，171.

③ 闫勇. 多国学者审慎关注"元宇宙"发展趋势. （2021 - 11 - 06）［2022 - 06 - 27］. https：//www. sklib. cn/c/2021 - 11 - 06/624676. shtml.

宇宙概念为何在被提出多年后才引起社会的广泛关注。

沿着技术系统论的理论脉络，本章认为元宇宙时代技术与社会是彼此互相建构的。人们利用沉浸式交互、人工智能等新兴技术，在现实社会之外创建了一个数字孪生空间，重塑了人们的时空观念。非物质生产性行业首先受到新技术的冲击，人们实践活动的空间趋向于单一化、模式化与高度隔离化。随后是与地理空间高度相关的农业、运输业、房地产业等行业也会因技术革新而变化。元宇宙时代，技术再次改变了人类的劳动方式，进而改变了社会共有的价值观念，社会的产业结构、劳动实践以及价值认同都朝着数字化方向发展。

与强技术决定论观点不同，本章认为，元宇宙时代，人工智能等技术确实会代替一部分人的工作，但并不能取代所有职业。相反，在元宇宙时代，得益于区块链技术、边缘计算技术的发展，独属于人类的个性创造能力、共情感知能力、持续学习适应能力等将会受到更广泛的认可和尊重，社会赋予它们的价值也将随之攀升。对创造的价值认同加速瓦解网络平台对数据的垄断，元宇宙时代数据的生产、使用和管理与权益分配等各个环节都会向社会各界的组织、群体以及个人开放。数据不为某个企业或组织机构垄断，而是由社会各界共同掌握，利益分配规则也由社会共同制定。元宇宙时代，社会既是数字空间创建标准的制定者，也是数字空间的创造者，还是数字空间的利益分配者，数字技术将越来越社会化。

元宇宙无疑将是人类社会中的一场新技术革命，它给人类带来的不仅是经济生产方式与社会观念的革新，还有技术与社会之间边界的逐渐模糊。元宇宙时代，技术创建虚拟空间离不开对现实社会的模拟与移植，现实社会的政治经济活动也需要数字技术的支持，二者"互嵌共生"的关系将越发凸显。因此，我们需要审慎地考察它带来的社会变化与可能引发的道德伦理问题，引导它朝着人类社会希望的方向发展。

参考文献

[1] 贝尔. 资本主义文化矛盾. 严蓓雯，译. 北京：人民出版社，2010.

[2] 陈云松，郭未. 元宇宙的社会学议题：平行社会的理论视野与实证向度. 江苏社会学，2022（2）：138-146，243.

[3] 成生辉. 元宇宙：概念、技术及生态. 北京：机械工业出版社，2022.

[4] 狄仁昆，曹观法. 雅克·埃吕尔的技术哲学. 国外社会科学，2002（4）：16-21.

［5］胡泳，刘纯懿．"元宇宙社会"：话语之外的内在潜能与变革影响．南京社会科学，2022（1）：106－116.

［6］黄欣荣，王英．埃吕尔的自主技术论．自然辩证法研究，1993（4）：41－47.

［7］刘少杰．从实践出发认识网络化、数字化和智能化．社会科学研究，2022（2）：66－71.

［8］刘少杰．网络化时代的社会空间分化与冲突．社会学评论，2013，1（1）：66－74.

［9］刘少杰．中国网络社会的集体表象与空间区隔．江苏行政学院学报，2018（1）：58－65.

［10］马克思．资本论：第一卷．中共中央马克思恩格斯列宁斯大林著作编译局，译．北京：人民出版社，2004.

［11］莫顿．十七世纪英格兰的科学、技术与社会．范岱年，等译．北京：商务印书馆，2000.

［12］邱泽奇．技术化社会治理的异步困境．社会发展研究，2018（4）：2－26，242.

［13］邱泽奇．技术与组织的互构：以信息技术在制造企业的应用为例．社会学研究，2005（2）：32－54，243.

［14］邱泽奇．社会学家邱泽奇深度对话 ChatGPT：我们终将变成"无用之人"？｜"机"智过人——ChatGPT 与社会发展新变 圆桌会议①.（2023－03－09）［2023－04－15］. https：//mp. weixin. qq. com/s/CSQBjmmriVSpulzDv5xQKA.

［15］王璐，李晨阳．数字经济下的生产社会化与企业分工协作：演进与特性．北京行政学院报，2022（1）：84－94.

［16］王天夫．虚实之间：元宇宙中的社会不平等．探索与争鸣，2022（4）：76－79.

［17］向安玲，高爽，彭影彤，等．知识重组与场景再构：面向数字资源管理的元宇宙．图书情报知识，2022，39（1）：30－38.

［18］闫勇．多国学者审慎关注"元宇宙"发展趋势.（2021－11－06）［2022－06－27］. https：//www/sklib. cn/c/2021－11－06/624676. shtml.

［19］喻国明，耿晓梦．元宇宙：媒介化社会的未来生态图景．新疆师范大学学报（哲学社会科学版），2022，43（3）：110－118，2.

［20］喻国明．未来媒介的进化逻辑："人的连接"的迭代、重组与升维：从"场景时代"到"元宇宙"再到"心世界"的未来．新闻界，2021（10）：54－60.

［21］张钦昱．元宇宙的规则之治．东方法学，2022（2）：4－19.

［22］周逵．虚拟空间生产和数字地域可供性：从电子游戏到元宇宙．福建师范大学学报（哲学社会科学版），2022（2）：84－95，171.

［23］VR 观察者．2021"中国元宇宙白皮书"，元宇宙技术支撑架构图与元宇宙科技公司参考．（2022－01－05）［2022－05－18］．https：//zhuanlan. zhi-hu. com/p/453731864.

［24］Agarwal R，Gao G，DesRoches C，et al. The digital transformation of healthcare：current status and the road ahead. Information Systems Research，2010，21（4）：796－809.

［25］Amano-Smerling T. The inequality of virtual reality.（2021－02－22）［2022－05－18］．https：//vce. usc. edu/weekly-news-profile/the-inequality-of-vir-tual-reality/.

［26］Anderson C. The end of theory：the data deluge makes the scientific method obsolete.（2008－06－23）［2022－05－18］．https：//www. wired. com/2008/06/pb-theory/.

［27］Boyd D，Crawford K. Critical questions for big data：provocations for a cultural，technological，and scholary phensmenon. Communication and Society，2012，15（5）：662－679.

［28］Castells M. The rise of the network society. Hoboken：Blackwell Publish-ing，1996.

［29］Dionisio J D N，Burns Ⅲ W G，Gilbert R. 3D virtual worlds and the metaverse：current status and future possibilities. ACM Computing Surveys，2013，45（3）：1－38.

［30］Durkheim E. The elementary forms of the religious life. London：George Allen & UnwinLtd，1964.

［31］Egliston B，Carte M. Critical questions for Facebook's virtual reality：da-ta，power and the metaverse. Internet Policy Review，2021，10（4）.

［32］Ellul J. The technological society. New York：Vintage Books，1964.

［33］Gitelman L. "Raw Data" is an oxymoron. Cambridge：MIT Press，2013：89－103.

［34］Herman J，Kellen B. Are we in the metaverse yet? .（2021－07－10）［2022－06－30］．https：//www. nytimes. com/2021/07/10/syle/metaverse virtual-worlds. html.

[35] Huang J，Henfridsson O，Liu M J，et al. Growing on steroids：rapidly scaling the user base of digital ventures through digital innovation. MIS Quarterly，2017，41（1）：301－314.

[36] Iliadis A，Russo F. Critical data studies：an introduction. Big Data & Society，2016，3（2）.

[37] Ioannidis J P A. Evidence-based medicine has been hijacked：a report to David Sackett. Journal of Clinical Epidemiology，2016（73）：82－86.

[38] Kitchin R，Lauriault T. Towards critical data studies：charting and unpacking data assemblages and their work. The Programmable City Working Paper 2，2014.

[39] Kitchin R. Big data and human geography：opportunities，challenges and risks. Dialogues in Human Geography，2013，3（3）：262－267.

[40] Kitchin R. Big Data，new epistemologies and paradigm shifts. Big Data & Society，2014，1（1）.

[41] Kretschmer T，Khashabi P. Digital transformation and organization design：an integrated approach. California Management Review，2020，62（4）：86－104.

[42] Metcalf J，Crawford K. Where are human subjects in big data research？the emerging ethics divide. Big Data & Society，2016，3（1）.

[43] Miller H J. The data avalanche is here. shouldn't we be digging？. Journal of Regional Science，2010，50（1）：181－201.

[44] Obar J A，Oeldorf-Hirsch A. The clickwrap：a political economic mechanism for manufacturing consent on social media. Social Media ＋ Society，2018，4（3）.

[45] Owens D，Mitchell A，Khazanchi D，et al. An empirical investigation of virtual world projects and metaverse technology capabilities. ACM SIGMIS Database，2011，42（1）：74－101.

[46] Srnicek N. Platform capitalism. Cambridge：Polity Press，2016.

[47] Szaniawska-Schiavo G. Must-know metaverse statistics and predictions for 2023.（2022－11－25）[2022－12－20]. https：//www. tidio. com/blog/metaverse/.

[48] Verhoef P C，Broekhuizen T，Bart Y，et al. Digital transformation：a

multidisciplinary reflection and research agenda. Journal of Business Research，2021
（122）：889 − 901.

　　［49］ Volti R. William F. Ogburn "Social change with respect to culture and origi-
nal nature". Technology and Culture，2004（2）：396 − 405.

第六章　元宇宙的空间生产与空间正义：
以元宇宙"虚拟城市"为例

引　言

　　"元宇宙"（metaverse）一词最早起源于《雪崩》等科幻小说和《头号玩家》《黑客帝国》等科幻影片，并在近年来随着 Meta、微软、字节跳动等互联网巨头的投资布局而成为产业风口和社会热点。按照维基百科的定义，元宇宙是一个通过将虚拟增强的物理现实和物理持久的虚拟空间融合而创建的集体虚拟共享空间。它是一个聚焦于社交链接的持久化和去中心化的在线三维虚拟环境，人们可以通过虚拟现实眼镜、增强现实眼镜、手机、个人电脑和电子游戏机等终端进入人造的虚拟世界[1]。而学术界一般将元宇宙界定为一个从互联网进化而来的实时在线的世界，是将线上、线下很多个平台打通而组成的一种新的经济、社会和文明系统[2]。

　　元宇宙被视为第三代互联网，甚至是互联网的终极状态。它不仅是一种新的媒介技术，而且是在此基础上建立的一个新的社会系统和空间形态。按照马歇尔·麦克卢汉的观点，"所谓媒介即讯息只不过是说：任何媒介（即人的任何延伸）对个人和社会的任何影响，都是由于新的尺度产生的；我们的任何一种延伸（或曰任何一种新的技术），都要在我们的事务当中引进一种新的尺度……任何媒介或者技术的'讯息'，都是由它引入的人间事物的尺度变化、速度变化和模式变化"[3]。麦克

---

　　① 维基百科.元宇宙.[2022-05-18].https://m.tw.guom.site/wiki/元宇宙.
　　② 喻国明.未来媒介的进化逻辑："人的连接"的迭代、重组与升维：从"场景时代"到"元宇宙"再到"心世界"的未来.新闻界，2021（10）：54-60.
　　③ 麦克卢汉.理解媒介：论人的延伸.何道宽，译.北京：商务印书馆，2000：33-34.

73

卢汉所说的新尺度，即人类社会空间模式的变化或新的空间领域的开拓。第一代和第二代互联网技术都导致了空间结构的重大变迁，并开创了网络空间这一新的空间形态，元宇宙技术也将带来人类社会的空间结构和空间模式的再次转型。

按照莱布尼茨（Gottfried Leibniz）的观点，空间是物体"并存的秩序"，并不是"绝对的、实在的"存在[①]。正是在这个意义上，曼纽尔·卡斯特在对网络社会中的空间现象进行分析时提出了"流动空间"的概念，他指出："我们的社会是环绕着各种流动而构建起来的：资本流动，信息流动，技术流动，组织性互动的流动，影像、声音和象征的流动"。所谓"流动"，指的是社会行动者所占有的物理上相分离的位置之间的交换与互动序列。他把流动空间定义为"通过流动而运作的共享时间之社会实践的物质组织"[②]。流动空间的技术基础是网络信息技术，流动空间也即网络空间。网络空间是一种建立在互联网基础上的节点间的连接和并存秩序，它跟地理空间一样，都为人们的"共时性互动"提供了物质基础，只不过一个是以面对面的形式，而另一个是以"脱域"的形式[③]。

随着虚拟现实和区块链等技术的进步，作为下一代互联网的元宇宙呼之欲出，已经形成了一些初具雏形的应用场景。其中，在区块链游戏基础上发展而来的元宇宙"虚拟城市"逐步开发出沉浸式体验、社交、经济交易、公共服务等功能，并初步形成了一套社会经济系统，有望成为元宇宙时代的主平台。元宇宙"虚拟城市"将引起网络空间结构的又一次重大变革，其使人身临其境的在场感和以虚拟土地、虚拟房产等数字空间资产为基础的经济系统代表着一种新的网络空间形态与空间生产方式。以"虚拟城市"为代表的元宇宙所引起的空间转型的实质是什么，对网络空间将产生怎样的影响，在这个新的元宇宙空间中如何实现空间正义等，都是亟须解决的重大理论与现实问题。

一、空间的再造：从缺场空间到虚拟在场空间

从空间与身体的关系来看，建立在前两代互联网技术基础上的网络空间的核心特征是"缺场性"。刘少杰指出，传统社会空间是人们在各种实地场所通过自己的身体行动、群体交往和各种组织形式展开的一种在场空间，是人们身体可以进入、

① 莱布尼茨. 莱布尼茨与克拉克论战集. 陈修斋，译. 北京：商务印书馆，1996：8.
② 卡斯特. 网络社会的崛起. 夏铸九，王志弘，等译. 北京：社会科学文献出版社，2001：505-506.
③ 菅立成. 迈向什么样的空间社会学：空间作为社会学对象的四种路径与反思. 中国社会科学评价，2019（1）：50-63，142-143.

感官可以面对的场所，其形式和内容都具有直接具体性。与传统社会的在场空间不同，网络化展开的网络空间是人们的身体不能进入其中，也不在特定场所中展开且不能被直接感受到的缺场空间。缺场空间是信息流动空间，其表现形式是语言交流、信息传递和符号展示；其运行方式是具有不确定性的无边界流动。因为身体的缺场性，所以网络空间中的经验活动与心理体验不仅可以超越身体经历的局限性，而且可以因为信息流动的迅捷性、无边界性和传递性变得内容丰富、活跃易变和传递快速①。

随着技术的进步，社会空间不断突破在场空间的束缚，电报、电话、广播、电视等都使人类的活动与互动范围跨越地理边界。但只有到了互联网时代，缺场空间中信息传播的便捷度、丰富度和参与度才全面超越在场空间。互联网缺场空间使社会空间真正突破了地理空间的局限，实现了极大的时空延展并获得了高度的流动性，移动互联网和社交媒体技术更是提升了信息内容与应用场景的丰富程度。但与在场空间相比，这些互联网空间在体验感上均有所损失，这里的空间体验是相对抽象的、间接的和片面的。它的空间景观是二维的，以屏幕边框为界限，具体呈现为各种网页页面和2D图像视频。这个空间是抽象的，整体上，网络空间是一种建立在互联网基础上的节点间的连接和并存秩序，但这种连接和并存本身是不可见的、有限场景化的。节点间传输的信息也是抽象化和片面化的，即使是视频，也只有视觉和听觉两个维度的信息。就空间与身体的关系来看，互联网空间和身体被屏幕所阻隔，身体的在场感和涉入程度比较有限。

元宇宙作为第三代互联网，与前两代互联网最大的区别就是，它拥有建立在虚拟现实、增强现实、混合现实等技术基础上的三维拟真场景，并且能给人带来超强的沉浸感，从而实现对互联网缺场空间的超越和重构。元宇宙打造的是一个具体的、3D的、有强烈现实感的空间，这个空间在保留时空延展和高流动性的同时，通过虚拟现实等技术营造逼真场景，实现沉浸式、全息式传播。元宇宙为可感知的共同在场提供了物质基础，并使身体高度涉入，从而使身体在数字空间中重新入场。所以，元宇宙空间既不是传统的在场空间，也不是之前互联网时代的缺场空间，而是通过对上述两种空间加以再造实现了二者的融合的虚拟在场空间。这个虚拟在场空间既通过数字技术打破了线下地理空间的时空阻隔，也打破了电子屏幕带来的体验阻隔，形成了一种在数字虚拟空间实现身体在场的空间状态。

---

① 刘少杰．网络化的缺场空间与社会学研究方法的调整．中国社会科学评价，2015（1）：57－64，128－129.

虚拟在场空间状态的实现，一方面需要一个虚实相生的新空间场景，另一方面需要一个虚实相生的新身体。前者为人们提供良好的人机交互体验和多人共同在场互动体验，后者为人们提供身体虚拟入场的自由切换和代入感。就场景的打造而言，元宇宙主要依靠一系列沉浸式技术，包括模拟构造一个虚拟世界，为用户提供感官模拟体验的虚拟现实技术，将计算机生成的虚拟信息和对象叠加在现实世界中，使其被人类感官所感知的增强现实技术，以及将真实世界和虚拟世界混合在一起，形成新的可视化环境的混合现实技术，这些沉浸式技术可统称为扩展现实技术，即通过计算机技术和可穿戴设备形成一个真实与虚拟组合而成的、可人机交互的环境，在此基础上可以实现高度沉浸化、交互方式场景化、传播全息化并且具有实时性，真正实现在场[①]。目前这些扩展现实技术还没有完全成熟，在价格和便携程度上也没有实现大众化，但已经在一些游戏打造的世界场景和数字城市中有所应用。

就新的身体形态而言，人们通过虚拟化身入场。在元宇宙空间里，人们可以以第一视角进入 3D 环境内部，正是因为如此，扎克伯格将元宇宙界定为一个具身性的互联网，并强调用户不再浏览内容而是在内容之中。这个在内容之中的身体一方面在观看内容，另一方面也是内容的一部分并被其中的其他身体所观看，所以就涉及这个身体本身以什么形象呈现的问题。人们在元宇宙空间里的身体往往以虚拟化身的形式存在，这个虚拟化身既可能接近本人的形象，也可能与本人形象存在差别，但均可以通过人机交互的方式使这个化身的一举一动跟本人实现高度衔接。与之前互联网中已经存在的网名、头像不同，这个虚拟化身是 3D 化的，是可以通过虚拟现实等技术跟真实的身体实现联动的。并且，这个虚拟化身也可以更加个性化，在现有的元宇宙游戏和虚拟城市世界中，虚拟化身具有很强的自我设计感，人们可以通过"捏脸""捏身材"[②] 的功能塑造专属于自己的虚拟化身。在区块链技术的基础上，这个虚拟化身还可以成为一个 NFT，即一种独一无二的数字资产，并可以进行交易[③]。所以，这个虚拟化身与之前的网名、头像不同，是人们身体及其

---

① 喻国明，耿晓梦. 元宇宙：媒介化社会的未来生态图景. 新疆师范大学学报（哲学社会科学版），2022，43（3）：110 - 118，2.

② 媛眉. 月入 4.5 万的捏脸师，元宇宙的第一批"打工人". 意林，2022（5）：18 - 19.

③ NFT，全称 Non-Fungible Tokens，是建立在区块链技术之上的一种数字加密代币。"Non-Fungible"指的是"不可同质互换"；"Tokens"可译作"凭证"或"代币"。NFT 的字面含义是：具有独特性、无法互相替代的交易代币。从技术上看，NFT 本质上是一种基于区块链技术的数字资产证明，即通过分布式记账网络记录交易过程，并为购买者提供数字资产真实性和所有权的证明。购买一个 NFT，并不能垄断其信息，一般也不能阻止其他人使用和复制该资产，只是相当于购买能证明其所有权和真实性的元数据。陈苗，肖鹏. 元宇宙时代图书馆、档案馆与博物馆（LAM）的技术采纳及其负责任创新：以 NFT 为中心的思考. 图书馆建设，2022，（1）：121 - 126.

意识的直接投射，是一种"有意为之的身体"（intentional bodies）[1]。所谓具身，是指"身体通过意向性与世界和他人达成的一种实践过程"[2]，而虚拟化身就是用户在这个具身互联网中的直接载体。

在社会学的拟剧理论看来，社会是一出戏剧，空间就是剧场。原有的互联网提供的剧场是不完整的、不可见的，人们只能隔空喊话。而元宇宙搭建了一个逼真的剧场，而且是沉浸式、开放式的剧场，演员和观众没有明确的区分，这种空间状态跟真实的社会剧场已经十分近似。这个高度拟真的剧场既具有虚拟空间的流动性，又具有现实空间的地理性、物质性，因为它用虚拟现实技术按照 1∶1 的比例构建 3D 场景环境，营造出真实的距离、面积、高度、速度。元宇宙空间已经不仅是一个用于快速传递信息的节点间网络，还是一个更加类似城市的、有明确物质载体的聚落空间。

二、虚拟城市：网络信息空间的城市革命与空间生产

在元宇宙的众多应用场景中，建立在区块链游戏基础上的元宇宙虚拟城市发展最为迅猛，也最有潜力实现营造沉浸感、支持社交、实现沟通去中心化、搭建经济系统等元宇宙的核心技术理想，目前国际上已经涌现出 Sandbox、Decentraland 等现象级应用，在国内也出现了希壤、虹宇宙等类似产品。作为元宇宙第一股的 Roblox 并非区块链游戏，但它提出的元宇宙八大特征也是元宇宙虚拟城市的基本要素，其旨在以身份（identity）、朋友（friends）、沉浸感（immersive）、低延迟（low friction）、多样性（variety）、随地（anywhere）、经济（economy）、文明（civility）为核心建构一个虚拟在场空间和社会经济系统。广义上讲，Roblox 致力于打造的 3D 化、逼真场景化并能给人带来高度沉浸感的虚拟世界已经体现了元宇宙虚拟城市的绝大部分特征。而与 Roblox 不同的是，以 Sandbox 和 Decentraland 为代表的区块链游戏在这些特征之外又加入了一个要素即土地（land），从而使得该类游戏的"游戏性"有所弱化，而真实性得以进一步提升，进而构成了完整意义上的元宇宙"虚拟城市"。简而言之，元宇宙"虚拟城市"是一个有大量具象化的身体汇聚其中，以打造、经营和使用身临其境的空间场景为主要活动，并通过 NFT

---

① Balkin J. Virtual liberty: freedom to design and freedom to play in virtual worlds. Virginia Law Review, 2004, 90（8）: 2043-2098.

② 芮必峰，昂振. 传播研究中的身体视角：从认知语言学看具身传播. 现代传播（中国传媒大学学报），2021, 43（4）: 33-39.

等技术将其转化成数字资产的社会经济系统。

以 Decentraland 为例，它打造了一个被称为创世城（genesis city）的三维虚拟世界。这个世界搭建在以太坊区块链之上，因而是一个可分布式记账的去中心化虚拟现实平台。平台公司无法篡改平台及用户信息，即使平台方终止服务，这个虚拟世界也仍将继续存在。Decentraland 中的核心资产是土地，这是一个由以太坊智能合约维护的 NFT 资产。土地是数量固定的有限资源，每一块土地都有固定的坐标 (x, y)。单块土地是标准大小的，长宽均为 16 米，高为 20 米。土地是搭建场景的基础，土地的持有者，也就是地主，能够完全控制自己创建的内容环境，小到一个静态的 3D 场景，大到具有更多交互功能的应用或游戏[①]。用户以虚拟化身登录后可以自行使用编辑器创建场景，也可以雇用专业的建筑商代为搭建，土地上的建筑和装饰物均是可交易的数字资产。土地之上还可以进一步形成主题社区，从而形成多种多样的兴趣聚落和具备丰富用途的共享空间。土地及其上的场景既可以供用户自己使用，比如用于收藏、社交或展示商品，也可以出售或出租。

另外，Decentraland 使用以太坊智能合约发行一种代币，叫 MANA。用户可以用 MANA 购买土地，地块的价格由市场自由决定，决定因素有地块人流量和地块上的建设情况等。2021 年 11 月，在位于 Decentraland "时尚街" 区域、由 116 个小地块构成的土地，被名为 Metaverse Group 的公司以 618 000 MANA（当时折合现实货币超过 240 万美元）的价格收购[②]。2022 年 3 月，运动鞋品牌斯凯奇（Skechers）与 Metaverse Group 签署租赁协议，在后者拥有的 Decentraland 土地上租赁了约 5 000 平方英尺的空间用于打造一家体验店。除了个人和商业机构外，也有一些政府机构开始入场，比如，加勒比海岛国巴巴多斯宣布在 Decentraland 建立数字大使馆[③]。而在百度开发的元宇宙虚拟城市希壤中，上海奉贤区也打造了一个 "奉贤新城·元宇宙城市会客厅"，初步实现一部分公共服务功能[④]。

元宇宙 "虚拟城市" 所呈现的空间景观三维化、空间资源资产化、空间用户具身化等特点，代表了元宇宙虚拟在场空间的基本特征。在元宇宙时代，空间以及空间生产比在之前的互联网时代更加重要，并且发生了一些重大变化。首先，空间资源和空间实践的重要性十分突出，在以 "虚拟城市" 为代表的元宇宙空间中，建造

---

① Decentraland. Decentraland Whitepaper. ［2022－05－20］. https：//decentraland. org/whitepaper. pdf.
② 上海胡润百富投资管理咨询有限公司. 元宇宙也 "炒房" | 虚拟房产是红海还是泡沫？（2022－02－22）［2022－06－13］. https：//baijiahao. baidu. com/s？id＝17254129511778867946&wfr＝spider&for＝pc.
③ 沈阳. "元宇宙"，国际关系 "新试验场"？（2022－02－21）［2022－06－14］. https：//baijiahao. baidu. com/s？id＝1725334735043896364&wfr＝spider&for＝pc.
④ 奚汝佳. 奉贤新城·元宇宙城市会客厅正式落成. 奉贤报，2022－03－04（3）.

和使用 3D 逼真场景成为主要活动，土地成为核心的资源，用户可以自行建造房屋等场景，也出现了专业的虚拟建筑商。其次，从时间和空间的关系来看，之前的互联网属于"用时间消灭空间"，即用快速便捷的信息传递打破空间局限；而元宇宙属于"空间重新掌握时间"，使用户花费大量的时间沉浸在具体的空间场景中进行实践活动。再次，从信息和空间的关系来看，过去的网络空间是一个通信节点间的连接和并存秩序，生产活动属于"在空间中从事信息生产"；而元宇宙时代的生产活动属于"空间本身的生产"，生产的内容从数字信息变成数字建筑，甚至人们对虚拟化身的"捏脸"和装扮活动也属于空间景观塑造的一部分。最后，从用户和空间的关系来看，过去的互联网时代，用户进入网络空间是为了获取各类信息，但他是外在于信息的，是信息的浏览者；而在元宇宙时代，用户则置身于空间场景之内，并成为场景的一部分，其活动的目的从获取信息变成了获取场景体验。

这些变化说明网络信息空间变得具有更多城市空间的属性，网络信息空间中的生产活动越来越像城市空间中的生产活动。简而言之，网络信息空间发生了一次"城市革命"。在媒介技术发展的过程中，不仅城市空间在信息化，而且信息空间也在城市化。过去的网络信息空间建立在通信传媒（电报、电话、电视）的基础上，元宇宙空间则以都市为原型，互联网从一种传播学意义上的技术应用变成了一种城市规划和建筑学意义上的技术应用。发生"城市革命"后的网络空间，空间属性将更加重要、更加丰富和更加复杂。在过去的互联网时代，虽然首页、头条位置等空间属性也有其重要性，但其空间特征还是抽象的、片面的。在元宇宙时代，空间现象的丰富性和复杂性达到了都市级别，空间的重要性自然更加凸显。

"城市革命"的概念借鉴自列斐伏尔。广义上讲，列斐伏尔的"都市革命"是指一个漫长的历史变迁与转移过程，是从农耕文明到工业社会，再到都市世界的巨型转变过程[①]。人类历史可分为乡村、工业与都市三个阶段，其中，后两个阶段构成了两个关键时期。第一个关键时期是农业从属于工业的时期，可以称之为工业革命的时代。第二个关键时期是工业从属于都市的时期，都市又从属于栖居，可以称之为狭义的都市革命的时代。列斐伏尔之所以强调都市革命，强调工业从属于都市，是因为工业资本主义已经筋疲力尽，但它在征服空间的过程中发现了新的灵感，空间成为构成、实现和分配整个社会剩余价值的场所，房地产投机成为形成资

---

① 刘怀玉. 社会主义如何让人栖居于现代都市：列斐伏尔《都市革命》一书再读. 马克思主义与现实，2017（1）：104－115.

本的剩余价值的主要来源①。空间中事物的生产已经转向空间本身的生产②，都市就是这个空间的主要代表。列斐伏尔指出："都市是一个极其复杂的、充满着张力的领域，一个潜在的不可能的可能性，吸引了那种已经完成的、某种曾经更新的且一直苛求的在场—不在场。"他所说的都市不是那种以有条不紊的秩序性和系统地强加于其上的同质性为特征的工业城市，而是充满差异的，又具有不期而遇的同时性特征的人类聚合体③。

类似列斐伏尔所说的都市，以"虚拟城市"为代表的元宇宙就是这样一个复杂而充满张力的领域，是一个将不可能变成现实的地方，是一个将在场和不在场整合在一起、让差异实现同时性聚合的空间。列斐伏尔提出都市概念并非仅仅是为了研究城市现象，更是为了呈现一种总体性的社会状态。有学者指出，列斐伏尔是在把都市想象为一个浓缩的地球或世界，同时把世界想象为一座都市④。与之类似，我们也可以把"虚拟城市"想象为一个浓缩的元宇宙世界，同时把整个元宇宙世界想象为一座大的"虚拟城市"。所以，元宇宙"虚拟城市"是元宇宙空间核心特征的一种浓缩体现，也必将成为元宇宙时代的主要空间载体。

列斐伏尔的都市概念是一个矛盾统一体，它既是一个充满压迫、剥削和冲突的空间，又是一个可以实现政治解放的希望空间。元宇宙"虚拟城市"也是一个矛盾体，其中既有资本主导、投机"炒房"等空间非正义的一面，也有用户自主参与，通过区块链去中心化实现民主管理等空间正义的一面。如何克服空间非正义，充分实现空间正义，是元宇宙设计、运营、使用和相关研究中必须重视并加以解决的问题。

三、空间正义：超越数字资本主义的宿命

按照列斐伏尔的观点，都市时代是工业从属于都市、都市从属于栖居的时代。都市社会可以分为三个层次的空间，分别是整体性空间、混合性空间和私人性空间。整体性是国家制度层面的，混合性是都市自身层面的，而私人性就是栖居层面的，都市时代是栖居具有优先性的时代。栖居是类似居住的概念，但它不同于"定

---

① 列斐伏尔.都市革命.刘怀玉，张笑夷，郑劲超，译.北京：首都师范大学出版社，2017：101，177 - 182.

② 列斐伏尔.空间：社会产物与使用价值//包亚明.现代性与空间的生产.上海：上海教育出版社，2003：47.

③ 列斐伏尔.都市革命.刘怀玉，张笑夷，郑劲超，译.北京：首都师范大学出版社，2017：37 - 43.

④ Shields R. Lefebre，love and struggle：spatial dialectics. London：Routledge，1999：141.

居"，定居作为一种简化的功能，仅局限于少数基本活动，例如吃、睡和再生产。定居还意味着人们被压制在具有同质性的整体和量化空间中，被迫自闭于"盒子"、"笼子"或"居住机器"中。列斐伏尔借用海德格尔"诗意地栖居"的观点，将人类与"存在"以及自身存在的关系置于栖居之中，并且认为可以从东方的建筑和居室中看到这种"诗意地栖居"。比如，日本家庭有一个角落，即壁龛，其中收藏着某些特别的东西，它们与四季保持着和谐关系，或许还能使我们栖居的空间充盈饱满，形成一个体系。它们都是人们用以保持诗性的东西。栖居涉及人与自然的关系以及人的存在问题，也是都市时代空间正义的首要议题。但是，它却因忍受定居以及所谓"都市规划"的合理性统治而陷入悲惨之中[1]。都市空间成为商品和资本主义生产对象，资本主义的策略是控制空间，为扼制利润率下降而斗争。这项战略吞没了用户、参与者和单纯的居住者，居住者被当作一个实现剩余价值的购买者来看待[2]。

　　网络信息空间的城市革命，意味着从通信的空间到栖居的空间的转变，互联网从获取信息之地变成实现栖居之地。人们身临其境地沉浸在一个虚拟在场空间，打造属于自己的家园，并且围绕这个家园开展各种活动。这给我们带来了新的栖居空间和栖居方式，是一种数字化的栖居状态。元宇宙空间具有技术上的无限性，还能在建筑形态上摆脱物理规律的局限，给人们想象力的发挥和差异化、个性化的栖居提供了更多的可能。元宇宙"虚拟城市"一般鼓励用户自主创建内容，并通过区块链技术赋予内容独特的意义及其可溯源的唯一性，这些都符合"诗意地栖居"的理念。但是，与此同时，元宇宙"虚拟城市"的设计者和建设者往往都是以商业利润最大化为导向的，这里绑定了很多个人和金融市场投资者的经济利益。为了制造稀缺性并开拓升值空间，"虚拟城市"的设计者往往人为地把土地空间资源设定成有限的。区块链分布式记账技术和NFT技术赋予空间资源独特性，但也因此导致数字资产过度私有化从而不利于共享的问题。人们对元宇宙"虚拟城市"的投入和关注，除了是在追求一种理想的栖居空间外，也有很明显的投机和炒作性质。

　　元宇宙在其初创时期，已经显现出跟之前的互联网的一个近似之处，那就是资本主导和商品化，即一种数字资本主义的状态。按照贝尔纳·斯蒂格勒（Bernard Stiegler）的观点，在数字资本主义社会中，由网络信息技术制造出来的巨大数字化机器已经成为一个共时化世界的即时性和持存的遴选装置。数字资本主义的本质是"意识犹如电影"，即资产阶级通过先在的数字化蒙太奇手段深刻改变了人们的

---

① 列斐伏尔. 都市革命. 刘怀玉，张笑夷，郑劲超，译. 北京：首都师范大学出版社，2017：88-93.
② 列斐伏尔. 都市革命. 刘怀玉，张笑夷，郑劲超，译. 北京：首都师范大学出版社，2017：177-178.

意识结构，使其更加臣服于市场和股份制的资本逻辑。任何一种观念或意识只有在它通过数字化网络信息在场时才存在，人与人之间通过真实的交流所建构起来的自我意识已经被消除了，因为当我的一切意识现象的被接受和流通都取决于数字化信息技术建构的影像流的操作，只有成为大众投映的意识流，才能出现每一个个体拥有的自我意识时，这只能是一种伪自我意识①。列斐伏尔也曾从都市的角度提出过类似的观点，他认为随着工业革命的"第三代化"，机器以及自动化设备从工厂扩展到了街道、日常生活以及都市之中，甚至侵入了人的智力本身。这种技术的扩张性变迁导致"都市中心倾向于接管生产过程中的所有智能化的方面"，资本主义的"城市成为一个巨大的机器，一个自动机械"②。

元宇宙是一个能让人的意识高度沉浸其中的全息数字化机器，其虚拟城市的形态有着连接一切的扩张性，如何避免其成为一个同质化、商品化和中心化自动操控的数字资本主义"反乌托邦"？或者从正面的角度说，如何实现元宇宙的空间正义，即在元宇宙中进行共享的、均衡的空间生产与分配，并保障空间权利和为"诗意地栖居"提供可能？

首先，这必然要求超越数字资本主义，但并不意味着完全抛弃数字技术和完全否定资本主义价值规律。正如戴维·哈维（David Harvey）所言，空间正义的实现需要把主动接洽世界市场的资本主义价值规律与这个规律的替代性方案两者融合起来③。数字技术和资本本身不是目的，两者都可以作为重要的手段，用来服务人的空间需求。技术的进步、产业的发展和各层次空间资源的供给，都需要发挥资本与市场主体的积极性。为了将资本价值规律和社会公平正义融合起来，我们需要充分发挥社会主义市场经济制度的优越性，所以，在元宇宙发展的过程中，需要发挥市场的主导作用，也需要政府的宏观调控和监管，以及包括国有企业和民营企业在内的多种所有制企业共同参与。在微观主体层面上，社会企业、非营利组织等也可以成为元宇宙平台的运营参与者，以平衡营利要求和社会责任。应对元宇宙空间进行分类管理，可将其分为作为生产资料的空间、作为生活资料的空间和作为公共服务的空间。生产资料空间可注重市场激励，生活资料空间可注重免费保障和自由创作，公共服务空间可注重公共秩序和集体利益。

---

① 斯蒂格勒. 技术与时间 3：电影的时间与存在之痛的问题. 方尔平，译. 南京：译林出版社，2021：44-105；张一兵. 先在的数字化蒙太奇构架与意识的政治经济学：斯蒂格勒《技术与时间》的解读. 学术月刊，2017，49（8）：51-57，67.

② Lefebvre H. The production of space. Oxford/Cambridge MA：Blackwell，1991：390；刘怀玉，鲁宝. 智能城市时代的马克思主义问题域：从列斐伏尔到斯蒂格勒. 中国美术学院学报，2019，40（2）：8-18.

③ 哈维. 叛逆的城市：从城市权利到城市革命. 北京：商务印书馆，2016：128.

其次，充分发挥元宇宙的技术优势，确保技术向善。发挥元宇宙空间具有无限性的优势，在空间集聚发展的同时尽量不限定空间资源的总量，避免人为制造稀缺性。留出足够的公共土地面积，用于建设免费开放的公共活动场景，或供没有私人土地的用户体验自由建造。利用好区块链去中心化的技术特点，保证在不需要中心监控的情况下建立用户间的信任并维护秩序。既要通过技术手段规避平台垄断和过度审核问题，又要利用技术手段设计好社区公约，防止元宇宙空间的失序和"赛博朋克化"。在相关智能程序和算法的设计中，应尽量贯彻以人为本、公平分配的原则，摒弃流量至上的思维，鼓励差异性，避免千篇一律。

最后，保障人们的空间权利。资本主义空间生产是对人们空间权利的剥夺，这是其具有非正义性的首要原因。所以，空间正义首先意味着保障人们的空间权利。按照列斐伏尔的观点，拥有空间权利即允许人们充分地使用城市的时空资源，也就是充分地参与城市的日常生活实践。空间权利也是对差异性的尊重，某个"作品"是独特的，尽管它可以被复制，空间应该是差异性的总体性集聚。这是一个谁拥有城市的问题，但"拥有"不是个人在物业意义上直接拥有，而是每一个群体在集体意义上能够获得就业机会，形成文化，居住在合适的住宅里，拥有良好的生活环境，获得满意的教育，参加个人社会保险，参与城市管理[1]。哈维更明确地指出，空间权利不是一种个人权利，而是一种集体权利，是一种按照我们的期望改变与改造城市的集体权利。赋予私人充分的空间产权并将其商品化并不是保障空间权利，而更可能是破坏空间权利。空间权利应该是一种共享的权利，应该避免出现公共创造出来的空间价值被个人独占的问题[2]。所以，元宇宙空间应该随着技术进步不断降低技术门槛和价格门槛，增强其在普通民众中的可及性。应该通过技术手段降低用户在元宇宙空间中建造场景的难度，让人们充分发挥自己的想象力，建设自己满意的美好家园。应发挥 NFT 技术的优势，防止数字空间资产的私人产权导致的空间财富独占和空间隔离，在尊重所有权的同时保持使用权的开放性和共享性。

结　语

作为元宇宙的一个主要应用场景，元宇宙"虚拟城市"代表着网络空间形态与空间生产方式的一次重构。空间从缺场的、脱域的、抽象的状态脱离，重新被赋予

---

① Lefebvre H. Writings on cites. Oxford：Blackwell，1996：158-174；刘怀玉. 社会主义如何让人栖居于现代都市：列斐伏尔《都市革命》一书再读. 马克思主义与现实，2017（1）：104-115.

② 哈维. 叛逆的城市：从城市权利到城市革命. 北京：商务印书馆，2016：3-26.

地方性特征，这种地方空间不是"想象的共同体"，也不是互联网"流动空间"中常见的网络社群，而是依靠虚拟现实等沉浸式技术打造的身体高度在场的、具有物理"全真"属性的 3D 场景。这个空间并非传统的地方空间，而是再造或"重新发明"而成的一个新的地方空间，即在保留互联网空间高度流动性和时空延展性的基础上，通过新的技术手段再造一个"全息式"的地方空间，因而是缺场空间与在场空间的一种高水平融合。这表明，互联网技术在引发社会空间从在场空间到缺场空间的"线上化"空间革命之后，又将引发从缺场空间到"虚拟在场空间"的第二次空间革命。如果说元宇宙是互联网的终极状态，那么，虚拟在场空间就是网络空间的终极状态。

由在场空间到缺场空间的转变的实质是地方空间的"线上化"，而第二次空间革命的实质则是线上空间的"城市化"。网络信息空间由一个抽象的节点间通信空间，转变为一个依靠具体场景来整合的数字地域共同体。这个新形式的地域共同体的典型体现就是元宇宙"虚拟城市"，在"虚拟城市"中，有大量虚拟化身聚集于逼真的 3D 场景中，依靠特定的空间位置和场所开展交往与协作。这里有熟人社交，但更多的是陌生人之间的偶遇与交易。这里的空间景观和社会经济系统都高度接近于城市，但它的建设不是线下城市利用信息技术进行的那种"信息城市建设"或"智慧城市建设"，而是主要发生于网络信息空间的"虚拟城市建设"。这个"虚拟城市"不是线下城市的简单映射，也不是主要为了服务于线下城市的运转，而是由区块链游戏演化而来的具有自己的社会经济系统的线上城市。未来，元宇宙"虚拟城市"有可能通过物联网等技术同线下的智慧城市连接起来，从而发挥更多、更真实的功能。元宇宙"虚拟城市"有可能成为线下城市的"云控制平台"，从而主导线下城市的运转。届时，元宇宙"虚拟城市"的真实性会进一步提升，其和线下城市相连接并由线下城市所锚定的空间场景应该成为空间的主体部分，而脱离线下的、纯虚构的、游戏化的场景应该被限定在有限的范围内。

参考文献

[1] 陈苗，肖鹏. 元宇宙时代图书馆、档案馆与博物馆（LAM）的技术采纳及其负责任创新：以 NFT 为中心的思考. 图书馆建设，2022，（1）：121-126.

[2] 哈维. 叛逆的城市：从城市权利到城市革命. 北京：商务印书馆，2016.

[3] 卡斯特. 网络社会的崛起. 夏铸九，王志弘，等译. 北京：社会科学文献出版社，2001.

［4］莱布尼茨．莱布尼茨与克拉克论战集．陈修斋，译．北京：商务印书馆，1996.

［5］列斐伏尔．都市革命．刘怀玉，张笑夷，郑劲超，译．北京：首都师范大学出版社，2017.

［6］列斐伏尔．空间：社会产物与使用价值//包亚明．现代性与空间的生产．上海：上海教育出版社，2003.

［7］刘怀玉，鲁宝．智能城市时代的马克思主义问题域：从列斐伏尔到斯蒂格勒．中国美术学院学报，2019，40（2）：8－18.

［8］刘怀玉．社会主义如何让人栖居于现代都市：列斐伏尔《都市革命》一书再读．马克思主义与现实，2017（1）：104－115.

［9］刘少杰．网络化的缺场空间与社会学研究方法的调整．中国社会科学评价，2015（1）：57－64，128－129.

［10］麦克卢汉．理解媒介：论人的延伸．何道宽，译．北京：商务印书馆，2000.

［11］芮必峰，昂振．传播研究中的身体视角：从认知语言学看具身传播．现代传播（中国传媒大学学报），2021，43（4）：33－39.

［12］上海胡润百富投资管理咨询有限公司．元宇宙也"炒房"｜虚拟房产是红海还是泡沫？．（2022－02－22）［2022－06－13］．https：//baijiahao．baidu．com/s？id＝1725412951177867946&wfr＝spider&for＝pc.

［13］沈阳．"元宇宙"，国际关系"新试验场"？（2022－02－21）［2022－06－14］．https：//baijiahao．baidu．com/s？id＝1725334735043896364&wfr＝spider&for＝pc.

［14］斯蒂格勒．技术与时间3：电影的时间与存在之痛的问题．方尔平，译．南京：译林出版社，2021.

［15］维基百科．元宇宙．［2022－05－18］．https：//m．tw．guom．site/wiki/元宇宙．

［16］奚汝佳．奉贤新城·元宇宙城市会客厅正式落成．奉贤报，2022－03－04（3）.

［17］营立成．迈向什么样的空间社会学：空间作为社会学对象的四种路径与反思．中国社会科学评价，2019（1）：50－63，142－143.

［18］喻国明，耿晓梦．元宇宙：媒介化社会的未来生态图景．新疆师范大学学报（哲学社会科学版），2022，43（3）：110－118，2.

[19] 喻国明. 未来媒介的进化逻辑："人的连接"的迭代、重组与升维：从"场景时代"到"元宇宙"再到"心世界"的未来. 新闻界，2021 (10)：54－60.

[20] 媛眉. 月入 4.5 万的捏脸师，元宇宙的第一批"打工人". 意林，2022 (5)：18－19.

[21] 张一兵. 先在的数字化蒙太奇构架与意识的政治经济学：斯蒂格勒《技术与时间》的解读. 学术月刊，2017，49 (8)：51－57，67.

[22] Balkin J. Virtualliberty：freedom to design and freedom to play in virtual worlds. Virginia law review，2004，90 (8)：2043－2098.

[23] Decentraland. Decentraland Whitepape. ［2022－05－20］. https：//decentraland. org/whitepaper. pdf.

[24] Lefebvre H. The production of space. Oxford/Cambridge MA：Blackwell，1991.

[25] Lefebvre H. Writings on cites. Oxford：Blackwell，1996.

[26] Shields R. Lefebre，love and struggle：spatial dialectics. London：Routledge，1999.

第七章　元宇宙与扩展空间社会学的想象力

引　言

　　元宇宙的出现对经济活动、组织方式、生活体验、话语体系和社会心态影响巨大。要将元宇宙热潮与我们生活世界中的种种重要变迁关联起来进行思考，而不是将其视为生活世界之外的封闭场域，亟须调用社会学的想象力加以理论综合。元宇宙蕴含的复杂性往往通过空间化的形式予以显现，呈现出多元的形态、体验、话语、认识。我们可以借助空间社会学的传统理论，从社会空间视角思考元宇宙热潮背后蕴含的社会变迁过程，在历史视野和自我反思中打破对元宇宙认识的自然化、形式化、相对化误区，通过回应时代问题完成理论的自我发展与重构，拓展理论想象力和对现实社会的解释力。

一、元宇宙的空间化呈现与社会学反思

　　如果将"空间"理解成社会自我呈现的"窗口"，那么元宇宙空间将帮助我们洞悉身处的社会。"元宇宙"的英文构词"metaverse"本身就带有"超越/综合多重空间"的含义①，其指代的社会事实也以多元的空间化形式加以表现。虽然元宇宙空间与传统在场空间共享相同的社会化生存法则，但由于元宇宙空间侧重于对精神世界的维系与再现，因此它通常被冠名为"虚拟空间"，进而与实际在场的"现实

　陈云松，郭未.元宇宙的社会学议题：平行社会的理论视野与实证向度.江苏社会科学，2022（2）：138－146，243.

■ 中国网络社会研究报告2022 ■

空间"相互区分。然而概念上的区分并不能切断各种"空间"在生活世界中的整体性联系，社会化生存实践在不同的空间关联中维系与扩展。在已有的日常生活认知与知识界的研讨中，元宇宙最常被视为三种有所差异但相互关联的空间化形态。

首先，将元宇宙阐述为"拟像化"的空间，这也是对元宇宙最直观的空间化描述。元宇宙空间以丰富多元的形式对精神世界进行具体化呈现，通过文字叙述、数字图像、增强现实设备与使用者的知觉世界建立直接联系，使其产生真实化的体验：在 teamLab 中，参观者可以通过各种知觉器官沉浸于奇妙的场景世界；在《模拟人生》中，玩家可以选择与体验完整的数字化人生；在《雪崩》构建的元宇宙世界中，读者可以通过想象拥有"化身"，开展持久的社会互动；在《头号玩家》中，观者可以与"绿洲"的玩家产生共情，在头脑中模拟一场沉浸式体验。游戏中建构的空间体验、影视作品中展现的空间图式既呈现出了对日常生活状态的超越，也反映了亲历者在具体的"使用—体验"中如何促进数字世界和物理世界的融合。

其次，将元宇宙视作"经济化"的空间。虽然在对元宇宙概念的溯源过程中，不同理论视角下的研究者对元宇宙起源问题的阐述不尽相同，但不可否认的是，元宇宙热潮是元宇宙从经济领域"出圈"的结果，且在热潮持续的过程中，广受关注、饱受热议的是其对产业带来的影响。元宇宙中，区块链技术既可以让数字资产明确产权、流转并保障资产安全，也可以使元宇宙中的数字经济活动积累并形成大量数字财富[1]。商业主体围绕"虚拟"资产建构出市场秩序，并邀请社会成员参与其中。元宇宙相关的资产、市场被定价和定义，使用被称为 NFT 技术的加密货币在市场参与主体中形成契约共识。通过技术设备接入元宇宙，数字身份、数字产权的明确规定着空间的准入权和使用权。"虚拟地产"的兴起，也意味着元宇宙不仅仅是进行经济化市场行为的场景，而且同时被赋予了商品属性。这些要素以不同的形式维系着元宇宙作为"经济化"空间的实践形态。

最后，所有关于元宇宙的讨论都将直接或间接地指向生活世界的空间，认为它的兴起悄然推动着实践与观念的变革，最终将重塑社会。元宇宙所营造出的丰富空间与人们在周围世界所接触的实体空间都是社会化生存的"场景"，需要人们在其中进行资源和注意力的分配，进而构成人们的"生活世界"。在实践层面，人们在元宇宙空间中游戏、社交、工作，并获取体验与认知，这种身临其境的知觉体验已然通过身体与人的具体社会化生存境况联系起来。在制度层面，代码中内生的算法规则也将很大程度上影响社会运行的规则。在算法规则与实践中的社会规则混融的

---

① 于佳宁，何超. 元宇宙：开启未来世界的六大趋势. 北京：中信出版社，2021：70.

88

过程中，人由具有自由意志的生物体演变为"物质—信息"复合体，被赋予数字化身份，形塑着交往实践中的认同形态①。

　　元宇宙引发的社会变迁以空间化的形式呈现，并最终指向生活世界的变革。人们在接触、熟悉元宇宙的过程中也同时建构起了生活世界的意义之网。然而，关于元宇宙的三种迷思在日常生活认知和知识界的讨论中广泛存在：其一是自然化迷思。人们很容易将较短时间内形成的元宇宙社会秩序视为一种自然状态，从而忽视那些促使元宇宙得以可能的社会基础。其二是形式化迷思，尤其是在建构元宇宙的分类秩序过程中过于聚焦讨论"何谓元宇宙"，却有意无意地割裂元宇宙与日常生活之间的联系，最终人为建构出形式与功能分离的认识框架。其三是相对化迷思。元宇宙反映出人对精神世界的向往与追求，然而对元宇宙的构想固然重要，但并不意味着元宇宙可以成为一套无所不包的概念系统，将一切反映精神世界的要素都纳入自身框架之中。概念的泛化导致元宇宙的相对化迷思。这些迷思的出现，究其原因，是人们未充分思考元宇宙与社会生活间广泛而深刻的联系。立足于生活世界的生存实践状态，具备历史视野和能够自我反思的空间社会学，为架起生活世界与元宇宙之间的桥梁提供了理论可能。

二、从空间到社会：理解元宇宙的空间社会学视角

　　从空间视角理解元宇宙与社会生活之间的紧密联系，需要充分重视元宇宙空间的社会性。在社会学家介入讨论空间的社会性意涵之前，思想界对空间问题的关注长期集中在空间的物理性与表象性上。古典社会学家构建的社会整体性视域与对社会起源的孜孜探索，为探讨空间的社会性构造了理论雏形。空间作为物质社会和心灵社会的"自我显现"形式，提供了理解社会整合、社会变迁、社会分化等社会化生存问题的理论视角。空间社会学在与诸多社会思潮合流的过程中混融了当代社会思想中的各类传统，可以从空间构型（spatial configuration）、象征权力（symbolic power）、场域同构（field homology）的关联角度理解以元宇宙为代表的社会变迁中蕴含的诸多可能性。

从"社会的空间性"到"空间的社会性"

　　在社会科学大量介入对空间的研究之前，空间一直被自然科学封闭的话语体系

---

　　① 付茜茜．"元宇宙"：赛博空间的技术趋势与文化症候．学习与实践，2022（4）：132－140.

所掌控，其含义始终局限于几何学的意义。这种"纯化"的空间观念经历了长期与社会生活分离的状态后，地理学对空间概念的大量运用使得自然空间与社会生活的结合得以可能。但在地理学研究中，自然空间又时常被划定为不必要的复杂因素，进而被排除在社会考察范围之外，它往往被设定为给定的条件，作为人类生活的场所，其中所蕴含的社会建构机制并未得到充分展开。马克思笔下的地理空间也深受自然空间观的影响，他把空间作为社会生产与再生产的场所，认为在资本主义发展中，需要借助生产关系的变革，用时间消灭空间[①]。在这种理论视角下，空间被规定为具有不以人的主观意愿为转移的客观性，即空间是具有实体性的，是物质性的，其与认知、实践之间缺乏有效的连通桥梁。

主体哲学对自然空间的认识方式出现了重要的颠覆。在康德那里，"认识符合事实"被转化成了"事实符合认识"，而时间和空间被构造成了先验综合的两种基本能力[②]。进一步说，空间作为一种感性的综合，具有表象性特质。这一点在叔本华那里被推向极致，即世界作为一种表象化的形式，具有以主体为条件并为主体而存在的性质[③]。主体哲学虽然悬置了主—客二元的关键对立，但提供了从心灵世界的角度对空间"去实体化"的思考路径。主体哲学对空间表象性维度的探讨也影响了社会学家关于空间问题的思考起点，在社会学的奠基人中，即使是最为推崇社会本体论的迪尔凯姆也给心灵世界汇聚而成的表象世界预留了重要位置。迪尔凯姆的集体表象理论中，空间是被知觉感知到的，与个体的认知世界紧密关联[④]。迪尔凯姆讨论了心灵世界对客观实体的意识投射，强调心灵世界起源于社会。这种社会起源恰恰建立起了物理空间与表象空间的桥梁，推动着空间思维从"社会的空间性"向"空间的社会性"转化。

社会学在共享的社会起源的基础上对空间进行了生成性考察，力图揭示空间的社会性并弥合空间物理性和表象性间的对立鸿沟。迪尔凯姆在考察原始部落对社会的原始分类中就已经勾画了超越物理和心灵边界的社会空间图景[⑤]。西美尔延续康德的空间观将空间视为"待在一起的可能性"，并从社会学的角度将其转化为"相互作用使此前空虚的和无价值的空间变为某种对我们来说是实在的东西，由空间使相互作用成为可能，相互作用填充着空间"[⑥]。社会学家使用"社会空间"（social

---

① 马克思，恩格斯．共产党宣言．中共中央马克思恩格斯列宁斯大林著作编译局，译．北京：人民出版社，1997：31－33.

② 康德．纯粹理性批判．邓晓芒，译．北京：人民出版社，2017：40.

③ 叔本华．作为意志和表象的世界．石冲白，译．北京：商务印书馆，1982：25－26.

④ 涂尔干．宗教生活的基本形式．渠敬东，汲喆，译．北京：商务印书馆，2011：11.

⑤ 涂尔干．涂尔干文集：第五卷．汲喆，译．北京：商务印书馆，2020：88－89.

⑥ 齐美尔．社会是如何可能的．林荣远，译．桂林：广西师范大学出版社，2002：293.

space）概念描述了"社会"与"空间"的混融状态，即"空间"不是外在于社会的容器，而是社会运转的维度，社会行动建构出空间，而空间又构成社会。聚焦空间的社会属性同样要求对其纯化的"物理性"和"表象性"进行批判性反思，对物质实体的绝对性和先验范畴的绝对性加以克服，在带有历史偶然性和社会建构性的社会化生存状态中打破空间自然化迷思。空间社会学视野下的"空间"既具有物理的广延，又包含有心理的绵延，并被赋予了社会本体论地位，生活世界中的种种重要问题都能够在社会空间的相互关联中被揭示与反思。

网络化时代中空间社会学的理论演化

以互联网为代表的技术变革引发了社会空间的剧烈变迁，新兴的空间形态正成为我们思考当前社会的认识起点。得益于"网络社会"[①]、"媒介作为人的延伸"[②]和"数字化生存"[③] 等对信息技术的社会学解读，空间社会学能够与信息化时代的生存实践产生紧密的理论共情。网络社会空间研究也随之进入空前活跃时期，不仅关于网络社会的空间分化、空间扩展和空间矛盾等方面的研究有了诸多推进，而且学者们也对网络社会的结构因素、构成关系、秩序状态、网络矛盾、网络安全和网络信任等议题开展了深入探讨。在继承和转化空间社会学理论传统并吸收新思潮后，研究者通过描述最直观的社会空间构型、考察推动社会空间生产进程的象征权力的运作、揭示体现社会空间结构化机制的场域同构，将复杂的社会问题与生活世界中的生存实践在"社会空间"的理论视域中建立起了紧密联系。

空间构型以最直观可见的方式呈现与揭示社会生活变迁。其中最典型的是以芝加哥学派为代表的人文生态学研究，人文生态学学者通过对城市在场空间构型的生态学考察，揭示了城市社会的生活状态、精神气质、整合方式，留下了见微知著的社区研究学术遗产。在网络化时代，对空间构型的考察以两条路径被学者转化与实践。一条路径是将对传统在场社会空间形态的分析扩展到互联网所构建的"虚拟空间"，其中的代表人物甘斯将城市生态学视野拓展到了虚拟空间，考察人参与虚拟世界的建设和获得置身其中的体验的过程[④]。值得进一步反思的是，单纯考察空间构型，其仍保留了"线上—线下""现实—虚拟"的二元对立，需要在实践与关系

①　卡斯特．网络社会的崛起．夏铸九，王志弘，等译．北京：社会科学文献出版社，2001：4.
②　麦克卢汉．理解媒介：论人的延伸．何道宽，译．南京：译林出版社，2019：16－17.
③　尼葛洛庞帝．数字化生存．胡泳，范海燕，译．海口：海南出版社，1997：15.
④　Herbert G. Some problems of and futures for urban sociology: toward a sociology of settlements. City and Community，2010，8（3）：211－219.

的统一中加以超越①。另一条路径则是在历史视野中考察网络空间构型的社会基础。托马斯引入历史视野和关系视角，将"地方"（place）视作社会生活和历史变迁的一个重要组成部分，并强调地方、位置、物质形态和意义应该被捆绑在一起，它们对于社会生活的重要性不能被分为高低不同的等级，而应当在历史进程中洞察要素间丰富的组合形式②。

象征权力则聚焦于生活世界中的"社会力"，考察作为社会建构的空间，其呈现形态与权力运作、资源配置之间的紧密关联。传统批判主义通过揭示空间生产中的权力分配与不平等持续问题，形成了从空间、资本、阶级的交互关系中理解变迁社会的理论视野。伴随着技术的迅速迭代，空间中支配性力量的形成过程更加远离具体的人和事物，网络社会在形式上推动了去中心化的社会过程在更为便捷高效的互联网中展开，但也有学者指出空间支配力量的定义权越发集中在少数人那里③，网络空间中的开放性与支配性共存。这种主张元宇宙空间中权力再次集中的观点不无道理，但需要辩证看待的是，元宇宙热潮中的生活世界不仅包含了支配力量，还提供了多元选择和机遇。从象征权力的维度出发，我们应该关注使生活世界得以构筑的多元力量，并对这些力量塑造社会的机制做出恰当解释。

场域同构从关系主义方法论的立场检视空间的生产、运作和消解，从而把握生活世界的结构化过程④。正如布迪厄所阐述的，在精神世界和言语行为当中，物理空间中客观化的重大社会对立（如"首都""外省"之分）会被复制，形成一些构成看法和区分之准则的对立，建构出一套知觉和评价范畴，或者说心智结构⑤。如果说象征权力着重考察个体实践与生活世界之间的权力关系，那么场域同构则是在主体与世界的关联性思维中考察主体在生活世界中的生存状态，以及分处不同生活世界的主体间的相遇问题。而这种"相遇"往往是在生活实践的无意识中完成，且特殊化的个人生活会通过普遍化的社会生活予以呈现。在对网络化时代生活世界的生存与相遇问题的解读中，"数字鸿沟"理论学说影响深远。迪马乔等学者将"数字鸿沟"阐释为"认知的倾向结构"与"社会资源配置"同构的社会后果⑥，这为在生活世界中克服"主—客"二元对立提供了重要的认识框架。

① 刘少杰. 网络化时代的社会空间分化与冲突. 社会学评论，2013（1）：66 - 74.
② Gieryn T F. A space for place in sociology. Annual Review of Sociology，2000，26（1）：463 - 496.
③ Zuboff S. Big Other：surveillance capitalism and the prospects of an information civilization. Journal of Information Technology，2015（30）：75 - 89.
④ 何雪松. 社会理论的空间转向. 社会杂志，2006（2）：34 - 48.
⑤ Bourdieu P. The weight of the world. California：Stanford University Press，2000：125 - 126.
⑥ Dimaggio P，Hargittai E，Neuman W R，et al. Social implications of the internet. Annual Review of Sociology，2001，27（1）：307 - 336.

三、元宇宙空间与生活世界建构

元宇宙作为社会发展中的"里程碑"事件，其发展愿景中蕴含的社会复杂性得到了广泛的承认和探讨，但在强调元宇宙的未来愿景的同时，仍需警惕元宇宙与当下生活世界相互脱离的趋势。人们构建了"线上—线下""虚拟—现实""元宇宙—非元宇宙"等二元对立范畴对元宇宙进行描述和分类，若不对它们加以统一，则很容易掩盖对立范畴所共享的社会起源，最终限制对元宇宙所蕴含的丰富可能性的理解。将元宇宙空间视作社会的自我显现，在空间社会学的理论综合中扩展元宇宙与广泛的生活世界之间的关联，需要在历史视野下与不断的自我反思中完成。在"社会空间"的整体视域之下，空间构型、象征权力和场域同构聚焦于不同的空间要素，通过它们可以检视和思考元宇宙与生活世界之间存在的广泛而深刻的联系。

元宇宙空间构型的历史视野与社会建构

元宇宙空间构型体现了技术变迁和社会基础之间的互构状态。这也意味着，元宇宙始终处于进行时，在使用、体验、形成概念、结构化的过程中持续推进社会建构与自我完善，需要在历史视野中考察元宇宙空间构型纵向演化中的阶段性与偶然性，并从中发掘演化扩展中的社会建构依据，从而打破自然化和形式化迷思。

元宇宙空间并非一种现成状态，而是在社会发展演化过程中生成的。国内学者关于元宇宙的起源问题有着两种主流的解释：一种是"平行社会说"[①]；另一种则是"内心映射说"[②]。前一种学说认为虚拟空间是对现实社会的拟像，在场的社会行动、社会组织、制度结构都会在虚拟空间中延续下去。虽然这种提法预设了虚拟与现实之间的二元对立，但通过视角转化，可以把网络空间视作社会空间的延续，从而将二者加以统一。在后一种学说中，元宇宙的空间场景并不是模拟现实的结果，而是对人类自身欲望、体验的具象化呈现，这种解释在弥合元宇宙空间场景与现实场景之间的二元对立的同时，却预设了元宇宙起源于心灵，最终会导向与社会空间的对立。事实上，元宇宙营造出来的表象空间也是对现实社会的社会秩序和价值体系的延续与再现，例如在游戏领域我们能够观察到《三国志》《仙剑奇侠传》等游戏更

---

① 陈云松，郭未. 元宇宙的社会学议题：平行社会的理论与实证向度. 江苏社会科学，2022（2）：138－146，243.

② 杨庆峰. 元宇宙的空间性. 华东师范大学学报（哲学社会科学版），2022，54（2）：47－58，174－175.

加适合亚洲玩家,《刺客信条》《生化危机》和欧美历史以及社会对于超验秩序的想象更为契合[①],这种契合意味着元宇宙并非起源于心灵,而是起源于社会。

从历史的角度看,在元宇宙成为统摄社会部分特质的概念之前,数字社会、网络社会、智能社会、虚拟社会、信息社会这些表述不同程度地描述了技术变迁下的社会特征。被整合到元宇宙体系中的各种要素也有着自身的社会演化与发展历史:当前被视作带有元宇宙元素的游戏、科幻作品,诸如《雪崩》《黑客帝国》《刀剑神域》《堡垒之夜》曾经被当作属于其他的话语体系和叙事结构加以分类;被视作元宇宙组成部分的那些要素,曾经也隶属于其他分类体系,如数字经济(虚拟货币、平台经济)、数字治理(网格治理)、数字生活方式(网络社交)。概括而言,元宇宙引入了一套形式与实质相互统一的分类系统,人们在日常生活中有意或无意对分类系统的维护,不可避免地掩盖了历史进程中关键性的断裂,元宇宙仿佛成为历史发展的必然。

实际上,元宇宙得以登上历史舞台兼具历史阶段性和偶然性。人们以元宇宙的名义构造了诸多形态各异的社会空间,将其扩展到经济、政治、文化场域,通过社会力的作用使得元宇宙社会空间具体化、主题化,空间边界日趋清晰。对元宇宙概念兴起的历史进程和词源内涵外延的考察是必要且重要的,但并不意味着必须通过辨析对"元宇宙"进行概念提纯,历史进程中的偶然性同样值得关注与思考。例如,腾讯马化腾在2020年就已经提出了与元宇宙含义相近的"全真互联网"概念,这些事实也提醒着我们历史变迁中仍存在诸多其他可能性,元宇宙并非历史发展的唯一走向。如果我们不加思考地接受元宇宙在特定时空条件下呈现出的空间构型,便容易陷入对空间的自然化迷思。为克服这一迷思,研究者需要走进真实的社会场景,去考察元宇宙空间构型形成过程中的社会建构,并对元宇宙分类框架成立的现实条件进行充分研究。

元宇宙空间以何种形态显现,与可见/不可见的社会建构之间联系紧密,这其中既包含物质性的社会建构,又有关系性的社会建构。在物质性基础方面,需要肯定的是,元宇宙所建构的空间形态,有赖于各项技术的支持:一方面,元宇宙是区块链技术、交互技术、游戏技术、人工智能技术、网络技术、物联网技术等相关互联网技术的全面融合、连接与重组[②];另一方面,数字化个体实现了对生存性个体的延伸,为每一个主体参与元宇宙社会空间的建构提供了可能。技术并非直接决定

---

① 于京东.元宇宙:变化世界中的政治秩序重构与挑战.探索与争鸣,2021(12):42-53,181,177-178.

② 喻国明,耿晓梦.元宇宙:媒介化社会的未来生态图景.新疆师范大学学报(哲学社会科学版),2022,43(3):110-118,2.

社会形式，从技术到具体的社会实践之间，还存在诸多转化与维系机制，需要在空间关系中加以考察。

首先，要在场域内部考察元宇宙空间构型。就如同物理世界中的距离那样，场域中的社会距离也反映出社会空间中资源的分布与配置形式。在资源非均质分布的社会中，处于社会空间较"中心"位置的科技企业释放出冠以元宇宙名义的发展信号，并在话语和实践中重塑一套用元宇宙统摄当下社会秩序和勾画未来图景的理念。该社会过程包含了各方主体围绕理念、技术、实践所进行的创新、模仿与话语建构。

其次，还要将元宇宙置于更为广阔的社会空间中加以考察。例如：Facebook改名为Meta不仅勾画了一套信息技术与社会生活更加紧密交融的未来图景，还掩盖了Facebook希望通过构建话语体系来改善自身在舆论场和商业竞争中的不利位置的意图；很多行业、个体纷纷转向元宇宙建设浪潮与新冠疫情带来的实质冲击也不无关系；地方政府积极筹备元宇宙在各地的落地，也与国家治理体系的激励结构密切相关。更进一步讲，我们对元宇宙进行描述并非对其进行直接洞察或客观反映，而是依靠语言进行现实建构。元宇宙空间构型以可见的方式彰显变迁社会的后果，但也不可避免地掩盖了历史进程中的其他可能性与社会建构中的条件性。只有将这些被掩盖的部分充分"摆"出来，才不至于在自然化迷思中盲目欢呼元宇宙对现实社会的超越与进步，而是更为清楚地意识到元宇宙本身就是现实社会的显现。

元宇宙象征权力运作与分类秩序再生产

元宇宙空间构型以可见的形式呈现社会，与之相互支撑的是以不可见形式运转的象征权力。为理解元宇宙象征权力的产生与维系机制，首先需要意识到当我们言说元宇宙时，便已经在实践中产生与之相关的"社会力"，这种力最终汇聚为元宇宙的分类秩序。社会空间是运作权力的场景，但这种权力无疑是十分微妙的，是难以察觉的象征权力。个体立足于生活世界通过知觉、表象对社会空间形成认识，进而形成对于所处时代的认识。人们实践元宇宙相关的生产生活方式、叙事结构，在体验、认知、综合过程中形成一套将社会生活表象内化并指向身体行动的认知图式，在社会化实践中将其汇聚为一套分类秩序。

每个社会参与者在维系分类秩序的同时，也拥有选择和自由。因而，有学者指出元宇宙概念具有一定的临时性，并声称当把元宇宙置换成赛博空间（cyber space）时，绝大多数情况下其所表示的含义并不发生改变。这种判断预设了元宇宙概念"称谓"与实际空间状况、功能处于分离状态。而在生活世界中，元宇宙的形式与功能在社会化实践中相互统一，人们在使用"元宇宙"言说、认识、实践时，有意无意地维系着元宇宙概念所具有的分类功能，即语词的重复性实践使得其背后蕴含的社会性关系印刻在人们的心智结构之中。在不断重复与强化元宇宙与生活实践相互关联的过程中，语词背后的社会性支配力量被进一步掩盖，以至于元宇宙成为一种无须进行反思便可加以接受的图式，并与竞争性图式相互排斥。元宇宙产品亦是如此。这样所产生的社会后果便是在社会空间中出现新的分层与区隔。从有关元宇宙的讨论中可以看到，人们在举例说明互联网平台上的元宇宙游戏时经常提及《堡垒之夜》，在探讨有关元宇宙的科幻小说时经常引用《雪崩》，其他包含元宇宙要素的作品则在人们认知的世界中难以受到关注。

揭示元宇宙空间分类秩序如何维系与象征权力如何运作，并非急于得出个体只能被动接受元宇宙所规定的秩序的结论。意识到分类秩序和象征权力的存在，便是反思的第一步。当我们在社会空间中统合形式和功能时，话语、实践中被掩盖的权力要素也随之被揭示出来。虽不可否认技术黑箱、算法控制在元宇宙中持续存在，但单纯构建"技术方—使用方—管理方"之间的壁垒也无益于问题的化解。分类秩序的再生产需要元宇宙社会空间的成员有意愿、有能力调用自己在所处社会空间中的位置优势和资源禀赋共同推进。同时，作为栖居在"无可逆转"的信息化、智能化、网络化进程中的原住民，对元宇宙热潮的回避本身也是对分类秩序的"默许"。通过意义建构和实践策略拓展元宇宙的维度与可能性，甚至跳出元宇宙所规定的分类秩序，或许是我们探寻与元宇宙共生的重要方向之一。

"元宇宙"场域同构与社会化生存境况

无论是对元宇宙的空间构型还是象征权力进行分析，最终要面对的都是主体在生活世界中的生存问题。场域同构引入了对主体的生存分析，在社会空间的整体视域下考察知觉、体验、感性实践，进而揭示元宇宙客观秩序的主观建构机制。在分析主体立足于生活世界扩展出的生存问题的过程中，场域同构对主体和世界之间的关系做出了重要转化，即社会行动者与世界之间的关系并不是一个主体（或意识）与一个客体之间的关系，而是社会建构的知觉和评判原则（即惯习）与决定关系的世界之间的"本体论契合"——或一如布迪厄指出的所谓相互"占有"。实践感在前对象性的、非设定性的层面上运作。在人们设想那些客体对象之前，实践感所体现的那种社会感受性就已经在引导具体行动。通过自发性地预见所在世界的内在倾向，实践感将世界观视为有意义的世界并加以建构①。处于社会空间中的不同主体

---

① 布迪厄，华康德. 实践与反思：反思社会学导引. 李猛，李康，译. 北京：商务印书馆，1998：22.

对元宇宙持有差异显著的态度，在心智结构与客观空间的同构中也就有了更为丰富的理解方式，即可以将对元宇宙的"叫好"与"唱衰"之争在空间视角中转化为身处不同空间位置、心智结构有所差异的主体间的"相遇"问题。

同构体现在心智结构与客观世界之间，也反映在场域与场域之间。元宇宙空间的生成与维系便在分析框架中转化成了关键场域间的同构，涉及不同场域构型、场域中主体的认知与实践过程。场域同构关系到社会空间的两个关键维度：第一个维度是，各个场域关联了社会空间中的相对位置与资源；第二个维度是，主体在策略运用与意义建构过程中通过运用策略调配资源和重构意义，也在促进场域的结构化转变。这里以粗线条的形式勾勒元宇宙在中国形成社会热潮过程中不同场域间的同构机制：经济场域中，科技公司借助上市、发布会等渠道释放信号，用元宇宙的分类框架概括现实，勾画未来发展图景，引发经济场域中的连锁反应，并外溢到其他社会空间；政治场域中，元宇宙被写进了政策话语，并在政府引导下于不同城市落地，承担着治理与发展经济的双重目标；文化场域中，专家学者的阐释使得元宇宙对接上各种学术传统，并在知识生产的过程中被赋予权威性……更重要的是，在场域同构过程中，元宇宙触发了生活世界的结构化变迁。

通过空间视角揭示元宇宙与社会生活之间的紧密关联，最终落脚点还是具体的人。人们可以在融合元宇宙体系的社会空间中体验、投资与劳动，借用数字化的生活方式来构建生活世界的意义之网。这种实践方式不能被简化为用技术塑造日常生活的形态，而应当同时在日常生活的意义建构中看到元宇宙蕴含的无限可能。在日常生活尚未进入理性认识的部分，仍呈现出具有整体性、含混性的状态，这里并没有被建构起学科藩篱和专业壁垒，数字"结构"中蕴含的支配力量也将在日常生活的创造性实践中被部分消解。人们也拥有选择接入数字生活方式的自由。数字化、智能化时代自我反思性的"成就"，不仅在于我们能够在理性智识层面很大程度上认清数字社会的正负效应，而且在于我们能够在多重效应中学习和做出自己的选择[①]。进一步说，元宇宙所引入的不是认识论问题，而是生存论问题，最重要的就是如何"去实践"。当生活世界与元宇宙世界相遇时，身处不同场域的个体将在认知、行动与结构化过程中扩展世界的边界。

结　语

以元宇宙为代表的互联网第三次浪潮奔腾而来，感性直观形式得以借助理性化

---

① 王建民. 数字社会是"监视社会"吗：数字社会的多维效应及机遇. 新视野，2022（1）：108－114.

技术推动社会中的诸多可见/不可见的秩序自我显现，为扩展空间社会学的想象力提供了经验的和历史的窗口。元宇宙热潮无疑将一套具有复杂性的分类秩序引入社会空间，需要借助理论综合在考察日常生活和元宇宙热潮的关联中建构与时代共情的理论抽象。面对变迁社会的新经验、新问题，空间社会学在社会空间理论视域中实现了对元宇宙形式、功能、结构化三者认识的统一：空间构型描绘了元宇宙空间的形式与历史视野下社会建构之间的联系；象征权力扩展了对从元宇宙空间非均质化社会资源配置方式背后演化出来的权力关系的认识；场域同构则是在客观结构和主观心智结构相互建构的生存实践中探寻共享的社会起源。

在社会空间视域下对处于"进行时"的元宇宙热潮进行理论综合，并解释其背后的社会起源，其意义便在于：第一，破除元宇宙形式化、自然化、相对化迷思，避免形式和功能的分离，充分重视元宇宙进程中的历史偶然性和社会建构性；第二，将元宇宙视为心智结构和社会结构的同构过程，从参与意愿、参与能力与参与策略的关联统一中克服认知与实践之间潜含的二元对立；第三，在元宇宙社会参与方面，推动不同场域在政策规范、市场创新、社会参与等维度协同勾画元宇宙空间图景，并在认识过程中时刻保持关系性思维，将社会空间中的资源分布与配置能力充分纳入元宇宙建设的思考框架中；第四，对于研究者而言，空间社会学视角下对元宇宙与生活世界的关系的考察也将推动对知识生产过程的反思，使其充分意识到学术场域与元宇宙在社会空间中的并置关系，并超越学科分化的限制，在知识体系的构造过程中扩展元宇宙与社会空间的广泛联系。

社会科学只有服务于与具体历史相联系的具有文化意义的认识，才能形成相关的概念和实现概念批判工作所要达到的目的[①]。元宇宙热潮终会伴随着新的话语体系的构建、人们注意力的转移而热度下降。对元宇宙何以成为热潮进行考察和思索，能够帮助我们在现实性与可能性之间扩展社会学的想象力和增强对现实的理解力。更重要的是，社会学家需要切身进入元宇宙热潮的"丛林"之中，而不是仅仅停留在思辨的层面，更不是将以元宇宙为代表的网络社会进程中发生的事实排除在社会学的研究主题之外。与此同时，如何与技术化时代的生存实践产生理论共情，也有赖于专长于在地方社会中开展经验研究的社会学不断调整自己的研究方法，在虚拟与现实、缺场与在场、精神与实体的综合中拓宽理论视野[②]。在元宇宙的物质性基础与呈现状态的表象性形式之中，拓展理论与社会生活的紧密联系以回应变迁

---

① 韦伯. 社会科学方法论. 韩水法，译. 北京：中央编译出版社，1999：48.
② 刘少杰. 从集体表象到数字表象：论元宇宙热潮的演化逻辑与扩展根据. 河北学刊，2022，42（4）：162 - 168.

时代中的种种重要问题，也是空间社会学在元宇宙热潮中延续并扩展自身想象力的初心和未来。

参考文献

［1］布迪厄，华康德．实践与反思：反思社会学导引．李猛，李康，译．北京：商务印书馆，1998.

［2］陈云松，郭未．元宇宙的社会学议题：平行社会的理论视野与实证向度．江苏社会科学，2022（2）：138－146，243.

［3］付茜茜．"元宇宙"：赛博空间的技术趋势与文化症候．学习与实践，2022（4）：132－140.

［4］何雪松．社会理论的空间转向．社会杂志，2006（2）：34－48.

［5］卡斯特．网络社会的崛起．夏铸九，王志弘，等译．北京：社会科学文献出版社，2001.

［6］康德．纯粹理性批判．邓晓芒，译．北京：人民出版社，2017.

［7］刘少杰．从集体表象到数字表象：论元宇宙热潮的演化逻辑与扩展根据．河北学刊，2022，42（4）：162－168.

［8］刘少杰．网络化时代的社会空间分化与冲突．社会学评论，2013（1）：66－74.

［9］马克思，恩格斯．共产党宣言．中共中央马克思恩格斯列宁斯大林著作编译局，译．北京：人民出版社，1997.

［10］麦克卢汉．理解媒介：论人的延伸．何道宽，译．南京：译林出版社，2019.

［11］尼葛洛庞帝．数字化生存．胡泳，范海燕，译．海口：海南出版社，1997.

［12］齐美尔．社会是如何可能的．林荣远，译．桂林：广西师范大学出版社，2002.

［13］叔本华．作为意志和表象的世界．石冲白，译．北京：商务印书馆，1982.

［14］涂尔干．涂尔干文集：第五卷．汲喆，译．北京：商务印书馆，2020.

［15］涂尔干．宗教生活的基本形式．渠敬东，汲喆，译．北京：商务印书馆，2011.

［16］王建民．数字社会是"监视社会"吗：数字社会的多维效应及机遇．新

视野，2022（1）：108－114.

[17] 韦伯．社会科学方法论．韩水法，译．北京：中央编译出版社，1999.

[18] 杨庆峰．元宇宙的空间性．华东师范大学学报（哲学社会科学版），2022，54（2）：47－58，174－175.

[19] 于佳宁，何超．元宇宙：开启未来世界的六大趋势．北京：中信出版社，2021.

[20] 于京东．元宇宙：变化世界中的政治秩序重构与挑战．探索与争鸣，2021（12）：42－53，181，177－178.

[21] 喻国明，耿晓梦．元宇宙：媒介化社会的未来生态图景．新疆师范大学学报（哲学社会科学版），2022，43（3）：110－118，2.

[22] Bourdieu P. The weight of the world. California：Stanford University Press，2000.

[23] Dimaggio P，Hargittai E，Neuman W R，et al. Social implications of the internet. Annual Review of Sociology，2001，27（1）：307－336.

[24] Gieryn T F. A space for place in sociology. Annual Review of Sociology，2000，26（1）：463－496.

[25] Herbert G. Some problems of and futures for urban sociology：toward a sociology of settlements. City and Community，2010，8（3）：211－219.

[26] Zuboff S. Big other：surveillance capitalism and the prospects of an information civilization. Journal of Information Technology，2015（30）：75－89.

第八章　元宇宙的社会潜能和变革性影响：网络权力的维度

引　言

在人类社会的今天，在信息技术的推动下，元宇宙已由科幻逐步走向现实。元宇宙开始被看作通过信息技术创造出来的虚拟世界与现实世界融合共生的人类社会新形态[①]。甚至有学者直接指出，元宇宙不仅是未来的互联网，而且是未来社会本身[②]。

重大的技术革命往往会带来社会层面的联动变革。对作为正在实践的网络社会未来图景的元宇宙的探讨，不能仅仅停留在技术层面上，"元宇宙将向人类展示一种世界的数字化与数字世界的生活化的双向同步演化过程"[③]。因此，我们需要用联系的观点，对元宇宙将给人类社会生活带来的影响，进行社会科学领域的深入探讨。

在网络社会创造网络权力的实践中，充满着辩证的、矛盾的、发展的、变化的思想光芒。处于不同情境中、归属于不同群体的网民建构出的网络权力变化万千、形态各异。特别是在中国语境下，网络权力的产生和发展，经历了热闹非凡、毁誉参半的历程。这也是呈现互联网独特逻辑和社会潜能的极具代表性的领域之一。本章将尝试从网络权力的维度，以窥斑见豹式的研究揭示元宇宙在社会层面的潜能和变革性影响。

[①]　清华大学新闻与传播学院新媒体研究中心.元宇宙发展研究报告2.0版.（2022-01-21）[2022-04-17]. https：//www. xdyanbao. com/doc/jw4svawhjp？ bd_vid=11407979339236926586.

[②]　王天夫.虚实之间：元宇宙中的社会不平等.探索与争鸣，2022（4）：76-79.

[③]　安维复，杨广明.元宇宙：范畴谱系、世界图像与未来昭示.理论与改革，2022（6）：28-40.

一、从网络社会到元宇宙社会

信息技术的广泛使用，意味着人类社会的发展进入了新的阶段。卡斯特提出了"网络社会"概念，认为互联网是当代社会结构和权力关系的基础，他将网络社会定义为信息、资本、资源等在全球范围内形成了相互联结的网络，可以自由流动的社会，视之为人类社会又一崭新的社会形态[①]。在网络社会的时空层面上，社会变化的速度在加快，社会互动的空间距离在缩短，人与人、人与物的交流更加便捷顺畅，甚至达到了轻而易举的程度。线上与线下，如影随形。这就使得线上行动更加具有现实的意义，这也意味着，线下社会和线上社会正在逐渐走向融合。

新一代移动通信技术的应用，标志着网络社会进入了新的阶段。在社会生活层面，我们最直观的感受，就是新的社会场景被不断地创造出来。传统的社会行动场景，被不断地复制到网络空间之中，甚至全新的社会行动场景也被建构出来。例如，在前互联网时代，组织中的会议需要组织成员身体到场，面对面开会；而在3G时代，人们就可以通过在网页上发送信息，建立起远程的文字和语音会议室；进入4G时代之后，人们还可以通过声音和图像的实时传递，远程进行视频会议；随着增强现实和虚拟现实技术的演进，人们将可以通过5G技术建立起虚拟现实会议室，模拟真实会议室的所有场景，甚至搭建新形态的会议室。像这样的社会场景的变化还有很多，如电商交易、在线医疗、在线教育、网络社会组织、网络电子政务等。

在5G技术、增强现实技术、虚拟现实技术、人工智能技术、扩展现实技术、区块链技术、物联网技术、数字孪生技术等多种新技术的加持下，源自科幻文学作品的元宇宙概念正逐渐成为社会现实。现实社会中已经掀起元宇宙热潮，很多学者也开始关注元宇宙，从多学科视角进行元宇宙的相关研究，但是，对于元宇宙，目前并没有形成统一的行业描述或学术定义。

大多数互联网行业领导者，以符合自己世界观或能彰显自己公司能力的方式，来定义元宇宙。例如：微软首席执行官萨提亚·纳德拉将元宇宙描绘成一种可以将"整个世界变成一个应用程序"的平台[②]；Meta首席执行官扎克伯格在表达元宇宙

[①] 卡斯特. 网络社会的崛起. 夏铸九，王志弘，等译. 北京：社会科学文献出版社，2006：434-441.
[②] Nadella S. Building the platform for platform creators. LinkedIn，2021-05-25.

的愿景时，侧重于沉浸式虚拟现实，以及将相距遥远的不同个体连接起来的社交体验，他将元宇宙形容为"一个实体化的网络"①。

在学术界，元宇宙也是一个热门概念。科杜里将元宇宙视为"一个持续性、沉浸式、大规模可供数十亿人实时访问的巨型计算平台"②；马修·鲍尔认为元宇宙是一个"大规模、可互操作的网络，能够实时渲染 3D 虚拟世界，借助大量连续性数据，如身份、历史、权利、对象、通信和支付等，可以让无限数量的用户体验实时同步和持续有效的在场感"③。国内较为权威的元宇宙定义，是清华大学新闻与传播学院新媒体研究中心给出的："元宇宙是整合多种新技术而产生的新型虚实相融的互联网应用和社会形态，它基于扩展现实技术提供沉浸式体验，基于数字孪生技术生成现实世界的镜像，基于区块链技术搭建经济体系，将虚拟世界与现实世界在经济系统、社交系统、身份系统上密切融合，并且允许每个用户进行内容生产和世界编辑。"④ 虽然定义各异，但很多学者在一个根本观点上达成了共识："元宇宙可能是继万维网和移动互联网之后的下一个主要计算平台。"⑤ 也就是说，元宇宙带来的转变类似于甚至将大于从传统互联网向现代移动互联网和云计算的转变，它将彻底改变我们的日常生活和思考方式，元宇宙社会将是网络社会的下一个形态。

其实鲍德里亚早在 20 世纪 70 年代就提出了类元宇宙的后现代理论预测。在《生产之镜》《符号交换与死亡》《末日的幻觉》《仿象与拟真》等著作中，他多次论述"超现实"（hyper reality）的概念，将超现实描述为一种状态，在这种状态中现实和拟态（simulation）无缝连接，让人难以区分。虽然在其著作发表后，很多人表示了对"超现实"的恐惧，但是鲍德里亚认为，重要的是个体在哪里获得更多的意义和价值，在他的推测中，这个所在将是拟态社会，而非真实社会。在拟态社会中，模型和符号建构经验结构，并消除了模型与真实之间的差别，人们以前对真实的体验以及真实的基础均将消失⑥。

在理论意义上，我们今天探讨的元宇宙社会，非常类似鲍德里亚所说的"拟态世界"。从直观的经验层面看，现在我们的确还无法确定元宇宙到来时"生活中的一天"是什么样子的，以及那将带给我们怎样的体验。但是，我们可以回溯计算机

---

① Sherman A. Execs seemed confused about the metaverse on Q3 earnings calls. CNBC，2021 − 11 − 20.

② Koduri R. Powering the metaverse. Intel，2021 − 12 − 14.

③ 鲍尔. 元宇宙改变一切. 岑格蓝、赵奥博、王小桐，译. 杭州：浙江教育出版社，2022：43.

④ 清华大学新闻与传播学院新媒体研究中心. 2020—2021 年元宇宙发展研究报告.（2021 − 09 − 16）［2022 − 05 − 20］. https://www.xdyanbao.com/doc/lr8dslc5i1？bd_vid=11815896573135663956.

⑤ Raja Koduri R. Powering the metaverse. Intel，2021 − 12 − 14.

⑥ 鲍德里亚. 鲍德里亚访谈录：1968—2008. 成家桢，译. 上海：上海人民出版社，2022：300 − 317.

和互联网技术极速变迁的时代，来推测即将经历的元宇宙时代。互联网刚出现时，即使是互联网最狂热的支持者，也难以想象这样一个未来：数以百万计的网络服务器承载着数十亿个网页；人们每天会收发 3 000 亿封电子邮件；Meta 这样的社交网络每天有数十亿活跃用户……当今社会，对互联网的需求显而易见，但在互联网发展的初期，几乎没有人能够针对互联网的未来建构一个统一的、正确的愿景。对元宇宙也是这样。况且，人类社会发展进步的空间，总是越来越广阔的，其广阔的程度，总是超出人们的想象。

随着元宇宙的不断发展，其核心要素开始逐步明晰：完整再现现实世界的虚拟世界、沉浸式的 3D 体验、使虚拟世界活起来的实时渲染、具有互操作性和统一的数据传输标准、去中心化的信息共享、实时同步的海量信息、同时存在且能瞬间聚集的无限用户，等等。恰如现在的网络社会并非当初所设想的完全虚拟的赛博空间一样，作为深度数字化生存空间的元宇宙，也将会是虚实深度交互的空间，是一种超越单纯技术创新的复杂的技术社会复合体和人造世界[①]。因此，对元宇宙进行社会科学层面的学理化研究，从网络权力的维度探讨元宇宙的社会潜能和变革性影响，将会是对互联网未来发展方向的有意义的社会科学式的展望。

二、网络权力：权力新形态抑或"数字乌托邦"?

相较结构性的经典权力观，后现代社会学家对权力概念的动态把握和对微观权力运作过程的研究，更有助于理解网络权力这一从网络社会中诞生的权力新形式。网络权力是一种转换能力，而非控制能力；网络权力是一个关系的面向，而非仅仅是一种资源；同时，网络权力呈现为一个建构性的过程，而非结构性的结果[②]。

网络权力：权力研究的新动向

随着网络社会的深度发展，权力关系正在发生变革。信息技术已经使得权力的形态开始发生改变。网络权力，这种网络社会中权力的新形态，被视为扁平的、扎根的、流动的和动态的，而不遵循传统意义上的等级制度基本固定的权力结构模型[③]。

① 段伟文.探寻元宇宙治理的价值锚点：基于技术与伦理关系视角的考察.国家治理，2022 (2)：33－39.
② 宋辰婷.5G 数字技术赋能下网络权力的拓展.社会科学辑刊，2021 (2)：109－117.
③ Lash S. Power after hegemony: cultural studies in mutation?. Theory, Culture & Society, 2007, 24 (3): 55－78; Mackenzie A, Vurdubakis T. Codes and codings in crisis: signification, performativity and excess. Theory, Culture & Society, 2011, 28 (6): 3－23; Smith M. These on philosophy of history: the work of research on the age of digital searchability and distributability. Journal of Visual Culture, 2013, 12 (3): 375－403.

　　在从权力维度理解网络社会深刻变化的众多学者中，曼纽尔·卡斯特是最广为人知的一位，他在其网络社会三部曲——《网络社会的崛起》《认同的力量》《千年的终结》——中旗帜鲜明地提出了网络权力的概念。卡斯特认为，在网络社会中，权力是多维度的，它存在于全球金融、政治、军事安全、信息生产等网络中，网络权力重新设计和定义了社会规则和规范。更具有颠覆性的是，对于网络权力的本质和力量来源，卡斯特的解释是："网络社会，权力存在于信息符码形成与再现的意向之中，社会根据网络权力进行制度组织，人们根据网络权力进行生活营造和行动抉择。网络权力的基础是人们的心灵。无论是谁，无论采用怎样的手段，只有赢得了人们心灵的战斗才能实现真正意义上的权力。"[①] 这相当于宣告网络社会的权力主体发生了变化，普通网民联合起来形成的网民群体成为网络权力的主体，开始对传统的权力结构构成实质性的冲击。

　　卡斯特式的网络权力解读，有众多的追随者。比如，网络行动主义的相关研究者关注了 2011 年的社交媒体（推特、YouTube、脸书和博客）在"阿拉伯之春"和"占领华尔街"运动中发挥的作用[②]。他们认为，与传统的政治组织形式相比，网络社交媒体组织的社会行动展现出了生命力和进步性。图费克奇和弗里龙指出，信息技术对政治行动主义的影响如此之大，以至于"询问信息技术是否会产生影响是没有意义的；相反，我们可以并应该研究的是其影响机制和关键机制"[③]。

　　对于以卡斯特为代表的对网络权力的乐观观点，很多学者予以质疑。他们认为，以卡斯特为代表的数字行动主义的言论，表现出对无政府主义和扁平化组织的偏好，以及对等级制度的厌恶，这种数字乌托邦主义（digital utopianism）和技术决定论（technological determinism）的话语论调与人类奋进的其他领域里一样明显[④]。甚至，有学者直接批判卡斯特的理论忽视了对监视和隐私问题的讨论，并假设所有公民具有平等的网络访问权利，是一种盲目的乐观主义[⑤]。

---

　　① 卡斯特．认同的力量．夏铸九，黄丽玲，等译．北京：社会科学文献出版社，2003：415.

　　② Bruns A，Highfield T，Burgess J. The Arab spring and social media audiences：English and Arabic twitter users and their networks. American Behavioral Scientist，2013，57（7）：871－898；Gleason B. Occupy wall street：exploring informal learning about a social movement on twitter. American Behavioral Scientist，2013，57（7）：966－982；Howard P，Hussain M. The upheavals in egypt and tunisia：the role of digital media. Journal of Democracy，2011，22（3）：35－48；Murthy D. Twitter：social communications in the twitter age. Oxford：Wiley，2013.

　　③ Tufekci Z，Freelon D. Introduction to the special issue on new media and social unrest. American Behavioral Scientist，2013，57（7）：843－847.

　　④ Kavada A. Introduction. Media，Culture & Society，2014，36（1）：87－88.

　　⑤ Fuchs. Book review：Manuel Castells，networks of outrage and hope：social movements in the internet age. Media，Culture & Society，2014，36（1）：122－124；Van Dijk J. Book Review：Castells M. communication power. Communications，2010，35（4）：485－489.

将网络权力视为数字乌托邦的观点，采用了福柯式的权力视角，强调的不仅仅是权力关系的压制层面（传统的主权权力模式，其中一个权威个人或团体对被规训的公民强制行使权力），还有日常生活的、分散的、经常带有自愿性质的权力形式。拉什认为，通过新兴数字信息经济及"新商品"数据，一种"后霸权"（post-hege-monic）形式正以微妙的方式运作。这种权力从传统霸权制度中"泄露"，渗透到日常的、理所当然的事件中，这意味着我们正处于普适计算和媒体无处不在的时代，同时也是政治无处不在的时代。权力成为生命形式的内在要素，但由于其无形和理所当然的性质而没有得到承认①。在网络社会中，"很大一部分实际权力被计算机算法的作者所掌握……代码编写者越来越多地成为立法者，决定线上（以及线下）环境的默认设置和功能、隐私的匿名的保护模式、访问权限的授予，等等"②。

在理论层面，数字行动主义和后霸权主义向我们揭示了看待网络权力的不同视角。一方面，普通网民拥有了成为网络权力主体的机会；另一方面，数字霸权相比以往社会的霸权形态更隐蔽、收益更多。本章无意在两种理论观点上站队，但是，在价值层面上乐于见到网络社会在权力维度上为普通网民带来机会与希望。对于普通网民来说，网络权力是一种软权力，是一种动态的流动的权力，它不可能像实体权力那样强硬、那样直接而有威力。网络权力所传导的更多的是一种自下而上的网民的利益表达和意义诉求。

Web2.0时代网络权力的现实困境

网络社会给予了普通网民成为权力主体的机会与希望，但是，网络权力的实践在Web2.0时代却存在着现实困境。虽然Web2.0的理想是提倡共享和参与式民主，在这其中，普通网民既可以为数据做出贡献，也可以在信息技术的供给中受益，但是，实际情况是，普通网民几乎无法从中获益，能够受益的是谷歌、亚马逊、Meta、推特等互联网平台巨头。

安德烈耶维奇认为，新兴信息文化构建了新型社会、经济和政治劣势。那些拥有较强大的文化和经济资本的企业能够让大数据为自己服务，而其他主体则无法从大数据中获益③。相较于平台，作为数据的创造者，普通网民在互联网中能够获取的利益非常有限。虽然数字行动主义的乐观估计是，互联网有助于创造"新型信息

① Lash S. Power after hegemony: cultural studies in mutation?. Theory, Culture & Society, 2007, 24 (3): 55-78.
② Lessig L. Code: version 2.0. New York: Basic Books, 2006: 79.
③ Andrejevic M. Infoglut: how too much information is changing the way we think and know. New York: Routledge, 2013: 34-35.

的守门人和数据解释者"①，即互联网赋权的普通网民，但是互联网世界的现实秩序仍是由占据主导地位的传统权力和等级制度来构建的。

甚至，在 Web2.0 时代，平台巨头已展现出权力垄断之势。由于"网络效应"，即不断提升的数据收集能力令"使用平台的用户越多，平台就对每个人越有价值"，平台已成为"垄断、提取、分析与使用越来越多被记录的数据的有效方式"②。换句话说，越多的人使用平台，他们就会留下越多的数据，平台服务就会变得越个性化；同时，越多的服务提供者使用平台，平台能提供的服务就越多样，于是也就能吸引越多的用户；而越多的用户与服务提供者使用平台，就会发生越多的交互，因此也就有越多的数据可以提取；以上这些又能吸引更多的用户与服务提供者。当这些情况发生时，平台以外的消费者和服务提供者的缺乏，又进一步提高了不加入平台的成本，甚至向最抗拒平台者施加入局的压力。此外，当今主流平台可以从其用户处收集数据并将其重新融入其架构；从而提供更能满足受众需求的产品，这令其竞争者事实上无法进入相关市场。

作为互联网下一个进化形态，元宇宙的发展意味着人们的工作、生活、休闲等活动发生在虚拟世界中的比重将不断提高，这个虚拟世界将成为数百万人乃至数十亿人的平行世界，它位于我们目前的信息和实体经济之上，并将两者有机结合起来。因此，"如果一家中央公司控制了元宇宙，它就将变得比任何政府都更强大，甚至成为地球的主宰"③。当前的 Web2.0 时代，权力已经过于集中在少数巨头手中，这种现实困境明显与去中心化、平等化、多元化的互联网精神相违背。对于未来元宇宙的发展，我们希望它由多元群体来推动，而不是由单一主体来推动，从而促使多元群体成为元宇宙的主要受益者。这种受益不仅仅包括经济层面，还应该包括诸如网络权力等一系列社会层面。

三、元宇宙社会中网络权力拓展的可能性

网络权力的现实困境，使我们意识到对网络权力的探讨，不能仅限于理论层面的演绎，还要进入具体的技术发展脉络和现实情景中研究网络权力拓展的可能性。这也为我们从网络权力的维度挖掘元宇宙的社会潜能和变革性影响提供了方向。

---

① Ruppert E，Savage M. Transactional politics. The Sociological Review，2011，59（S2）：73-92.
② Srnicek N. Platform capitalism. Cambridge and Malden：Polity Press，2017：43.
③ 鲍尔. 元宇宙改变一切. 岑格蓝，赵奥博，王小桐，译. 杭州：浙江教育出版社，2022：43.

赋权和去中心化：实现网络权力全域性流动的技术驱动力

托尼·帕里西认为，元宇宙建立规则中基本的一条是，元宇宙是一个没有任何人可以控制的、开放自由的、适合所有人的、最为广泛的社会空间①。在这种技术性的乐观预期之下，卡斯特式的网络权力在元宇宙社会即将成为现实：在元宇宙的虚拟世界里，普通网民可以摆脱现实世界的桎梏，开始崭新的社交与生活，网络权力的主体是普通网民，网民间的社会关系是自由平等的，而网络权力就蕴于这样的社会关系之中。但是，正如 Web2.0 时代网络权力的现实困境那样，如果在元宇宙社会中，网民的数据信息被某些个人和组织系统性地操控和利用，那么造成的权力垄断将更加可怕。并且，权力垄断也与元宇宙内含的价值是相悖的。元宇宙内含人类关于未来文明的价值理想，元宇宙"隐喻着本体再造与本性发现的人本价值、多重虚拟化身赋能的自由价值、新型拓扑互联结构的共享价值、去中心化核心原则的平等价值"②。因此，要想在元宇宙中真正实现以普通网民为主体的网络权力，就需要有"赋权"和"去中心化"的技术条件保驾护航。

在技术层面，元宇宙社会中，所有事物将完成彻底的数字化信息表达。数字化的一个重要特征，就是摆脱实体媒介的束缚，可以几乎无成本地快速传递信息③。这有着天然的"赋权"倾向。数字化信息利用展现出的普遍化、标准化趋势与数字社会结构的扁平化，将显著提升普通网民的表达能力，最大限度地消除来自现实社会的不平等。"虚拟空间不再是以某个人或权力中心为原点的'放射性'联系的空间，而是成为一个'处处皆中心'或'去中心'的互联网络的社会空间。"④ 在去中心化的元宇宙社会中，每个网民都是一个节点，每一个节点上的网络权力不再单向流动，而呈现为全域性流动，真正实现"流动的权力胜于权力的流动"⑤。

更重要的是，以区块链为代表的元宇宙技术的核心要义之一，就是去中心化。以区块链技术为例，区块链是由一个去中心化的"验证者"网络所管理的数据库。当今大多数数据库都是集中式的，即一条记录被保存在一个数据仓库里，并由一家

① 焦建利.托尼·帕里西：元宇宙的七大规则.中国信息技术教育，2022（5）：18.
② 张敏娜.元宇宙技术对未来文明的价值演绎.理论与改革，2022（6）：54—67，158.
③ 尼葛洛庞帝.数字化生存.胡泳，范海燕，译.北京：电子工业出版社，2017：229.
④ 张明仓.虚拟的实践论.昆明：云南人民出版社，2004：182.
⑤ 在《网络社会的崛起》的英文原文中，"流动的权力胜于权力的流动"的表述是："The power of flows takes precedence over the flows of power"。其中"流动的权力"（the power of flows），意指网络权力中的"网格化逻辑"（the networking logic）展现了权力的强大能量，并直接用流动性定义了网络权力这种权力的新形式。之后，卡斯特直接给出了如下判断：这种以流动性为特征的网络权力，明显地超越了经由网络流动表现出来的其他权力形式。卡斯特.网络社会的崛起.夏铸九，王志弘，等译.北京：社会科学文献出版社，2001：383.

跟踪信息的公司管理。这家公司是这些数据唯一的管理者和所有者。与集中式数据库不同，区块链的记录不存储在单个位置，也不由单方管理，而是由一群可识别的个人或多家公司共同管理。区块链在经济领域的应用分类账（ledger）就是通过遍布世界各地的自治计算机网络达成的共识来维护的，这种去中心化的"账本"内容很难被篡改，确保了其安全性。

优点明显的去中心化，缺点也很明显。元宇宙技术的去中心化，是以牺牲效率为代价的。因为去中心化技术需要很多不同的计算机执行相同的工作，所以，本质上这样做比使用标准数据库成本更高，且会消耗更多能量。现实中，我们已经看到，基于网络共识的区块链交易，需要几十秒甚至更长的时间才能完成，比现有技术下的其他网络交易慢得多。但是，从长远来看，要实现真正意义上的"自由与平等"的元宇宙，去中心化技术必须迎难而上。虽然暂时从效率来看，区块链确实不如其他大多数数据库和计算结构效率高，但是其去中心化特征是引发围绕用户和开发者权利、虚拟世界的互操作性等一系列重要问题的变革的基础，也是实现元宇宙中以普通网民为主体的网络权力的必要条件。斯威尼在推特上说："区块链是实现开放元宇宙的基础。这是通向最终的长期开放框架的最合理途径，在这个框架中，每个人都可以控制自己的存在，不需要受'守门人'的限制。"只有当数据处理必须经过去中心化网络中大多数人或大多数公司的同意，而不是由某个人或者某家公司来决定时，我们才能从技术手段上彻底预防权力垄断。

"赋权"和"去中心化"的技术，不仅是未来元宇宙的关键技术，还是颠覆当今互联网平台范式的关键。它们能够提供一种机制，通过这种机制，从财富到基础设施和时间等各种重要而多样的资源，可以很容易地聚合在一起，其规模可以与最强大的平台巨头相媲美。这个目标的出现，让我们看到了希望。这将为我们提供一种实现机制，从而可以利用地球上每个人与每台计算机的综合力量和资源，去构建一个去中心化的、健康运行的元宇宙。在这个意义上，"赋权"和"去中心化"的元宇宙技术，将会为元宇宙的价值保驾护航，成为实现网络权力全域性流动的技术驱动力和技术保障。

感性共创：普通网民成为权力主体

通过一张封面加上一串纯文本发表个人博客的时代，一去不复返了。移动互联网时代，普通网民已经有能力运用源源不断的高分辨率照片甚至视频来表达自己。虽然很多网民发布它们的目的，只是分享自己某时某刻正在做什么、吃什么或想什么，但是，正是这样的互联网生活日常化，才使普通网民有机会成为互联网内容创作的主体。已知的互联网发展历史，给我们的经验是：首先，普通网民具有充分的主动性和能动性，会寻找最能代表他们所体验的世界的数字模型，这个模型需要包含丰富的细节，能捕捉现实状态，达到音频和视频的混合，以提供一种"在现场"的感觉；其次，随着在线体验变得更加"真实"，普通网民会将更多的现实生活放到网络上，将更多的时间放到网络上，明显的标志就是，新的社交应用程序不断出现，而这些应用程序通常首先受到年青一代的欢迎。综合来看，这些经验共同支持这样一个观点：作为互联网的将来，元宇宙将充分吸纳普通网民参与和创作，并为这种参与和创作提供更加便利的舞台，普通网民将从实质意义上成为元宇宙的主体。

Z 世代，即互联网的"原住民"，是出生在互联网时代，受信息技术、即时通信设备、智能手机等影响比较大的一代人，是普通网民中的先行者，也将大概率成为未来元宇宙社会的网民主体。尤其是新一代的"iPad 原住民"，对互联网表现出了更强的依赖性。他们在成长过程中，期望世界是可以互动的，相信自己的主动性和创造性，希望世界受到他们的"触摸"和"选择"的影响。

Z 世代的行为偏好，呈现出与以往世代的显著差异。我们可以从他们现在的互联网活动偏好上窥见元宇宙的可能发展方向。例如，在 Z 世代广泛参与的二次元文化社群、网络游戏社群、粉丝网络社群中，UGC（user generated content）模式，即普通网民用户生成内容的模式，已经非常普遍。普通网民不仅仅是互联网内容的浏览者，更是互联网内容的生产者，他们开始主动地通过内容共创和分享进行交互。甚至，UGC 模式中，网民共创的民间内容成为保持虚拟社群活力的重要助力，并产生了可观的集群效应。人人参与、人人共享、人人共建的元宇宙未来趋势在这里体现。

需要注意的是，以普通网民为主体的内容共创往往是感性的。与现实世界不同的是，价值表达和情感倾向借助网络平台的匿名性、隐蔽性、迅速性、广泛性和共鸣性，实现了感性思维的网络化。也就是说，感性思维在互联网交往中占据了重要地位。对感性的追求和放大，使得在网络社会交往中，占据主导地位的往往是图像文化，以及感性化的文字表达[①]。感性表达甚至在一定程度上最真实地反映了普通网民的内心，也将继续成为元宇宙社会中普通网民创作表达的主要方式。

目前，UGC 模式更多的是一种区别于 PGC（professional generated content，专业生产内容）模式的发展模式，然而在未来的元宇宙社会中，它可能演化成为一种

---

① 刘少杰. 网络社会的结构变迁与演化趋势. 北京：中国人民大学出版社，2019：147-174，290-291.

底层逻辑和社会秩序，"用户生产内容"或将升级为"用户共创内容"，从"生产"到"共创"，多了一层共同体的意涵。如果说在目前的移动互联网时代，生产者更多的还是一个个原子化的个体，彼此的创作行为和创作内容互相独立甚至互相竞争，那么在元宇宙时代，在开源和区块链技术的支持下，则有望实现一种以共创性和共生性为特征的新的秩序[①]。普通网民不仅是元宇宙中的文化生产主体，还将成为元宇宙中社会意义上的主体，能够普遍、深入地参与到元宇宙社会中的标准制定、意见提出、决策通过等具有实质意义的社会活动中，推动权力秩序发生自下而上的内生式变革。这样一来，普通网民在元宇宙社会中将化身为实在意义上的社会生活中的权力主体。

交互能力和集聚能力：蕴于网络权力中的巨大能量

2019 年，中国香港国际机场使用 Unity 虚拟引擎构建了一个数字孪生机场，它可以连接整个机场的无数传感器和摄像头，以实时跟踪和评估客流，进行机场维护。我们从其中看到，跨越物理平面和虚拟平面的元宇宙正在成为现实。

在普通网民的世界中，元宇宙的搭建也逐渐成为现实。《动物之森》是任天堂开发的一款知名游戏，以开放性著称，游戏中所有玩家生活在一个动物居住的村庄，以角色扮演的形式展开各种活动。该游戏使用真实时间，凭借着强大的自定义系统和互动属性已经超出了单纯的游戏的范畴，成为全球玩家社交的新阵地。2020年，受到疫情的影响，一对来自美国新泽西州的夫妇就选择在《动物之森》上举行了自己的婚礼，大概有 5 名亲朋好友参与了这次的"云婚礼"。之后《动物之森》上的云婚礼成为年轻人中的一种婚礼新趋势，在国内，小红书、哔哩哔哩等平台上不断出现专门的《动物之森》婚礼攻略。2022 年，中国的一对"90 后"新人，为了让因受疫情影响而无法观礼的宾客也能感受到现场的热烈气氛，同样选择了在《动物之森》上 1∶1 复刻线下婚礼现场，打造了一场浩大的元宇宙虚拟婚礼。

从香港国际机场的数字孪生机场的构建，我们看到了技术层面上元宇宙的雏形，在普通网民的世界中，沿着相同的轨迹，元宇宙成为现实的可能性也在逐渐显现。在元宇宙虚拟婚礼中，通过普通网民的自定义创作，游戏中的"替身小人"成为他们的网络化身。他们可以参与婚礼现场的环境布置，可以打造新人入场、交换戒指等全套婚礼环节，可以真实观看婚礼的全流程，甚至还可以完成送祝福、领喜糖、抽取伴手礼等一系列互动。元宇宙虚拟婚礼实现的全景沉浸式交互，在技术层

[①]　胡泳，刘纯懿 . "元宇宙社会"：话语之外的内在潜能与变革影响 . 南京社会科学，2022（1）：106 – 116.

面上，远不及目前很多互联网行业巨头正在打造的元宇宙项目，甚至在现阶段还需要普通网民投入大量时间和金钱，其花费远大于现实中的婚礼仪式。但是它的意义在于，普通网民能够自主定义和建构元宇宙，这是元宇宙将来发展的希望所在，而不会使元宇宙发展成为平台巨头控制的下一个互联网形态。普通网民在自主定义和建构的过程中产生的交互能力和集聚能力，将聚沙成塔，化微能量为巨力量，成为去中心化的网络权力变为现实的希望。

甚至，由于虚拟空间中时间和空间的区隔被打破，普通网民在其中寻找共鸣、达成互动、形成合力，要比在现实空间中容易得多、顺利得多，这在元宇宙社会中将更加明显，因此，"在元宇宙空间中更容易形成新的异质性团结"[①]。于是，"数字表象获得了比集体表象更具吸引力、凝聚力和扩展力的社会力量……正是数字表象展开的广阔景观，使它具有了在地方空间中通过群体活动形成的集体表象无法比拟的扩展力量。元宇宙中有难以计数的兴趣共同体，但当其中形形色色的共同体通过共有表象链接成千百万人同时在线或持续互动的社会过程时，元宇宙就成为超越地方空间的具有整体联系的精神社会"[②]。在这个意义上，元宇宙社会中由普通网民互动和集聚产生的力量之大，可能远非今天的我们所能想象，而这种无法想象的巨大力量，就是将来蕴于网络权力中的巨大能量。

随着元宇宙发展所需要的基础技术的逐年改进，随着互联网服务变得更普及、更快、更透明，随着标准化和互操作性的逐步实现，随着"iPad 原住民"一代年龄的增长，越来越多的普通网民将从虚拟世界的消费者或业余爱好者转变成为专业开发者。由此我们更有理由相信，在元宇宙社会中，来自普通网民的微行动、微资源，将产生足以撼动以往处于绝对优势地位的互联网寡头的巨力量，实现真正意义上的全域性流动的网络权力。

分布式决策的自治组织：网络权力的理想组织形式

在理念设计中，元宇宙被赋予了构建平等、自由、多元、自组织、去中心化社会的愿景，其自治的生态系统也将成为网络权力的摇篮。其中，给予网络权力成长和发展以支持的，不仅仅有技术的进步、行动主体的成长、行动能力的增强，还有新型组织模式的保障。在自由、合作与开源主义的原则下，以区块链、智能合约

---

① 张宪丽，高奇琦.元宇宙空间的社会整合与社会分工：来自涂尔干的启示.理论与改革，2022（6）：41-53.

② 刘少杰.从集体表象到数字表象：论元宇宙热潮的演化逻辑与扩展根据.河北学刊，2022（4）：162-168.

（self-executing smart contracts）与链式存储等底层技术为依托，一些非传统的组织模式逐步出现，成为在虚拟世界中建构新型公共秩序的先行试验。其中，去中心化自治组织（decentralized autonomous organization，DAO）是当下最具潜力的方案之一[①]。

DAO 是一种分布式决策的自治组织形式，最先出现在 3D 虚拟现实平台 Decentraland[②] 中。在 DAO 中，传统组织内复杂的人际关系、磨人的规范和烦琐的组织制度变为数字化的自动模式，任何用户都可以提出提案，投票决定运行的政策和规定。就本质来讲，DAO 是在区块链"去中心化"的核心思想之下衍生出来的一种新组织形态，旨在促进达成共识的群体自发产生的共创、共建、共治、共享的协同行为。很多学者对 DAO 这一新型组织形式给予了很高评价，认为 DAO 有利于实现真正意义上的民主，其中权威人物的缺席和对开放式空间的使用，有助于个体之间的相互交流，从而使参与者自由地表达自己的想法和观点[③]。并且，其基于区块链技术的去中心化和不可改变性，借助智能合约实现的决策过程的自动化与透明化，以及高效、扁平化的投票机制，为现实社会臃肿的信用担保与巨型官僚体系提供了一种精简化、智能化甚至无人化的替代方案[④]。

虽然形式新颖，但是 DAO 这一组织形式已经广泛存在于我们的日常生活中。在新冠疫情期间流行的社区团购，就是 DAO 最简单、最经典的形式。以社区团购买菜为例，某个社区居民具有绕过中间商买菜的渠道，但是需要达到一定的量才能够购买成功，于是其就在社区范围内建立微信群，在群内发起群接龙，想要购买者入群，接龙要买的品种和金额，达到需要的量后，按照群内接龙记录送菜、收钱。这种社区团购的经济性和便利性肉眼可见，以至于越来越流行。现在很多社区还沿用着这种疫情期间基本物品采买的社区团购的做法，组团买蛋糕、买大闸蟹等，以量大获得价格的优惠。

虽然简单，但是在社区团购活动中，已经体现了 DAO 的核心特征：去中心化，组织形式的低门槛使得人人可以成为 DAO 的发起人；去信任化，大幅度突破传统

① 于京东. 元宇宙：变化世界中的政治秩序重构与挑战. 探索与争鸣，2021（12）：42－53，181，177－178.

② Decentraland 是一个分布式共享虚拟平台，建立在以太坊上。在 Decentraland 世界，用户的社交体验包括生成化身、定位其他用户、语音聊天、消息发送以及与虚拟环境交互。这需要不同的协议来协调，而这些协议会在现有的 P2P 解决方案，如 Federated VoIP 或 WebRTC13 上运行。

③ Pita S，Pedro L. Verbal and non-verbal communication in second life//Virtual worlds and metaverse platforms：new communication and identity paradigms. IGI Global，2012：100－116.

④ Kondova G，Barba R. Governance of decentralized autonomous organizations. Journal of Modern Accounting and Auditing. 2019，15（8）：406－411.

人际信任的范围；自动、透明和不可变更的智能合约提供了技术保障；高效、扁平化的投票机制；"直接民主"和"全员参与"的机会；组织内部关系的瞬时性和灵活性；等等。

放眼世界，DAO这一崭新的组织形式开始了全球化发展，在社交、消费、投资、协议、服务等领域，呈现出多样化的发展趋势。其参与者大多是20～40岁的青年，异常活跃，甚至美国还出现了以DAO的形式组团竞拍奢侈品的现象。当然，作为一种新型自治组织形式，对DAO的发展，我们不能盲目乐观。有些学者对以DAO为代表的新型分布式决策的自治组织形式抱以忧虑。这些忧虑，包括安全漏洞与技术缺陷引发的信息安全问题，包括虚拟世界的选票操纵与寡头统治的可能，也包括公民个体化和社会原子化加剧的可能①。

但是，人类社会不能因为忧虑而裹足不前。我们已经看到了DAO带来的实实在在的现实影响。经济层面的效率和实惠还只是表面，在DAO中，参与者有一种在传统组织中找不到的成就感、意义感及目标感。他们把以往只能在现实社会熟人关系间产生的信任，通过智能工具和信息公开传递给更多陌生人，从而形成共识，使或大或小的自治组织有共同行动的可能性，进而实现更大范围、更灵活的协同。这些正是以普通网民为主体的网络权力的实现所期望组织达到的理想状态。因此，虽然组织形式的完善还有很长的路要走，但是我们抱有信心与希望，因为这样集去中心化、去信任化、多元化、灵活化、透明化、低门槛、高效化、扁平化、智能化等诸多优点于一身的，以DAO为代表的，新型分布式决策的自治组织形式，是目前能预见的实现网络权力的理想组织形式。

结　语

从网络权力的维度，本章探讨了元宇宙社会可能给普通网民带来的未来社会生活上的变化。本章的态度是乐观的，卡斯特式的网络权力将有很大可能在元宇宙社会中成为现实。普通网民将成为权力的主体，其权力主体意识和行动能力都会大大增强。依靠平等、自由、多元的元宇宙理念，依托"赋权"和"去中心化"的元宇宙技术，依赖分布式决策的自治组织，普通网民将在自主自发的互动和行动中重新定义和建构权力，集聚产生今天的我们无法想象的巨大力量，创造元宇宙社会崭新

---

① Campbell-Verduyn M. Bitcoin and beyond：cryptocurrencies, blockchains and global governance. London：Routledge，2018.

的权力格局。

当然，在这样的未来愿景中，元宇宙的实现，将会通过相互竞争的虚拟世界平台以及来自世界各地数以亿计的普通网民的共同行动和共有资源的整合而产生。相比寡头组织的单一发力，这个过程需要的时间可能更长，也可能更加曲折、艰辛。甚至，通过这种方式产生的元宇宙也将是不完美的，需要进行无穷无尽的改进。但通过这种方式诞生的元宇宙，才是我们应该期待并努力实现的未来。这个未来，既不遥远，也不虚无。嫩芽已经从石缝中钻出，成长壮大是大势所趋。

在元宇宙建构的技术层面，中国在很多方面已经处于领先地位。首先，在支付工具方面，中国的数字支付系统比世界上大多数国家和地区的数字支付系统更普及、更强大、更集成、更实惠，也更容易使用；其次，在平台技术方面，中国的微信、抖音、淘宝、拼多多、哔哩哔哩等平台，已经初步实现了数字技术与现实世界的无缝连接；再次，在基础设施方面，中国大力建设 5G 基础设施，投资额远远超过世界上的其他国家和地区，而 5G 技术正是直接决定元宇宙的"真实"程度、参与范围和实现时间的关键性技术；最后，在科研准备方面，人工智能和机器学习技术，对于向元宇宙输入数据以及促进不同地域间的技术连接至关重要，而这两项技术是中国目前重点发展并且实力强大的两个领域。我们同样期待，在社会层面，中国将以大国姿态引领未来元宇宙的健康发展和持续优化。

参考文献

［1］安维复，杨广明．元宇宙：范畴谱系、世界图像与未来昭示．理论与改革，2022（6）：28－40.

［2］鲍德里亚．鲍德里亚访谈录：1968—2008．成家桢，译．上海：上海人民出版社，2022.

［3］鲍尔．元宇宙改变一切．岑格蓝，赵奥博，王小桐，译．杭州：浙江教育出版社，2022.

［4］段伟文．探寻元宇宙治理的价值锚点：基于技术与伦理关系视角的考察．国家治理，2022（2）：33－39.

［5］胡泳，刘纯懿．"元宇宙社会"：话语之外的内在潜能与变革影响．南京社会科学，2022（1）：106－116.

［6］焦建利．托尼·帕里西：元宇宙的七大规则．中国信息技术教育，2022（5）：18.

[7] 卡斯特．认同的力量．夏铸九，黄丽玲，等译．北京：社会科学文献出版社，2003.

[8] 卡斯特．网络社会的崛起．夏铸九，王志弘，等译．北京：社会科学文献出版社，2006.

[9] 刘少杰．从集体表象到数字表象：论元宇宙热潮的演化逻辑与扩展根据．河北学刊，2022（4）：162－168.

[10] 刘少杰．网络社会的结构变迁与演化趋势．北京：中国人民大学出版社，2019.

[11] 尼葛洛庞帝．数字化生存．胡泳，范海燕，译．北京：电子工业出版社，2017.

[12] 清华大学新闻与传播学院新媒体研究中心．2020—2021 年元宇宙发展研究报告．（2021－09－16）[2022－05－20]．https：//www.xdyanbao.com/doc/lr8dslc5i1? bd_vid＝11815896573135663956.

[13] 清华大学新闻与传播学院新媒体研究中心．元宇宙发展研究报告 2.0 版．（2022－01－21）[2022－04－17]．https：//www.xdyanbao.com/doc/jw4svawhjp? bd_vid＝11407979339236926586.

[14] 宋辰婷．5G 数字技术赋能下网络权力的拓展．社会科学辑刊，2021（2）：109－117.

[15] 王天夫．虚实之间：元宇宙中的社会不平等．探索与争鸣，2022（4）：76－79.

[16] 于京东．元宇宙：变化世界中的政治秩序重构与挑战．探索与争鸣，2021（12）：42－53，181，177－178.

[17] 张敏娜．元宇宙技术对未来文明的价值演绎．理论与改革，2022（6）：54－67，158.

[18] 张明仓．虚拟的实践论．昆明：云南人民出版社，2004.

[19] 张宪丽，高奇琦．元宇宙空间的社会整合与社会分工：来自涂尔干的启示．理论与改革，2022（6）：41－53.

[20] Andrejevic M. Infoglut：how too much information is changing the way we think and know. New York：Routledge，2013.

[21] Bruns A，Highfield T，Burgess J. The Arab spring and social media audiences：English and Arabic twitter users and their networks. American Behavioral Scientist，2013，57（7）：871－898.

［22］Campbell-Verduyn M. Bitcoin and beyond：cryptocurrencies，blockchains and global governance. London：Routledge，2018.

［23］Fuchs. Book review：Manuel Castells，networks of outrage and hope：social movements in the internet age. Media，Culture & Society，2014，36（1）.

［24］Gleason B. Occupy wall street：exploring informal learning about a social movement on twitter. American Behavioral Scientist，2013，57（7）：966−982.

［25］Howard P，Hussain M. The upheavals in egypt and tunisia：the role of digital media. Journal of Democracy，2011，22（3）：35−48.

［26］Kavada A. Introduction. Media，Culture & Society，2014，36（1）：87−88.

［27］Koduri R. Powering the metaverse. Intel，2021−12−14.

［28］Kondova G，Barba R. Governance of decentralized autonomous organizations. Journal of Modern Accounting and Auditing，2019，15（8）：406−411.

［29］Lash S. Power after hegemony：cultural studies in mutation?. Theory，Culture & Society，2007，24（3）：55−78.

［30］Lessig L. Code：version 2.0. New York：Basic Books，2006.

［31］Mackenzie A，Vurdubakis T. Codes and codings in crisis：signification，performativity and excess. Theory，Culture & Society，2011，28（6）：3−23.

［32］Murthy D. Twitter：social communications in the twitter age. Oxford：Wiley，2013.

［33］Nadella S. Building the platform for platform creators. LinkedIn，2021−05−25.

［34］Pita S，Pedro L. Verbal and non-verbal communication in second life//Virtual worlds and metaverse platforms：new communication and identity paradigms. IGI Global，2012.

［35］Ruppert E，Savage M. Transactional politics. The Sociological Review，2011，59（S2）：73−92.

［36］Sherman A. Execs seemed confused about the metaverse on q3 earnings calls. CNBC，2021−11−20.

［37］Smith M. These on philosophy of history：the work of research on the age of digital searchability and distributability. Journal of Visual Culture，2013，12（3）：375−403.

［38］Srnicek N. Platform capitalism. Cambridge and Malden：Polity Press，2017.

［39］Tufekci Z，Freelon D. Introduction to the special issue on new media and social unrest. American Behavioral Scientist，2013，57（7）：843－847.

［40］Van Dijk J. Book review：Castells M. communication power. Communications，2010，35（4）.

第九章 元宇宙视域下的生活世界
与交往行为转变

引　言

2021 年"元宇宙"（metaverse）一词席卷全球，"我们从桌面转到网络，再转到手机；从文字转为照片，再转到影片。但进展并非到此结束，下阶段的平台和媒体将更让人有身临其境的感觉。你将置身在网络中，而不是从旁边看，这也就是我们所说的'元宇宙'"①。不同行业对元宇宙的理解与界定各不相同，与娱乐产业和社交媒体强调元宇宙的沉浸式体验不同，以太坊创始人更强调 Web3.0 时代所引发的网络社会革命。他认为依靠区块链技术和数字资产搭建的去中心化网络生态，促使互联网由建设者掌控虚拟空间的 Web2.0 时代过渡到用户和建设者共有的 Web3.0 新纪元，而元宇宙则是这个新纪元的宠儿②。由此可见，元宇宙开启了 Web3.0 时代的网络新征程。但现有研究或关注互联网技术的迭代升级，或认为元宇宙只是基于增强现实技术的虚拟空间，元宇宙的技术论和虚拟论视角都不同程度地忽视了其在网络化新时期重构社会结构与社会交往的深远影响③。

一、元宇宙来临与生活世界转型

中国互联网技术发展迅猛，不断为全球网民提供创新应用与服务，线上支付、

---

① 扎克伯格眼中的"元宇宙"：细品 Facebook 改名的背后．（2021 - 11 - 11）［2022 - 03 - 30］．https：//baijiahao. baidu. com/s？id＝17161859832088897995. wfr＝spider&. for＝pc.

② C-C. 酷量科技：Web3.0 市场研究报告．（2022 - 08 - 09）［2022 - 11 - 12］．http：//www. sgpjbg. com/info/38023. html.

③ 张卓一．数字生活世界的殖民化分析：基于哈贝马斯生活世界殖民化理论．学理论，2022（4）：47 - 49；吴之杰，黄木．哈贝马斯交往理论对人工智能发展的启示．中国经贸导刊（理论版），2020（10）：170 - 171.

交通出行无纸化、疫情行程码管理等应用程序的开发和使用已处于世界领先水平。早期我国互联网发展停留在向西方学习与借鉴的阶段，当下则已赶超西方国家，特别是伴随着移动互联网的著及和自媒体时代的来临，网络科技已渗透到人们生活的方方面面，中国网络社会进入多维发展和综合扩展阶段[①]。近两年学界对元宇宙的研究逐渐升温，但相关研究主要集中在哲学、传播学和经济学领域，社会学研究成果相对不足，且存在碎片化和理论深度不足的缺憾。目前，学界对元宇宙的探讨尚处于起步阶段，过于关注资本和技术的作用，忽视了元宇宙虚实深度融合的变革已然改变人们生产、生活和交往的方式，因此从社会学视角关注新型数字空间与数字交往实践具有重要研究意义。

在现实层面，元宇宙是网络技术发展和人类交往模式朝线上迁移双向推进的结果。2019 年暴发的新冠疫情阻隔了人们的线下活动与交往，促使基于腾讯会议、Zoom 等应用的远程办公模式和在线教学模式替代了原有的线下办公与学习方式，"混合办公"模式席卷全球。苹果、微软和谷歌等互联网公司甚至把远程办公模式制度化，要求员工每周线下办公天数不超过 3 天[②]。多样化的数字服务与应用使网络空间得以迅猛扩展，数字交往活动激增。信息传递的及时性、社会交往的扩散性、生产实践的多元与弹性化迅速打通了新冠疫情对线下社会交往与互动的阻隔，在网络空间激发了更大范围、更加灵活的生产与交往实践。同时，大规模数字化实践不再仅仅是对线下地方空间的简单复刻，它突破数字模拟与孪生技术的限制，以新的交互方式形成用户主导、内容创新引领的 UGC 生产模式，在网络空间中模糊了生产者与消费者的角色。元宇宙作为互联网发展的第三次浪潮，注重沉浸式体验，致力于打破网络空间与现实空间的虚实划分，在感知和情感维度使虚拟网络空间真实化、可感化。有学者指出，元宇宙是虚实相融的社会，必将对基于现实世界形成的意识形态、交往模式、制度规范产生颠覆性影响[③]。元宇宙不但使网络世界与现实世界一样可以被真实感知，而且使行动者能以数字分身获取超现实经验。多重经验感知、多重世界穿梭与重组，正深刻改变着现实社会和传统交往形态。

在理论维度，经典社会学理论特别是哈贝马斯的生活世界与交往行为理论对推进元宇宙研究的深化具有重要启示意义。与马克思聚焦于生产实践和经济领域不

① 刘少杰. 中国网络社会的交往实践和发展逻辑. 学术月刊，2022，54（8）：105-117.
② 袁帅. 混合办公模式或成常态：可行性有几多？谁在受益？.（2022-04-12）[2022-06-08]. https://baijiahao.baidu.com/s? id=1729885190528188036&wfr=spider&for=pc.
③ 谢新水. 虚拟数字人的进化历程及成长困境：以"双重宇宙"为场域的分析. 南京社会科学，2022（6）：77-87，95.

同，哈贝马斯认为社会交往实践和日常生活世界更为重要①。元宇宙恰是以率先触发生活世界与交往行为的数字化转型为起点，进而实现全面重构现实社会的根本性变革。借鉴哈贝马斯的生活世界和交往行为理论回应元宇宙热潮，关注元宇宙引发的生活世界和交往行为的转向意义重大。哈贝马斯沿袭现象学强调生活世界是人类社会的原初世界并具有基础地位的判断，突出社会交往实践的重要性，认为社会交往行为应该遵循生活世界逻辑，通过规范语用学修复断裂的交往实践，达成社会整合目标②。迅速升温的元宇宙热潮正是网络媒介不断深入人们日常生活世界所开启的变革，并从以游戏娱乐、虚拟社交为代表的生活领域向生产实业、国家治理等领域拓展，新型数字生活世界革新必然带来系统世界的全面变迁。

哈贝马斯将生活世界当成交往行为发生的预设条件，认为它既是"言语者和听者相遇的先验场所"③，也是交往主体之间达成理解的途径，因为交往主体只有借助生活世界这一"不可动摇的信念储存库"④，才能有效协调客观世界、社会世界和主观世界的关系，实现交往行为的合理化。生活世界是基于言语沟通、追求话语共识、"尚未主题化"的"原初世界"。哈贝马斯关注生活世界深层的内在结构：文化、社会与个性。文化强调"知识储存"，即交往主体以共有文化为沟通背景可达成对事物的共同理解；社会强调"合法的秩序"，即交往主体以合法的秩序进行调节可形成社会集团；个性指主体"在语言能力和行动能力方面具有的权限"，强调主体能够参与理解过程，并能形成自我同一性，完成个体的社会化⑤。文化、社会和个性三个层面有机协作，实现人类社会的文化再生产、社会整合和个体社会化。

伴随网络技术迅猛发展，现代社会不仅出现了系统世界与生活世界的分化，还出现了系统世界与生活世界的数字化转型。新的媒介与交互方式革新已触及人们生产与生活的方方面面，在哲学层面引发了人们对数字生活世界殖民化困境与合理化出路的反思和讨论⑥。社会学则更关注社会结构与社会行动的关系，当下生活世界内部结构与交往行为的数字化转型已悄然来临。

① 汤沛丰．哈贝马斯"生活世界"与"系统"理论解读．法制与社会，2007（10）：847-849.
② 温旭．数字生活世界的殖民化困境与合理化出路：以哈贝马斯生活世界理论为视角．理论月刊，2020（11）：27-36.
③ 胡塞尔．欧洲科学危机和超越论的现象学．王炳文，译．北京：商务印书馆，2001：191.
④ 哈贝马斯．交往行为理论：第一卷：行为合理性与社会合理性．曹卫东，译．上海：上海人民出版社，2004：171.
⑤ 哈贝马斯．交往行动理论：第二卷：功能主义理论批判．洪佩郁，蔺青，译．重庆：重庆出版社，1994：189；温旭．数字生活世界的殖民化困境与合理化出路：以哈贝马斯生活世界理论为视角．理论月刊，2020（11）：27-36.
⑥ 李泓江．数字时代生活世界的殖民化困境与人的存在危机．北京社会科学，2022（5）：85-95.

二、生活世界内在结构的数字化转型

数字技术开创的数字生活世界并非对现实生活世界的简单复刻，而是凭借空间数字虚拟技术，让现实生活世界的时空边界延展到元宇宙中①。但由于数字生活世界的主体仍来自现实生活世界，因此二者将发生持续的交互关系。研究者多关注作为虚拟空间的元宇宙与现实空间的区分②，但元宇宙的深层本质是在虚拟空间和现实空间同步引发的生活世界深层结构（文化、社会、个性）的数字化转型。

数字文化的形象化与交互性升级

文化是人类语言、知识、信息的集合，作为理解与沟通的背景在社会交往中起基础性作用。影视技术的出现为人类带来了新型认知模式，电视、电影等影像技术将印刷时代的信息、娱乐、教育与宣传图景化、动态化，这种对现实镜像般的映射方式，形成了对口述与印刷等文化传播与交流模式的补充。Web3.0时代媒介革新更为深入，人工智能、增强现实、虚拟现实、混合现实等技术不断催生新的交往媒介，数字文化的形象化与交互性得以全面提升。

表情包是网络时代最典型的形象化和交互性数字文化，具有开放性、动态性、虚拟性以及互构性特征。表情包的制作与发行方可以是个人用户，也可以是互联网机构；表情包可动可静，可以是静态图像，也可以是GIF动图③；表情包的内容可以是真实的人、事、物，也可以是二次元漫画等虚拟形象；表情包的表现形式往往是图文结合，能实现物的具象化与文本意义符号化的创新性混合。同时，在数字文化交往中交往主体需要对表情包表述的内容以及表情包生成背后的文化情境有共同理解才能实现有效交流。此外，表情包也以隐喻形式增强了交往行为的趣味性和意会性。发一张带有尴尬表情的猫咪动图，既能传达言说者的心情，也能暗示言说者难以言表的困境，其混合象征表达方式拓展了"意会"的沟通途径。经过数字技术的加工改造，表情包戏谑夸张的表达方式、动态形象的呈现手法、能在流通中被不

① 张卓一. 数字生活世界的殖民化分析：基于哈贝马斯生活世界殖民化理论. 学理论，2022（4）：47-49.
② 付茜茜. "元宇宙"：赛博空间的技术趋势与文化症候. 学习与实践，2022（4）：132-140；刘玉堂，姜雨薇. 虚实互嵌与伪仪式化：赛博空间Vlog的生成逻辑与反思. 理论月刊，2021（1）：88-96.
③ GIF是graphics interchange format的缩写，翻译为图形交换格式。GIF分为静态和动画两种格式，一个GIF文件中可以存储多幅彩色图像，一些社交平台的表情包使用的就是常见的一种动态图形文件格式，是制作成动态GIF的小动画。青灯夜游. gif是什么文件格式.（2022-04-08）[2022-06-18]. https://www.php.cn/faq/467481.html.

断改造和加工的开放性与交互性，构成了数字社会独特的文化表达方式。

当下数字藏品①、Vlog②、抖音短视频，以及微博、小红书平台的评论互动区也彰显了网络化时代文化内容与交流方式的深层转变。动静结合、文本开放、符号意义在流通中被不断解构与重构，形成了网络化时代独特的数字文化。文化在原料、内容、传播与交流方式等方面都实现了数字化转型，文化内容和言语交流的数字化转型为元宇宙拓展奠定了数字文化基础。元宇宙运用人工智能、虚拟现实、增强现实、混合现实等复合技术，形成新型立体可视化交互模式，超越 Web2.0 时代二维平面影像呈现技术，以立体全包围方式全面提升数字文化的形象化程度与交互性。

数字社会的"社会"本位回归与数字秩序生成

虚拟仿真技术为数字化时代的"社会"本位回归提供了技术支持。数字社会兼具技术性与社会性，技术性主要作为支撑数字社会的物理基础发挥作用，但数字社会的健康发展最后还是要建立在"社会"属性的良性运行和协调发展的基础之上。生活世界的交往理性逻辑不同于系统世界的工具理性逻辑，生活世界需要按照交往理性运行，让人与人之间的交往关系作为支配世界的底层逻辑，而不是被物化的趋利系统入侵，这样生活世界才会避免陷入殖民化的困境中③。交往理性意味着人们只有将交往行为建立在真实、正确、诚恳的交往原则基础上，才能实现主体间的平等沟通，而非在策略行为中将他者当成实现自身功利目标的工具。在系统世界没有从生活世界分离的时候，生活世界中的交往具有完整的原初"社会"本性，只有找回交往实践的"社会"本性，才能以生活世界为基础修复系统世界的分割与交往行为的断裂。当下对元宇宙的讨论过多地关注技术如何在物理维度实现新型虚拟空间的建构④，而实质上应该更多地关注技术如何促进人类交往的延展和交往方式的多元化、合理化。事实上，元宇宙初步实现了人们的社会交往从"在线"向"在场"的转变⑤，人们的数字交往行为日益真实化是人类在网络空间重建数字生活世界的基础。

---

① "NFT 数字藏品"一场不属于普通人的游戏.（2022 - 07 - 01）[2022 - 09 - 11]. https：//baijiahao.baidu. com/s? id=1737141282560000524&wfr=spider&for=pc.

② Vlog 是网络视频日志（video blog）的简称，创作者用影像视频替代文字作为个人日记，并将其投放在特定社交平台（如哔哩哔哩、微博、小红书等）上与网友分享. chengjinzhi. vlog 是什么意思：网络视频日志（video log 的缩写）.（2021 - 10 - 21）[2022 - 07 - 20]. https：//www. tanmizhi. com/html/32606. html.

③ 李泓江. 数字时代生活世界的殖民化困境与人的存在危机. 北京社会科学，2022（5）：85 - 95.

④ 谢新水. 虚拟数字人的进化历程及成长困境：以"双重宇宙"为场域的分析. 南京社会科学，2022（6）：77 - 87，95；谭九生，范晓韵. 算法"黑箱"的成因、风险及其治理. 湖南科技大学学报（社会科学版），2020（6）：92 - 99.

⑤ 司晓.《从在线到在场：下一代互联网初探》线上直播讲座.（2022 - 08 - 27）[2023 - 11 - 29]. https：//page. om. qq. com/page/ODKUd4tKopLGuqKmhYRsEEOwO.

元宇宙基于虚拟在场的互动不同于 Web2.0 时代的缺场交往，借助体感设备营造的沉浸式体验和全方位感知，人们能够在数字空间获得与真实空间同样的交互体验。技术延展了交往空间，同时又使社交情境具象化，因此人们在元宇宙数字空间可以找回面对面交往的"社会"本性。虚拟世界的真实化、可感化，有效实现了对缺场交往"非完整性"的修复，对于实现数字社会团结、推进数字社会整合具有重要意义。

数字社会秩序的合法性不断构建与生成。数字社会秩序的合法性依赖更大范围群体的参与和构建，网络的开放性使数字社会秩序的合法性处于持续协商过程之中。一些学者认为，网络社会是少数精英群体主宰的世界，一方面线上平台的语言符码由技术精英进行创作和修改，另一方面资本通过强制性摄取平台用户的数据，悄无声息地引导和控制用户的消费行为，从而获取巨大利润[1]，但也有学者对虚拟社区和大数据时代的分享原则持积极态度[2]。实际上数字社会秩序的构建依赖人们对数字社会秩序的认知。以比特币的发行和流通为例，2009 年比特币发行时被称为数字时代的庞氏骗局，但比特币的密码学设计能够使其确保各个流通环节记录的不可更改性，保证币值市场的相对稳定和使用安全，不少国家正逐步认可其合法地位，甚至将其作为法定货币[3]。比特币作为"无发行者"的去中心化数字货币逐步被接受，与起初的庞氏骗局预言已相去甚远。数字经济秩序规范只是数字社会秩序规范的一个子集，数字社会秩序及其合法性构建也不断深入文化和艺术领域。数字艺术藏品每年的交易额不容小觑，2021 年 NFT 销售总额为 249 亿美元[4]，元宇宙平台 Ezek 联合周杰伦名下潮牌首次限量发售的 NFT 项目幻象熊（Phanta Bear），总价超6 200 万元[5]。数字博物馆和云旅行也日益常态化，全息化成像技术和用户可控视角切换技术，使人们在数字展演中身临其境。知名歌手也陆续推出元宇宙演唱会，歌迷突破地理空间限制，以虚拟形象全情投入并参与互动。

总之，在网络化新时期，关注元宇宙社会虚实相融的复合性特征，构建使数字

① 谭九生，范晓韵. 算法"黑箱"的成因、风险及其治理. 湖南科技大学学报（社会科学版），2020 (6)：92－99.

② 刘天元. 年轻女性为何热衷在网络社区分享"好物"?：基于动因理论的分析. 中国青年研究，2019 (7)：91－97，112.

③ 于健. 继萨尔瓦多后，又一国宣布采用比特币为法定货币. (2022－04－25) [2022－07－20]. https：//finance. sina. com. cn/stock/usstock/c/2022－04－25/doc-imcwiwst3877979. shtml.

④ 年交易额 110 亿美元的数字藏品，是泡沫还是未来?. (2022－03－25) [2022－05－25]. https：//finance. sina. com. cn/jjxw/2022－03－25/doc-imcwipii0463672. shtml.

⑤ 王雨桐. 5 分钟卖出 3 000 个，周杰伦加持的 NFT，到底有多火?. (2022－01－06) [2022－05－27]. https：//www. thepaper. cn/newsDetail_forward_16152514.

社会稳健运行的合法规范，聚焦数字社会的"社会"本位，有序推进数字社会团结，是数字化时代社会治理的新要求。

数字个性重构

数字分身与数字表达的新形式使个性与交往资质得以重构。交往资质指以相互理解为指向的言说者以言行事的能力，包括陈述、表达意向以及实施言语行为的能力①。

理想沟通依赖交流情境与身份认定，然而网络社会交流情境与身份认定日益复杂化。网络社会带来了人类生存与交往方式的转变，截至 2021 年年底，全球上网人口达到 49 亿人，大约占全球人口的 63%。相比 2019 年年底，全球上网人口增长了 19.5%，新增加了 8 亿网民，网络普及率提升了近 10 个百分点②，这充分显现了网络社会数字交往的活跃度。丰富异质的数字空间构成新的数字交往情境，并衍生出不同的言语交往规则，人们陈述、表达意向与实施言语行为的空间与方式得以拓展，但也导致言说情境与表达方式的分化③。同时，数字交往中的具身与化身的分身性④，以及虚实相融的双栖社会形态使数字交往行为更加复杂⑤。

在数字生活世界中仅仅掌握语言能力是无法完成充分的社会交往的，还需要借助一定的数字技术与媒介，因此培养数字素养十分关键。当下虚拟空间中流行的主要交往方式包括社交平台上的短文发布、视频平台上的短视频分享等，网友可以在评论区留言、点赞、收藏，也可以通过发表弹幕、打赏投币进行实时交流，数字交往的互动过程依赖对计算机的娴熟操作和对数字交往情境的理解能力的提升。数字交往资质匮乏必然导致在数字空间中的沟通障碍，甚至与数字社会脱节，数字素养低的群体将成为数字化时代的新型弱势群体，数字交往资质差异将形成新的群体分化与不平等。

总之，数字空间正在不断扩展，数字经济、政治、社会、文化生态正在生成与演进，人类已迈入数字文明新形态。数字化转型带来了文化、社会、个性的重构，虚实相融的元宇宙则推进着人类生活世界与交往行为的变迁。

---

① 哈贝马斯. 交往与社会进化. 张博树，译. 重庆：重庆出版社，1989：29-30.
② 赵竹青，章斐然. 2022 移动互联网蓝皮书：2021 年底全球"网民"数量达到 49 亿. （2022-06-29）[2022-08-20]. http：//finance. people. com. cn/n1/2022/0629/c1004-32460894. html.
③ 吴海琳，王敬贤. 网络公共空间分化及其发展新趋向：基于缺场网络公共空间的话语实践分析. 福建师范大学学报（哲学社会科学版），2020（1）：38-45.
④ 杜骏飞. 数字交往论（2）：元宇宙，分身与认识论. 新闻界，2022（1）：64-75.
⑤ 喻国明. 元宇宙：以人为本、虚实相融的未来双栖社会生态. 上海管理科学，2022，44（1）：24-29.

三、社会交往的新形态及反思

元宇宙是互联网、大数据、全息投影、人工智能等技术合力打造的全时在线数字世界，个体被数字技术与设备赋能，其数字分身不受时空限制，在数字空间生成新的社会交往形态。学者指出，数字交往论以交流行动的同一性与实践的泛在性对两种重要的交往哲学即"精神交往理论"与"交往行动理论"做出了回应[1]。元宇宙的来临使网络日益实现从传播工具到交往媒介的转变，数字交往成为社会交往的新形态。

数字设备与身体结合的常态化

唐娜·哈拉维（Donna Haraway）在 20 世纪末提出了"赛博格"（cyborg）的概念。cyborg 是由"cybernetic"（控制论的）与"organism"（有机生物体）两个单词各自的前三个字母组成的复合词[2]。赛博格是人机合体的高科技合成物，它既是虚构的，也是现实的[3]。当下先进的电信设备、人工智能和生物技术为人机合体的"赛博格"神话的实现提供了物质基础。

元宇宙的虚实融合体验依赖数字媒介对人感知的延展。元宇宙是为可视化数字人打造的世界，代码是数字人的基因，身体虚拟在场是数字人行动的必要条件。恰如 3D 立体电影通过图像技术将两层影像重合以产生三维立体效果，没有佩戴 3D 眼镜的观众非但不能体验影片的超真实场景，反而因为裸眼看到重影画面而感到头晕目眩。目前由增强现实、虚拟现实、混合现实、人工智能等技术构建的超现实世界（元宇宙）仍需借助数字设备才能进入，脱离数字设备无法获得沉浸式体验。未来裸眼 3D 技术有望在视觉维度率先开启进入元宇宙的零媒介体验，但听觉、触觉、嗅觉、味觉的体验感知依然要借助数字设备才能实现。

除了硬件设备之外，数字应用程序的便捷化、可视化同样推进了现实世界的数字化转向。二维码日益成为人们数字身份的标识符，成为数字交易与数字交往的基础，涵盖社交、出行、交易和健康证明等诸多领域。疫情期间健康码在国内成为居民证明自身健康状况的数码诊断书，是居民进出公共场所的资格凭证。数字技术在助力疫情防控的同时，也形成了人们对数字设备和数字应用的深度依赖，加快了现

---

① 杜骏飞. 数字交往论（1）：一种面向未来的传播学. 新闻界，2021（12）：79 – 87.
② 都岚岚. 赛博女性主义述评. 妇女研究论丛，2008（5）：63 – 68.
③ 付茜茜. "元宇宙"：赛博空间的技术趋势与文化症候. 学习与实践，2022（4）：132 – 140.

实生活的数字化转型进程。智能手机、移动网络和应用程序已成为人类身体的外挂设备，在数字化时代，人们离开数字设备几乎寸步难行。

总之，机器与有机体结合的普遍化模糊了人与物的界限，也模糊了实体世界与虚拟世界的边界①。数字设备和应用日益与身体接合，现实生活与社会交往的数字化转型日趋常态化。

感性驱动与精神引领的社会交往

除了数字设备，网络社交媒体平台也是个体跨越到数字世界的重要中介。既往研究多指责新媒体是导致消费主义盛行的罪魁祸首②，或批判其与资本联手，利用用户大数据信息牟取商业利益③，强调网络社交媒体与资本合谋带来的负面影响，但也有学者敏锐地指出网络媒介推动了社会表象数字化所引发的社会秩序重构。社会表象或曰集体表象，"作为感性意识活动，直接支配感性行动指向具体的奋斗目标，它可以动员起难以抵挡的社会力量，去冲击和改变与社会表象不同的社会秩序"，元宇宙因空间的广袤性和技术支持下的虚拟真实，使网络空间的数字表象迅速扩展，"数字表象获得了比集体表象更具吸引力、凝聚力和扩展力的社会力量"④。当下"全民皆博主"的数字表象已展现出人们的多元精神指向与感性需求，元宇宙立体交互场景的搭建为集体表象向数字表象的跃迁提供了崭新的媒介平台。

现今数字社交平台已成为人们表达观点、分享生活的栖息地。近些年来哔哩哔哩（B站）、抖音、西瓜视频等视频平台异常火爆，B站的受众主要是有个性化追求的知识青年，抖音则因为主题的生活化、视频风格搞笑夸张而符合大众需求。实时评论、弹幕交互、点赞打赏等新型数字交往形态不断涌现，使生活世界从被系统世界压制的后台转向前台。首先，社交平台发布的内容来自生活日常，博主主页涵括科普、家居、育儿、穿搭等多元生活主题，复杂、多元、混合的日常生活分享方式丰富了人们的娱乐生活，呈现内容、拍摄方式、旁白、背景音乐均采用平实简单的风格，有更强的亲民性和代入感。其次，通过浏览博客和观看视频，观众会生成与博主的虚拟牵绊，博主因此可以依靠感召力或引起精神共鸣的内容生产来维持与

---

①　吴之杰，黄木．哈贝马斯交往理论对人工智能发展的启示．中国经贸导刊（理论版），2020（10）：170 - 171.

②　刘玉堂，姜雨薇．虚实互嵌与伪仪式化：赛博空间 Vlog 的生成逻辑与反思．理论月刊，2021（1）：88 - 96.

③　王卫华，宁殿霞．数字劳动和数据资本权力：平台资本主义研究的两个重要向度．云南财经大学学报，2022，38（8）：37 - 46.

④　刘少杰．从集体表象到数字表象：论元宇宙热潮的演化逻辑与扩展根据．河北学刊，2022，42（4）：162 - 168.

粉丝的关系。最后，博主也是其他博主的观众或粉丝，以"关注"与"分享"为核心的虚拟交往在数字空间中不断拓展，交往个体在数字世界中可以实现多重身份转换，同时，简单快捷的关注与取消机制能让交往双方保留相对的独立性与自主性。由此可见，数字社交平台充分彰显了人们丰富的感性数字生活面向，元宇宙则更有力地推进了立体式互动中的沉浸式体验和感性交往。

总之，丰富多元的数字交往表现了以情感和认同引领的感性革命对工业革命以来理性压抑的反抗，同时也是冲破物理世界限制、实现人类精神世界拓展的革新性尝试。异彩纷呈的数字表象彰显了个体丰富的情感体验，立体交互式的沉浸式体验和感性互动在数字空间的拓展则为元宇宙注入了无限的生机与活力。

数字交往资质的不平等与交往异化

在网络社会发展的新阶段，元宇宙作为虚实相融的新型数字空间在拓展人类社会交往维度的同时，也会因数字交往资质差异形成数字不平等，并且带来数字媒介介入下的逃避现实、群体极化、数据控制等交往行为异化。

第一，数字交往资质差异与数字不平等。利用视频、语言、文字等进行信息沟通的全时在线技术能够让人们在元宇宙中实现实时信息交互。信息传播的便捷性有效提高了个体的社会参与和交流频率。但元宇宙拓展了现实世界的时空边界，产生了新的社会运转规则与过程，也会引发新的社会不平等，如围绕数据生成与使用而出现的层级结构、基于数字资源分配不均而形成的数字特权以及数字货币通行后衍生出的新的分层与分化[①]。元宇宙的形成与发展尚处于初级阶段，交往文化、交往主体以及交往秩序仍处于演进之中，去中心化与再中心化、开放与区隔、平等与分化均有可能出现，网络与现实双重社会叠加的复杂性必然使良性社会交往的建构面临更大的挑战。随着数字技术渗透到经济、政治、社会、文化各个领域，数字交往资质差异会在虚实两个世界带来新的区隔与不平等。当下我们不难发现数字鸿沟与数字运用弱势群体已然生成，抵御因数字交往资质差异而形成的新的数字不平等尤为关键。

第二，虚拟对真实的超越与替代。网络科技为人们的生活开辟了多元空间与数字生活场景，满足了人们日益增长的精神文化需求，但也会引发虚拟世界对真实世界的替代。当数字世界发展到让使用者从视觉、听觉、嗅觉、味觉、触觉都能真实感知时，人们就真正"进入"一个超现实世界，这必然会形成对现实世界的冲击。

---

① 王天夫. 虚实之间：元宇宙中的社会不平等. 探索与争鸣，2022（4）：76-79.

数字世界的虚拟场景与体验效果更加新颖刺激，一旦过度沉溺，人们就可能退出真实世界。游戏《恋与制作人》是一款面向女性的超现实恋爱手游，玩家被设定为女主角，游戏为其提供多位虚拟男主角。开发者不仅为四位男主角塑造完美人设（科学家、巨星、特警和金融从业者），还同时辅以真实演员配音，为玩家营造更为真实的沉浸式体验。调查显示，该游戏29％的用户平均每日在线时长为2小时，20％的用户在线时长为1小时[①]。虚拟恋爱游戏的制作与开发一方面能够带给玩家仿真、梦幻的恋爱体验，另一方面也会使其忽视对现实浪漫关系的投入和需求，甚至产生排斥。

第三，信息茧房对交往主体思维的极化影响。大数据应用程序后台将用户的点击频率、游览足迹和搜索历史等行动数据化，系统根据算法推测用户需求范围，并在程序首页推送相关产品和内容。后台算法的介入会形成信息茧房，使个体思想态度趋向单一与封闭，不利于更大范围的社会交流与互动，导致数字群体分化与区隔。已有研究表明，在异质多元的网络社会，人们还是倾向于选择和自己持有相似价值观的群体进行交流互动，并且采取对立甚至排斥的态度面对和自己观点相左的群体，形成网络社会中的群体极化现象[②]。信息茧房效应会进一步加剧个体思维极化，形成大数据时代媒介介入与数字控制下的新型群体分化与冲突。

第四，行动轨迹数据化对交往行为的限制。数字化时代人类的存在方式与交往方式也会因数字化转型而产生新的异化，即从物化到数字化。数字资本主义创造出完全由算法支配的数据关系，导致数字化时代人类的存在方式与交往方式更深刻的异化[③]。普通用户的数字行动轨迹被大数据平台掌握，成为其牟利的工具，数据与生产者分离的异化在数字空间再度上演。此外，在数字空间拓展人类交往领域的同时，现实交往限制在数字空间也得以再生产，从微信对交往行为的影响可以窥见现实交往中的规则与义务如何被复刻到数字世界。微信好友圈涵盖熟悉关系网络和陌生网友群体，在群体关系拓展的同时，中国式社会互动的礼仪性与感性特质也随之延展到虚拟空间，使数字交往被现实关系和义务所牵制。例如：个体在微信工作关系网络中，即便内心不情愿也还是会给上司朋友圈例行化点赞；陌生网友即使产生了退群念头，也会因为退群会留下数据痕迹而碍于情面选择留下，成为僵尸群员以潜水形式存在，使以交流为本质的群内交往异化。

---

① 北京大学新媒体研究院. "乙女向"游戏用户消费研究：以《恋与制作人》为例.（2021-03-07）[2022-05-19]. https://www.sohu.com/a/454605714658046.

② 陈云松. 观念的"割席"：当代中国互联网空间的群内区隔. 社会学研究，2022，37（4）：117-135，228.

③ 蓝江. 从物化到数字化：数字资本主义时代的异化理论. 社会科学，2018（12）：79-81.

总之，元宇宙是正在演进与拓展的数字世界，它发端于生活世界与交往行为的数字化转型，进而拓展到影响人类生存与交往的全部领域。元宇宙的魅力在于生成以交往行为驱动、突破物理和身体限制的数字世界，个体可以以多元数字分身实现社会交往的延展，在虚实相融的世界获得全新的存在与互动体验。从目前的发展状况来看，元宇宙可以是交往主体扩展精神自由和情感交流的有效路径，也可以在其中生成与现实世界并行的数字区隔与不平等。在元宇宙来临的时代背景下，聚焦生活世界与交往行为的数字化转型，深入探讨数字世界与现实世界的多重复合关系，进而构建良性的数字社会秩序意义重大。

结　语

元宇宙是科学技术与网络社会深度发展的结果，"技术性"与"社会性"的深度融合是其本质特征。元宇宙尚处于发展和演进过程之中，其可视化、形象化、虚拟仿真和沉浸式体验等新特征已对人们的生活与交往方式产生深刻影响。本章借助哈贝马斯的生活世界和交往行为理论框架，关注元宇宙视域下生活世界和交往行为的数字化转型，揭示生活世界的深层结构即文化、社会、个性三个维度的转变，并指出数字交往行为的新趋向及其引发的新问题。近年来元宇宙对现实生活的影响已从生活领域向生产领域延展，其引发的革新正在悄然发生，新型技术支撑下的虚实相融的崭新社会形态必然深刻影响人类的存在与交往方式，亟待交叉学科的共同努力推进相关研究不断拓展与深化。

参考文献

［1］C-C. 酷量科技：Web3.0 市场研究报告 .（2022－08－09）［2022－11－12］. http：//www. sgpjbg. com/info/38023. html.

［2］北京大学新媒体研究院 ."乙女向" 游戏用户消费研究：以《恋与制作人》为例 .（2021－03－07）［2022－05－19］. https：//www. sohu. com/a/454605714658046.

［3］陈云松 . 观念的 "割席"：当代中国互联网空间的群内区隔 . 社会学研究，2022，37（4）：117－135，228.

［4］都岚岚 . 赛博女性主义述评 . 妇女研究论丛，2008（5）：63－68.

［5］杜骏飞 . 数字交往论（1）：一种面向未来的传播学 . 新闻界，2021（12）：79－87.

［6］杜骏飞．数字交往论（2）：元宇宙，分身与认识论．新闻界，2022（1）：64－75．

［7］付茜茜．"元宇宙"：赛博空间的技术趋势与文化症候．学习与实践，2022（4）：132－140．

［8］哈贝马斯．交往行动理论：第二卷：功能主义理论批判．洪佩郁，蔺青，译．重庆：重庆出版社，1994．

［9］哈贝马斯．交往行为理论：第一卷：行为合理性与社会合理性．曹卫东，译．上海：上海人民出版社，2004．

［10］哈贝马斯．交往与社会进化．张博树，译．重庆：重庆出版社，1989．

［11］胡塞尔．欧洲科学危机和超越论的现象学．王炳文，译．北京：商务印书馆，2001．

［12］蓝江．从物化到数字化：数字资本主义时代的异化理论．社会科学，2018（12）：79－81．

［13］李泓江．数字时代生活世界的殖民化困境与人的存在危机．北京社会科学，2022（5）：85－95．

［14］刘少杰．从集体表象到数字表象：论元宇宙热潮的演化逻辑与扩展根据．河北学刊，2022，42（4）：162－168．

［15］刘少杰．中国网络社会的交往实践和发展逻辑．学术月刊，2022，54（8）：105－117．

［16］刘天元．年轻女性为何热衷在网络社区分享"好物"?：基于动因理论的分析．中国青年研究，2019（7）：91－97，112．

［17］刘玉堂，姜雨薇．虚实互嵌与伪仪式化：赛博空间 Vlog 的生成逻辑与反思．理论月刊，2021（1）：88－96．

［18］年交易额110亿美元的数字藏品，是泡沫还是未来?．（2022－03－25）［2022－05－25］．https：//finance．sina．com．cn/jjxw/2022－03－25/doc-imcwipii0463672．shtml．

［19］司晓．《从在线到在场：下一代互联网初探》线上直播讲座．（2022－08－27）［2023－11－29］．https：//page．om．qq．com/page/ODKUd4tKopLGuqKmhYRsEEOwO．

［20］谭九生，范晓韵．算法"黑箱"的成因、风险及其治理．湖南科技大学学报（社会科学版），2020（6）：92－99．

［21］汤沛丰．哈贝马斯"生活世界"与"系统"理论解读．法制与社会，2007（10）：847－849．

[22] 王天夫. 虚实之间:元宇宙中的社会不平等. 探索与争鸣,2022 (4):76 - 79.

[23] 王卫华,宁殿霞. 数字劳动和数据资本权力:平台资本主义研究的两个重要向度. 云南财经大学学报,2022,38 (8):37 - 46.

[24] 王雨桐.5 分钟卖出 3 000 个,周杰伦加持的 NFT,到底有多火?. (2022 - 01 - 06) [2022 - 05 - 27]. https://www. thepaper. cn/newsDetail _ forward _ 16152514.

[25] 温旭. 数字生活世界的殖民化困境与合理化出路:以哈贝马斯生活世界理论为视角. 理论月刊,2020 (11):27 - 36.

[26] 吴海琳,王敬贤. 网络公共空间分化及其发展新趋向:基于缺场网络公共空间的话语实践分析. 福建师范大学学报(哲学社会科学版),2020 (1):38 - 45.

[27] 吴之杰,黄木. 哈贝马斯交往理论对人工智能发展的启示. 中国经贸导刊(理论版),2020 (10):170 - 171.

[28] 谢新水. 虚拟数字人的进化历程及成长困境:以"双重宇宙"为场域的分析. 南京社会科学,2022 (6):77 - 87,95.

[29] 于健. 继萨尔瓦多后,又一国宣布采用比特币为法定货币. (2022 - 04 - 25) [2022 - 07 - 20]. https://finance. sina. com. cn/stock/usstock/c/2022 - 04 - 25/doc-imcwiwst3877979. shtml.

[30] 喻国明. 元宇宙:以人为本、虚实相融的未来双栖社会生态. 上海管理科学,2022,44 (1):24 - 29.

[31] 袁帅. 混合办公模式或成常态:可行性有几多? 谁在受益?. (2022 - 04 - 12) [2022 - 06 - 08]. https://baijiahao. baidu. com/s? id=1729885190528188036& wfr=spider&for=pc.

[32] 扎克伯格眼中的"元宇宙":细品 Facebook 改名的背后. (2021 - 11 - 11) [2022 - 03 - 30]. https://baijiahao. baidu. com/s? id=1716185983208889799& wfr=spider&for=pc.

[33] 张卓一. 数字生活世界的殖民化分析:基于哈贝马斯生活世界殖民化理论. 学理论,2022 (4):47 - 49.

[34] 赵竹青,章斐然.2022 移动互联网蓝皮书:2021 年底全球"网民"数量达到 49 亿. (2022 - 06 - 29) [2022 - 08 - 20]. http://finance. people. com. cn/n1/2022/0629/c1004 - 32460894. html.

第十章　从虚拟社会化到社会虚拟化：元宇宙引发的网络社会拟像秩序变迁

引　言

元宇宙作为第三次互联网技术革命的代名词，其产生的社会影响值得关注。鲍德里亚的拟像秩序理论为我们理解元宇宙所引发的社会文化变迁提供了有启发性的分析视角。本章认为，与传统网络社会以虚拟符号的社会化为核心的拟像秩序不同，元宇宙时代网络社会的拟像秩序将以社会要素与社会机制的虚拟化即社会虚拟化为基础。本章从个体的主体经验、主体间的社会关系和个人与社会的关系三个角度出发对元宇宙带来的社会虚拟化趋势进行分析。主体的虚拟化生存、虚拟强关系的生成、交往对象的类主体化以及基于数字表象的公共性是元宇宙网络社会拟像秩序的核心特征。本章阐述网络社会拟像秩序变迁中的机遇和挑战，对理解与应对元宇宙对社会文化的可能影响具有积极意义。

元宇宙已经成为人们描绘互联网发展下一阶段时绕不开的热点话题，同时，这一颇具哲思的指称也变成了研究者探讨网络社会未来形态的核心概念。元宇宙虽然是新兴的且充满争议的事物，但作为互联网技术新形态的综合集成，其设定的创造更真实的体验、提供更丰富的交互机制、凝聚更广泛的集体表象等技术图景，则是互联网在诞生之初就不断追求的目标，其展现的技术—社会机制、引发的社会变迁趋势也已经初步浮现。

在围绕元宇宙的学术讨论中，虚拟空间与现实社会之间的关系是焦点问题。较为乐观的研究者认为，元宇宙所创造的虚拟社会能够使人摆脱现实社会的诸多约束，促进人的自由全面发展①。但也有学者持批判态度，强调元宇宙背后是已然渗

---

① 吕鹏．"元宇宙"技术：促进人的自由全面发展．产业经济评论，2022（1）：20-27．

透于社会生活各方面的数字资本主义，不仅其主导下的元宇宙无法使人类社会走向自由与解放的真正生活，而且其创造的幻境也只会带来更深层次的虚无①。事实上，只要元宇宙所设定的技术图景仍是虚实交融，此类虚实之争就会持续下去。相较于正负效应分析，更基础的问题在于：在元宇宙时代，虚拟和现实之间的结构关系究竟是怎样的？在网络社会的技术—社会关系连续统中，元宇宙引发的虚实关系变迁又居于何种位置？据此，本章借鉴鲍德里亚的拟像理论及相关研究，对元宇宙带来的社会文化变迁进行系统分析。

一、网络空间的拟像秩序变迁

鲍德里亚的拟像理论

拟像最基本的含义是对形象的模仿和符号体系的生成，拟像秩序的变迁依赖价值规律的变化。在《象征交换与死亡》一书中，鲍德里亚将拟像视作从文艺复兴到当代社会一直存在的社会秩序。随着封建社会解体，符号逐渐从能指和所指的强制性约束中解放出来，开始展现出自身的生成逻辑。在不同的历史时期，拟像拥有不同的主导模式。第一级拟像是从文艺复兴到工业革命时期的仿造（counterfeit），受价值的自然规律支配。符号是对自然事物的仿造，有明确的指涉对象和实体。第二级拟像是工业时代的生产（production），受价值的商品规律支配。通过工业生产的大规模复制，以技术为中介，拟仿物和真实之间不再有距离，从类比物变成了等价物。第三级拟像是当代社会的仿真（simulation），受价值的结构规律支配。拟像变成了追求差异、区分等级的符码，符号的指涉对象消失在了对符号的记录和解码之中②。在《恶的透明性》一书中，鲍德里亚又进一步提出了拟像的第四级秩序——分形（fractal）。在这一阶段，符号不再拥有任何意义上的指涉物，不再遵循价值的等价原则，价值辐射式地从任何一个方向传来，仅仅凭借自身纯粹的连续性占据所有的空隙③。

虚拟与真实的关系是鲍德里亚的拟像理论所关注的重点问题。与古典时期和工业革命时期的拟像相比，现代社会拟像的最大的特点在于，仿真的拟像秩序产生了超真实，是"一种没有源头或实在的真实模型所创造出的生成"。从仿真拟像的阶段开始，社会生活的各方面都被吸纳进了符号体系的再生产之中，人类社会进入了

---

① 高奇琦，梁兴洲. 幻境与虚无：对元宇宙现象的批判性反思. 学术界，2022（2）：54-64.

② Baudrillard J. Symbolic exchange and death. London：SAGE Publications Ltd.，2016：71-104.

③ Baudrillard J. The transparency of evil：essays on extreme phenomena. London：Verso，1993：5.

超真实的仿真社会。在超真实的空间中，"真实再也无法自我生产……自此以后，超真实从想象中、从想象—真实的二元对立中解脱出来，只给模型的周期性重现和差异的模拟生成留下了空间"①。

从第一级拟像到第四级拟像，虚拟与真实的关系经历了从符号反映实在，到符号遮掩并改变实在，再到符号掩盖实在之缺失，最后符号与实在不再有任何联系而仅仅是自身的拟仿物的转变过程。符号体系最终脱离了它的指涉物，不再是对某一实在的模仿、复制乃至扭曲，而变成了纯粹自我再生产的拟像，开始无限制地根据自身的原则增殖与扩散。由符号体系所构建出来的社会文化秩序也发生了根本的变化，现实胜于虚拟的真理被颠覆了，甚至真实与虚拟的对立关系也被打破了，反倒是虚拟在创造真实，拟像不断替代真实。"符号从掩饰某物到掩饰无物的转变标志着一个关键性的转折点。前者意味着真理和巫术的神学（意识形态的观念仍然属于这种神学）。后者开创了拟仿物和拟像的时代，在那里不再有能意识到自身的圣地，不再有区分真理与谬误、区分真实与虚假的最终审判，因为一切都已经死去并提前复活了。"②

鲍德里亚具有强烈批判色彩的理论深刻阐明了，在信息技术作用之下，当代社会文化秩序的生成机制已经发生了重大变迁。他十分悲观地认为，在铺天盖地的符号和转瞬即逝、海量供应的信息面前，社会结构会发生内爆（implosion），事物之间的界限将被打破，社会各个方面都将被吸入拟像的漩涡之中，最终将导致意义的消亡③。对于网络化时代的社会大众而言，人类的普遍生存图式也将集中体现在符号化维度上。人类正陷入符号自我再生产的海洋之中，同时也沦为一种数字化存在，成为各种符号装置下的功能性产品④。

网络空间变迁下的拟像秩序

通过拟像理论，鲍德里亚从激进批判立场出发，对当代社会的真实性进行了否定与超越。如果说生活在大众传媒时代的鲍德里亚的论断虽然深刻反映了丰盛社会中人的生存状况，但仍可被归结为哲学寓言或文化批判的话，那么纵观互联网的发展历程，可以发现，网络社会变迁则正好印证了拟像理论，并借由信息技术和数字媒介将拟像的模式化自我再生产推向了极致。到了元宇宙时代，一个超真实的无处

① Baudrillard J. Simulacra and simulation. Ann Arbor：University of Michigan Press，1994：1－3.
② Baudrillard J. Simulacra and simulation. Ann Arbor：University of Michigan Press，1994：6.
③ Baudrillard J. Simulacra and simulation. Ann Arbor：University of Michigan Press，1994：79.
④ 马小茹．"超真实"概念探析．哲学分析，2018（5）：115－134.

不在的仿真空间更似乎要成为现实。

中国社会的网络化进程，大致经历了三次发展浪潮。在每一个发展阶段，互联网都带来了不同的社会文化和新的时空关系。

第一代互联网（Web 1.0）是 PC（个人计算机）互联网，其优势在于高效传输信息，代表性的应用场景是网络新闻、电子邮件、网上论坛等。这一阶段最鲜明的特点是人们获取信息的门槛大大降低，以及缺场交往逐渐兴起。网络活动的参与性和互动性开始初步显现，人们在线上互动中结成了各种网络群体，创造出了具有鲜明互联网特色的文化形式。但在这一时期，虽然网络空间精彩纷呈并开始向地方空间延伸，但其影响力仍然主要停留在线上。

第二代互联网（Web 2.0）是移动互联网，其永远在线的属性使人们不再上网，而是活在网上。不仅网络群体依托更感性化、游戏化的交往情境展开了形式更为丰富的交往，而且原有的地方性社会关系也大量地被引入互联网，在场的网络空间展现出了连接线上线下的强大活力①。在这一阶段，网络空间开始向线下空间全面扩展，社会生活实现了全面网络化。

从 Web 1.0 到 Web 2.0，互联网经历了一个从网络空间开始生成并逐步拥有线下影响力，到网络空间扩展到线下空间，绝大部分线下空间、地方性社会关系都被纳入网络社会之中，线上线下界限不再分明的过程。

元宇宙是互联网信息技术新形态的综合集成，被称为第三代互联网（Web 3.0）。相比前面两个阶段的互联网，元宇宙力图构建起一个更具沉浸性的虚拟空间，并试图以更具整体性的形态展开一个全面社会化的网络空间。当这样的互联网搭建完成之后，网络空间将从现在这种只能通过屏幕阅读的、平面的、与主体相隔离的他者空间升级为沉浸式的、立体的、可感知的、与主体融为一体的具身性空间②。

按照元宇宙的技术发展图景，各个领域都将以高度仿真化的方式进行数字化转型。网络社会的虚实关系也将发生重大的变化——一个虚拟与现实交叠的拟像秩序将不再停留在文化批判层面，而要成为现实。正如鲍德里亚所述，在超真实的虚拟社会里，真实不再同现实发生关联，而变成了人为创造之物，并且拟真也在不断自我增殖创造之中真正"杀死"了真实。在真实世界中，起主导作用的是表象（rep-

---

① 周骥腾．付埔琪．互联网使用如何影响居民社区融入?：基于"中国城市居民生活空间调查"的分析．社会学评论，2021，9（5）：105－121.

② 简圣宇．"元宇宙"：处于基础技术阶段的未来概念．上海大学学报（社会科学版），2022，39（2）：1－16.

resentation)，是对真实世界的再现与反映；而在超真实世界，表象让位于拟像，变成了模型本身的直接呈现①。

纵观网络社会三个阶段的发展历程，可以发现，元宇宙展开的虚拟社会，是一个试图将社会生活各个方面以整体性、仿真化的形式吸纳进网络空间中的技术—社会形态，本章将其总结为社会虚拟化。社会虚拟化并不意味着网络空间的脱实向虚，而是建构出来更加真实、具体，且能在相当程度上同原有的社会基础相脱离的社会秩序。与之相对，元宇宙之前的网络社会秩序的形成，则是一个网络空间逐渐向线下空间渗透的过程，这一模式正符合卡斯特在互联网技术兴起早期对网络社会文化所做的判断——真实虚拟的文化（culture of real virtuality），这意味着网络社会的虚拟符号在社会空间中具备了真实的影响力。本章认为，这种类型的网络社会拟像秩序是虚拟社会化，或者说社会化虚拟。

二、虚拟社会化：前元宇宙时代网络社会的拟像秩序

本章将前元宇宙时代网络社会的拟像秩序总结为虚拟社会化，意指尽管互联网创造的是一个虚拟空间，但脱胎于网络空间中的虚拟的、符号化的文化要素借由网络化的交往与传播机制获得了实体化的社会意义，并进一步向线下延伸，对现实社会产生了真实影响。

对这一发展趋势，卡斯特在《网络社会的崛起》一书中有深刻论述。在卡斯特写作的时代，互联网还是新兴的事物。早期批评者质疑互联网是一个悬浮于现实社会之上的虚拟空间，但卡斯特却认为，文化的形成并非来自严格的形式逻辑推理，因为人们对一切现实的认识都要通过象征系统来实现，而象征对严格的语义定义的偏离赋予了文化多重语义的特性，也因此在某些向度上变得隐晦不清。当人们批评互联网所创造出来的符号是虚拟的的时候，他们本质性地假定了一种未经编码的真实经验，可这在现实中并不存在②。人们的一切感性经验都是虚拟的或表象性的，因而网络空间所创造的虚拟象征系统也就变成了真实的。

更进一步地，卡斯特有预见性地阐明了互联网给社会文化带来的根本性影响，一种新的文化形态——真实虚拟的文化正在形成。他指出，与过往的媒介系统相比，互联网的特殊性不在于创造出了虚拟的真实（virtual reality），而在于建构了

---

① 仰海峰. 超真实、拟真与内爆：后期鲍德里亚思想中的三个重要概念. 江苏社会科学，2011（4）：14-21.

② 卡斯特. 网络社会的崛起. 夏铸九，王志弘，等译. 北京：社会科学文献出版社，2001：463.

真实的虚拟（real virtuality）。"在其中表象不仅出现于屏幕中以便沟通经验，表象本身便成为经验。"① 网络空间展开的实际上是一个具有虚拟形式的真实社会②，并能够对现实社会产生真实影响。

沿着卡斯特的分析思路，可以发现，前元宇宙时代网络社会虚拟的社会化趋势有以下具体表现：

首先，虚拟社会化意味着新的互动形式与时空关系的生成。卡斯特指出，互联网创造出了一个互动式社会，不仅彻底改变了人们社会交往的途径，还构建出了新的时空关系。一方面，缺场交往兴起，流动空间（space of flows）突破了地理空间的约束，"流动不仅是社会组织里的一个要素而已：流动是支配了我们的经济、政治与象征生活之过程的表现。……我们的社会里的支配性过程的物质支持应该支撑这种流动，并且使这些流动在同时性的时间中接合，在物质上成为可能的各种要素的整体。流动空间乃是通过流动而运作的共享时间之社会实践的物质组织"③。另一方面，无时间之时间产生了，人类在网络空间的行为痕迹无时无刻不被记录、上传、传播着，过去、现在与未来都能在同一则信息中与人们展开互动。流动空间和无时间之时间构成了网络社会真实虚拟的文化的物质基础④。

其次，虚拟社会化还意味着，线上和线下的社会结构具有同构性，虚拟空间中的不平等并非仅仅停留在线上，而是通过两类机制完成了结构再生产。其一，人们在信息资源占有上的分化，对线下社会结构产生影响，接入互联网之前的接入可及性差异和接入互联网之后的技术运用差异等数字鸿沟最终表现为在场空间中的互联网红利差异⑤。其二，正如卡斯特强调的，"对信息化流动新方式的依赖造成处在控制信息化流动位置的人的巨大权力"⑥。掌握海量用户信息和行为痕迹的网络平台成为网络空间中最具权力的行动主体，平台资本利用算法黑箱进行隐遁的剥削，个体无论是作为劳动者（如外卖骑手），还是作为消费者（如大数据杀熟）往往都难以抵抗。

最后，在虚拟社会化的背景之下，社会的组织形式和权力结构发生了改变。虚拟空间中的社会互动和观念表达具有很强的低门槛、符号化、游戏化特征，而互联

① 卡斯特. 网络社会的崛起. 夏铸九，王志弘，等译. 北京：社会科学文献出版社，2001：462－463.
② 刘少杰. 网络化时代的社会空间分化与冲突. 社会学评论，2013（1）：66－74.
③ 卡斯特. 网络社会的崛起. 夏铸九，王志弘，等译. 北京：社会科学文献出版社，2001：505.
④ 卡斯特. 网络社会的崛起. 夏铸九，王志弘，等译. 北京：社会科学文献出版社，2001：465.
⑤ 邱泽奇，张樹沁，刘世定，等. 从数字鸿沟到红利差异：互联网资本的视角. 中国社会科学，2016（10）：93－115，203－204.
⑥ 卡斯特. 网络社会的崛起. 夏铸九，王志弘，等译. 北京：社会科学文献出版社，2001：1.

网又提供了前所未有的连通性，因此在线上结成的虚拟社群往往具有单维大片的特征，组织目标比较单一，成员之间联系比较松散，结构较为扁平，但所涉人群非常广泛，凝聚的情感认同也较为强烈，拥有很好的自我维持能力[①]。在一些网络事件中，这些虚拟社群往往能够展现出较强的议程设置和社会动员能力。这种来自虚拟空间，依托社会认同而形成的信息权力，成为网络化时代最有活力、影响最广泛的新型权力，改变了传统政治、经济和思想文化权力[②]。这便是卡斯特强调的"流动的权力优先于权力的流动"[③]。

三、社会虚拟化：元宇宙时代网络社会的拟像秩序

社会文化的形成是一个主体的实践活动、符号互动在特定时空情境中逐渐沉淀化、结构化的过程。前元宇宙时代，虚拟文化在缺场、在场空间的交叠互构中，产生了真实社会影响。发展到了元宇宙阶段，随着虚拟的互动、实践涉入社会经济各领域的程度越来越深，虚拟空间的地位得到了进一步提升。网络中的虚拟不再作为真实的他者存在，而是构建出了一个平行世界，人的经验与体验都能在虚拟空间中再现，人的主体性、社会认同、劳动都能在虚拟空间中得到满足。更进一步地，社会的各方面都会呈现出一种虚拟化、符号化的趋势，被吸纳进网络空间的秩序之内，现实社会中的许多社会功能和实践活动将更多地被虚拟空间的拟仿物所取代，虚拟空间本身也将创造出只属于虚拟本身的社会文化，最终将产生一种新的拟像秩序形态——虚拟化社会。本部分将从个体的主体经验、主体间社会关系建构以及个人与社会的关系三个角度出发，分析元宇宙网络空间拟像秩序的"社会虚拟化"趋势。

从个体的主体经验的角度来看，社会虚拟化意味着人的虚拟化生存。在元宇宙的技术图景当中，高度拟真的感性体验是一个核心要素。扎克伯格在接受采访时，将元宇宙形容成具身互联网（embodied internet），用以凸显具身化体验在元宇宙中的重要作用。马化腾也在腾讯内部刊物《三观》中提出了全真互联网的概念[④]。这种拟真的具身化体验将给主体经验带来深刻的变化，使人拥有新的虚拟化生存的存在维度。

① 王水雄. 从"游戏社会化"到"社会游戏化：网络时代的游戏化社会来临. 探索与争鸣，2019（10）：148－156.

② 刘少杰. 网络化时代的权力结构变迁. 江淮论坛，2011（5）：15－19.

③ 卡斯特. 网络社会的崛起. 夏铸九，王志弘，等译. 北京：社会科学文献出版社，2001：569.

④ 马化腾. 大洗牌即将开始，全真互联网到来. 中关村，2021（1）：58－59.

无论网络社会中的时空关系如何改变，人们投身于某一空间的时间总量都是有上限的。时间总量的刚性约束决定了人在虚拟空间与真实空间中的存在具有竞争关系。与真实世界的种种约束相比，元宇宙超越了社会、物理和生物的局限，人不仅能在虚拟空间中创造出自己全新的社会身份，还能获得在真实世界中难以或无法获得的感官体验，特别是那些诱人的、极限的、富于快感的极端体验，而这种极端体验在肉身上又是无害的，极易使人沉溺其中。虚拟空间所设置的正反馈机制，如游戏中的相关机制，也会更进一步使人不自觉地投入更多的时间精力到虚拟存在之中。虚拟空间在关于人稀缺的时间的竞争中，拥有真实空间难以企及的优势。当前一些针对游戏玩家，特别是青年游戏群体的研究就已经发现，对习惯了虚拟体验的游戏玩家来说，游戏角色的存在状态、身份地位和情感认同有着与线下的社会存在同样重要的意义[①]。极端情况下，人的生存状态就会被割裂为两个部分——真实世界中的肉身生存、虚拟空间中的意识生存。身体变成了虚拟化生存的残留物，只保留维持生命的功能，一切存在的意义、价值和精神都归于元宇宙[②]，其结果就是身体的皮囊化以及意识存在的虚拟化。

从主体间社会关系建构的角度来看，社会虚拟化有以下两方面的表现：

其一是虚拟强关系的生成。虚拟社会中能建立的关系是后赋关系，也就是在交往过程中形成的社会关系。在缺场交往的及时性和连通性上，传统的网络社会似乎已经到达了极限。人们已经能够连接足够多的交往对象。如今，互联网已经成为社会交往的主要形式。但我们一般认为，目前网络缺场交往仍然以浅社交形式为主。正如卡斯特所指出的，"互联网的优点是容许和陌生人形成弱纽带，因为平等的互动模式使得社会特征在框限甚至阻碍沟通上没什么影响。……虚拟社群是人际的社会网络，大部分以弱纽带为基础，极度地多样化且专殊化，但也能够由于持续互动的动态而产生互惠与支持"[③]。

一旦涉及强关系的建构，人们就还是高度依赖线下交往来形成有更强情感、利益联系的纽带。虽然网络交往能够在很大程度上强化、深化这种线下交往关系，但单纯依赖缺场交往建立强关系仍然不能够成为主流，特别是很多线下交往中的仪式性、公共性的交往情境，仍然是网络交往无法替代的。其中的重要原因就是交往深度不足，借由文字、语音、视频等传递的交往内容与线下交往所能传递的丰富的感情、表情、气氛相比，仍然显得过于单薄。元宇宙则给在缺场交往中建立深度关系提

① 白帆. 情感认同如何助长虚拟消费：以手游玩家为例. 中国青年研究，2021 (11)：55 - 63.

② 赵汀阳. 假如元宇宙成为一个存在论事件. 江海学刊，2022 (1)：27 - 37.

③ 卡斯特. 网络社会的崛起. 夏铸九，王志弘，等译. 北京：社会科学文献出版社，2001：444 - 445.

供了更多可能。仿真的虚拟体验对缺场交往带来的改变会更多地体现在交往深度之上，使社会交往能够传递更为丰富的情绪、感受，创设出同样有强度的交往情境。在网络空间之中形成绑定更深、更加难以抽身的强关系交往形式将变得更加可能。

更进一步地，这种虚拟强关系的大量涌现会对社会秩序带来冲击。人们对线下关系的情感、身体依赖将会进一步降低，宅男宅女会更多，除了最基本的生活物质需要之外，更多的交往需求，特别是深度交往需求，可以由缺场交往来替代。反过来，线下关系能凝聚的权力，尤其是原有的依赖线下交往仪式而凝聚的社会权力，如酒桌文化等，也会呈现减少的趋势，这无疑会增强社会的可进入/退出性，中心化的权力依附将会被大大削弱。而如果人们的工作、交往，乃至人生价值的实现能够不再大量依赖线下的交往、仪式所建立的强关系和公共性，那么人们的经济和生活形态也会随之改变，并且这种变化可能是更为根本性的，线下的城市、单位、群体可能会被元宇宙的节点、中心所取代。与传统网络社会中身体不共同在场乃至时空错位引发的缺场交往情境相比，元宇宙时代的网络交往进一步虚拟化。

其二是交往对象的虚拟化或类主体化，人与虚拟主体的拟社会关系（para-social relationship）也成为社会互动的一种重要类型。拟社会关系指的是行动者对虚拟的媒介形象（如名人、影视角色等）产生心理依恋和情感认同，进而生成的一种与真实的人际互动极为相似的关系[1]。在早期，拟社会互动被研究者视作一种单向的心理过程，互联网则使之变成了真实发生的互动行为。在虚拟社会中，语言和文字等传统意义上的能指依旧是传达意义的重要手段，但是虚拟社会的架构则使数据和代码成为所有符号的基础。所有的意义都可以被数据表示和记录，传统上人与人之间才能够发生的互动行为也能够在人工智能、虚拟账号、用户节点之间发生[2]。当前以虚拟偶像、仿真智能形象为代表的，围绕数字化虚拟主体展开的拟社会互动等已经成为当代互联网商业、文化的组成部分[3]。而元宇宙所带来的沉浸式的感官体验和高度智能化的数字技术，将使得人与虚拟化的数字替身、数字机器人的互动变得更加频繁，互动方式也会更加多样，甚至可能变得真假难辨。

从个人与社会的关系的角度来看，社会虚拟化表现为依托数字表象的虚拟公共性的生成。迪尔凯姆将集体表象视为连接个人与社会，社会群体生成、整合与延续的核心纽带。集体表象是集体成员共有的感性经验，是支配人们行动的共同观念，

①　Giles D. Parasocial Interaction：a review of the literature and a model for future research. Media Psychology，2002，4（3）：279－305.

②　陈云松，郭未．元宇宙的社会学议题：平行社会的理论视野与实证向度．江苏社会科学，2022（2）：138－146.

③　李镓，陈飞扬．网络虚拟偶像及其粉丝群体的网络互动研究．中国青年研究，2018（6）：20－25.

具有超越个体的实在性质，还同时空范畴相关联。正是有了集体表象，社会公共性才得以可能①。互联网改变了人们的实践形式和时空关系，生成了缺场交往、传递经验、网络认同等在网络空间中具有新表现形式的集体表象②。到了元宇宙阶段，网络社会的集体表象又进一步发生了改变。元宇宙的技术图景对沉浸式、表象化的互联网技术进行了全面的升级与整合，将其整合到一个虚拟的综合体之中。人们可以通过一个数字化的化身进入元宇宙空间，利用不同的虚拟形象、虚拟身份获得同现实不一样的体验和表象。

依托这种新的数字表象，社会公共性的生成也发生了新的变化。其一，人与算法的关系会发生改变。在元宇宙之前，算法是外在于个体的，而到了元宇宙时代，算法是与人共生的③，人无法外在于算法开展行动、获得体验。元宇宙中人的集体表象的获得将在很大程度上依赖算法的自我运算、自我迭代。算法则将数字表象划分为两个世界——通过人感知到的世界和通过算法感知到的世界，并且个体将难以明确两者的实质区别。其二，元宇宙的数字表象将遵循如鲍德里亚所述的第四级拟像的碎片化增长的逻辑。鲍德里亚对仿真社会中的表象持悲观态度，认为表象因为失去了符号与实存的对应关系而被彻底吸入了无指涉的拟像秩序之内。"拟像是与表象对立的。表象源自符号与实存之间的对应关系（即便这种对应关系不过是乌托邦，也代表了一条基本公理）。相反地，拟像源自这种对应关系的乌托邦，源自对符号作为价值的根本否定，源自符号作为每一个指涉物的反转与死亡判决。"④元宇宙是虚拟的最高表现形式，创造出了一个超真实的虚拟空间。在符号的碎片化增长和意识体验的内卷化过程中，支配社会秩序的将不再是现实原则，而是仿真原则，虚拟世界中的集体表象将拥有主导性的社会权力。其三，元宇宙的数字表象将不可避免地产生符号垄断性，虽然人在元宇宙中可以通过数字化身获得新的身份与认同，数字表象将是一个超越特定空间范围和边界，追求个性特点、特殊性或者多样性、差异性的表象，但实际上，这种看似求异的表象追求的是更深层次的同质化和对符号垄断性的服从。正如鲍德里亚所指出的："垄断和差异在逻辑上是不相容的。它们之所以可以共存，正是因为这些差异不是真正的差异，它们并没有给每个人贴上其独有的标签，相反它们只是标记了人们对某一套符码的遵从，以及对某一变动中的价值等级的归并……对差异的崇拜正是建立在失去差异的基础之上。"⑤ 在算法

① 涂尔干. 宗教生活的基本形式. 渠东，汲喆，译. 北京：商务印书馆，2011：18.
② 刘少杰. 中国网络社会的集体表象与空间区隔. 江苏行政学院学报，2018（1）：58－65.
③ 吕鹏. "元宇宙"技术：促进人的自由全面发展. 产业经济评论，2022（1）：20－27.
④ Baudrillard J. Simulacra and simulation. Ann Arbor：University of Michigan Press，1994：6.
⑤ Baudrillard J. The consumer society. London：SAGE Publications Ltd.，1998：89.

共生、拟像碎片化增长、符号垄断性三者的共同作用下，元宇宙的数字表象所凝聚的社会共识，会表现出高度的碎片化、多重性，人们在虚拟空间中的活动将同现实世界进一步脱嵌，这将对人类社会在虚拟世界的组织力和风险管控能力带来更大的挑战。

结　语

元宇宙时代的到来对网络空间的技术—社会秩序产生了巨大的影响，在鲍德里亚的拟像秩序理论的启发之下，本章将对这一问题的考察放置于网络社会变迁的动态过程中。本章认为，在前元宇宙时代的网络社会之中，拟像秩序呈现为虚拟社会化。脱胎于网络空间的、虚拟的、符号化的文化要素借由网络化的交往与传播机制获得了实体化的社会意义，并进一步向线下延伸，对现实社会的交往模式、时空关系、社会结构、组织模式产生了真实的影响。到了元宇宙时代，网络社会的拟像秩序则以社会要素与社会机制的虚拟化为基础，即社会虚拟化。本章从个体的主体经验、主体间社会关系建构和个人与社会的关系三个角度出发对元宇宙带来的社会虚拟化趋势进行了分析。主体的虚拟化生存、虚拟强关系的生成、交往对象的类主体化以及基于数字表象的公共性是元宇宙时代网络社会拟像秩序的核心特征。虚拟社会化与社会虚拟化并非一对互斥的概念，而更多的是两个并行乃至相互强化的进程。社会虚拟化在元宇宙时代到来之前就已经存在，虚拟社会化也会在元宇宙时代网络社会中持续产生影响。对网络社会变迁进程中虚拟/现实这一组二元关系的厘清，有助于我们更加深刻地认识元宇宙对社会生活带来的机遇与挑战。

首先，在元宇宙中，认同将居于经济社会的核心位置。在经济层面，元宇宙中的价值原则将以认同为基础。无论是虚拟劳动，还是虚拟资产（如加密货币、非同质化货币等），其经济价值都不取决于客观的价值参考体系，而取决于参与者对其价值的认同。这种认同带有明显的正反馈效应，认可某一虚拟事物的参与者多到一定程度，其价值将发生指数级增长。元宇宙社会中的经济行动将高度依赖交易、交往情景的搭建和参与者社会认同的凝聚，因此如何构建一个被更多参与者认同的交易聚点将成为分析元宇宙经济问题的核心。此外，社会认可相较于客观价值的不确定性，也会助长虚拟经济的投机行为，酝酿经济金融风险，元宇宙热潮下的虚拟炒房行为就是一个典型案例。

在社会层面，流动空间中的网络化认同所产生的巨大影响力早已为研究者们所重视①。迪尔凯姆以宗教为研究对象，强调人类活动所形成的社会秩序、资源凝聚和权力结构最终表现为集体表象，并认为这种表象只有在集体活动、仪式实践中才能生成、扩展，表现出它的社会力②。元宇宙作为去中心化、虚拟化的表象空间，所凝结的认同的社会力将会更加强大。元宇宙提供了更为丰富的感性体验和多样化、超越性的情境，势必会产生更为深刻、更具凝聚力的社会认同，但也将会进一步加剧网络认同的碎片化倾向。如果人们全然游离于现实社会之上，形成与自己原有的社会身份全然不同的社会认同，那么认同的圈层化、部落化倾向将会更加严重。

其次，元宇宙创造出了有丰富社会功能的平行空间，增强了社会的可进入/退出性。传统的网络社会虽然有进入/退出空间大、门槛低的特点，但那是相对于前互联网社会的单位社会、后单位社会而言的③。绝大多数社会功能的满足、人生价值的实现还是要在现实社会中进行，也就不免会受到现实社会的种种约束，这种约束恰恰是难以"退出"的，因此也就不难理解消极避世、以"不参与"来代替"退出"的躺平主义思潮为何在网络社会中获得广泛共鸣④。但元宇宙所提供的不是消极避世的场所，而是一个积极参与的空间，它使人能够摆脱现实社会的身份、结构乃至身体的约束，在一定程度上保留对现实社会的退出权，进而寻求多重认同，寻找不同的人生轨迹，获得更为自由的发展空间。因此，元宇宙社会的到来给人寻找新的主体性提供了可能。

最后，元宇宙进一步强化了网络社会的高度不确定性。海量信息供应条件下，网络社会的本质特征是不确定性，并且政府、企业等为了追求确定性而施加的许多控制性干预又进一步增强了这种不确定性。元宇宙时代，信息的总量和结构都发生了巨变。从总量看，信息的密度和流量均大大提升了，给予了人更大的感官刺激。从结构看，分布式的即时存储、信息的去中心化特性不只体现在传播领域，还体现在信息的记录领域。这使得追求确定性的控制性干预变得更加困难，无疑给社会治理带来了更大的挑战。元宇宙所设定的世界是去中心化的，每一个参与者都是一个创造者，但现实社会的权力是强调中心的。如果元宇宙社会中的分布式权力结构得不到现实社会权力中心的承认，就会产生虚拟空间和现实空间的矛盾冲突。如何调和这一矛盾，将会是元宇宙时代社会治理的重要问题。

本章无意对元宇宙可能带来的社会后果进行预测，而是基于鲍德里亚的拟像理

① 卡斯特. 认同的力量. 夏铸九，黄丽玲，等译. 北京：社会科学文献出版社，2003：2.
② 涂尔干. 宗教生活的基本形式. 渠东，汲喆，译. 北京：商务印书馆，2011：579.
③ 王水雄，王沫. 从单位社会到网络社会：个体权利的视角. 学习与探索，2021（10）：35-44.
④ 刘少杰，周骥腾. 不确定条件下新社会阶层的社会地位、身份认同与网络心态. 江海学刊，2022（1）：116-124.

论，尝试对元宇宙代表的第三次互联网发展浪潮在发展初期在社会层面逐渐浮现出的虚拟化趋势进行概括。这种虚拟化趋势既体现在个体层次的身份认同与情感体验上，也体现在中观层次的社会关系、文化形态上。在此必须指出的是，社会虚拟化并不意味着社会经济整体的脱实向虚，而指虚拟社会和实体社会的深度融合或者说边界消融。这意味着虚拟社会所创造的财富、所凝聚的认同，乃至人的数字体验，将越来越不能被视作现实社会的他者，甚至也越来越不能被视作现实社会的次级产物，它所带来的情感、认同与社会影响，将具备超真实的特性，且能够在虚拟空间中自我增殖，它将在社会中占据越来越高乃至主导性的地位。

参考文献

[1] 白帆．情感认同如何助长虚拟消费：以手游玩家为例．中国青年研究，2021（11）：55-63．

[2] 陈云松，郭未．元宇宙的社会学议题：平行社会的理论视野与实证向度．江苏社会科学，2022（2）：138-146．

[3] 简圣宇．"元宇宙"：处于基础技术阶段的未来概念．上海大学学报（社会科学版），2022，39（2）：1-16．

[4] 卡斯特．认同的力量．夏铸九，黄丽玲，等译．北京：社会科学文献出版社，2003．

[5] 卡斯特．网络社会的崛起．夏铸九，王志弘，等译．北京：社会科学文献出版社，2001．

[6] 李镓，陈飞扬．网络虚拟偶像及其粉丝群体的网络互动研究．中国青年研究，2018（6）：20-25．

[7] 刘少杰．网络化时代的权力结构变迁．江淮论坛，2011（5）：15-19．

[8] 刘少杰．网络化时代的社会空间分化与冲突．社会学评论，2013（1）：66-74．

[9] 刘少杰．中国网络社会的集体表象与空间区隔．江苏行政学院学报，2018（1）：58-65．

[10] 刘少杰，周骥腾．不确定条件下新社会阶层的社会地位、身份认同与网络心态．江海学刊，2022（1）：116-124．

[11] 吕鹏．"元宇宙"技术：促进人的自由全面发展．产业经济评论，2022（1）：20-27．

［12］马化腾．大洗牌即将开始，全真互联网到来．中关村，2021（1）：58 - 59.

［13］马小茹．"超真实"概念探析．哲学分析，2018（5）：115 - 134.

［14］邱泽奇，张樹沁，刘世定，等．从数字鸿沟到红利差异：互联网资本的视角．中国社会科学，2016（10）：93 - 115，203 - 204.

［15］涂尔干．宗教生活的基本形式．渠东，汲喆，译．北京：商务印书馆，2011.

［16］王水雄．从"游戏社会化"到"社会游戏化：网络时代的游戏化社会来临．探索与争鸣，2019（10）：148 - 156.

［17］王水雄，王沫．从单位社会到网络社会：个体权利的视角．学习与探索，2021（10）：35 - 44.

［18］仰海峰．超真实、拟真与内爆：后期鲍德里亚思想中的三个重要概念．江苏社会科学，2011（4）：14 - 21.

［19］赵汀阳．假如元宇宙成为一个存在论事件．江海学刊，2022（1）：27 - 37.

［20］周骥腾．付堉琪．互联网使用如何影响居民社区融入？：基于"中国城市居民生活空间调查"的分析．社会学评论，2021，9（5）：105 - 121.

［21］Baudrillard J. Simulacra and simulation. Ann Arbor：University of Michigan Press，1994.

［22］Baudrillard J. Symbolic exchange and death. London：SAGE Publications Ltd.，2016.

［23］Baudrillard J. The consumer society. London：SAGE Publications Ltd.，1998.

［24］Baudrillard J. The transparency of evil：essays on extreme phenomena. London：Verso，1993.

［25］Giles D. Parasocial interaction：a review of the literature and a model for future research. Media Psychology，2002，4（3）：279 - 305.

第十一章 国内元宇宙研究的时空分布与热点主题：基于知识图景的可视化分析

引 言

元宇宙（Metaverse）一词由 Meta 和 Verse 组成，Meta 表示超越，Verse 代表宇宙①。元宇宙目前正在形成之中，因此对这一复杂概念的研究应是多层次、多维度、多方面的。一方面，扎克伯格和西方学者对元宇宙的理解侧重于能提供沉浸式体验的精神世界，它与现实社会有所区别，知觉现象学的知觉表象、知觉场、身体综合的观念在他们的元宇宙理念中也有所体现；另一方面，国内从经济学、新闻传播学学科视角对元宇宙展开的讨论较多，赵国栋、于佳宁、朱嘉明等学者认为元宇宙同现实社会发生的融合，是网络化第三次浪潮，是精神表象与现实社会的融合②。不同于以上两种观点，社会学认为元宇宙不仅指向扎克伯格所宣称的虚拟空间，还聚焦于地方空间中的网络现象（如数字乡村建设、城市智慧社区建设等），把元宇宙看作物质社会和精神社会紧密交融的新型社会形式，是当代社会学不可回避的研究对象③。在充满不确定性的后疫情时代，数字技术的引领作用日益凸显，社会生活的各个领域因数字技术的赋能而发生了剧烈变迁，科研人员与科技型企业更多地聚焦于未来社会形态的演进与重塑。在此背景下，元宇宙概念展现出蓬勃生机，

---

① 黄永林，宋俊华，张士闪，等. 文化数字化的多维观察与前瞻（笔谈）. 华中师范大学学报（人文社会科学版），2023，62（1）：52-69.

② 赵国栋，易欢欢，徐远重. 元宇宙. 北京：中译出版社，2021：13；于佳宁，何超. 元宇宙. 北京：中信出版社，2021：69；朱嘉明. 元宇宙与数字经济. 北京：中译出版社，2022：7-17.

③ 刘少杰. 从集体表象到数字表象：论元宇宙热潮的演化逻辑与扩展根据. 河北学刊，2022，42（4）：162-168.

2021 年成为元宇宙的元年①。2021 年，元宇宙的有关议题纷纷迅速出圈，引起了商界和学界的热烈讨论。使用百度指数搜索，可以看到自 2021 年 7 月 4 日起元宇宙的检索指标已出现迅猛增长态势，2021 年 12 月 13—19 日的检索指标达到了最高值62 068②。综上观之，元宇宙自爆火起便不断地在社会中扩散自身影响力，成为全球的第一风口。

近年来，学界运用不同的研究方法和手段对元宇宙领域的研究现状和发展情况做出了深入系统的梳理。一种就是通过定性分析的方法描绘出元宇宙研究的现状。比如，有学者对元宇宙和宇宙层次的关系展开了哲学思辨，认为"元宇宙是由代表宇宙之心的数据平行宇宙和代表宇宙之身的自然宇宙组成的智慧宇宙"③。但是，也有学者认为元宇宙是高度致幻的精神鸦片，人类可能沉浸于高度逼真的虚拟空间而故步自封④。在我国关于元宇宙内容体系的研究上，学者们主要关注的是元宇宙概念嬗变与脉络梳理、元宇宙模型构建与关联技术、元宇宙发展机遇与风险挑战等研究议题，主要采用哲学思辨的研究范式，着眼于学理上的应然分析，进而对这些内容中的实然性问题进行纠偏。另一种是通过量化分析的方法揭示我国元宇宙领域的研究状况。使用知识图谱方法分析我国元宇宙的发展现状，是近年来出现的一个学术热点。研究者们试图应用新的科学技术手段讨论元宇宙的前沿领域与热点主题。例如，向安玲等通过空间计量学方法，对清博智能平台中包含的 254 054 条元宇宙相关传播数据进行了分析，探索了我国元宇宙研究的时空传播特征⑤。同年，张夏恒等以 Web of Science 与 Ei Compendex Web 数据库的 77 篇元宇宙主题学术论文为数据来源，总结并阐明了域外元宇宙的知识图景和中国元宇宙的发展方向⑥。他们均是希望在准确把握中国元宇宙研究的热点主题的基础上，对我国元宇宙研究的状况作出评价，为接下来研究人员更为全面地评价和把握我国元宇宙的研究工作奠定坚实基础。

总之，学者们已从定性与定量的角度出发，分析了国内元宇宙研究中的相关议题。定性分析大多是以一定的文献为基础做出规范性的述评，在准确把握元宇宙领域研究的整体图景上还有待提高；而定量分析的有关研究数量相对不足，其数据分

① 赵国栋，易欢欢，徐远重．元宇宙．北京：中译出版社，2021：IV．
② 张夏恒，李想．国外元宇宙领域研究现状、热点及启示．产业经济评论，2022（2）：199－214．
③ 黄欣荣，王瑞梅．元宇宙、宇宙大脑与宇宙身心．福建师范大学学报（哲学社会科学版），2022（3）：102－112，172．
④ 龚伟亮．元宇宙与媒体秩序和文明秩序．学术界，2022（9）：50－63．
⑤ 向安玲，马明仪，彭影彤，等．基于时空计量的新兴科技概念传播扩散研究：以"元宇宙"为例．情报科学，2022，40（11）：139－147．
⑥ 张夏恒，李想．国外元宇宙领域研究现状、热点及启示．产业经济评论，2022（2）：199－214．

析的系统性、全面性有待进一步提升。因此，本章以中国知网的 CSSCI 数据库为研究平台，以 2002—2022 年 CSSCI 数据库收录的 338 篇关于中国元宇宙的文献为分析样本，使用知识图谱分析技术和 ArcGIS 空间分析方法，从时空分布和热点主题两个层面探讨我国元宇宙研究领域的知识图景，清晰地呈现我国元宇宙领域研究的全面景况，找出未来元宇宙领域研究发展的重大突破口与切入点，进而丰富我国元宇宙研究的内容和理论框架，为推动我国元宇宙沿着更深远、更宽广的方向拓展打下坚实的基础。

一、数据与方法

本研究的数据来源为 2002—2022 年 CSSCI 数据库收录的 338 篇中国元宇宙文献，研究方法为知识图谱分析技术和 ArcGIS 空间分析方法。

数据来源

本章在中国知网的 CSSCI 数据库中，将"元宇宙"作为检索关键词，选择时间为 2002—2022 年，精准匹配检索，共得全部期刊来源的检索结果 1 527 条，从中提炼出 CSSCI 期刊来源的检索结果 338 条。元宇宙的发展具有与时俱进的特点，问题以无规律波动和非常规化的样态存在，研究的话题也伴随着曝光度相对较高的凸显性问题的出现而发生变化。为此，本章对近 20 年 CSSCI 数据库的文献发表情况进行了描述性的统计分析，以了解中国元宇宙领域研究的基础知识并把握其演进历史。综上，本章所选取的 2002—2022 年 338 篇 CSSCI 相关文献样本具有较强的科学性与代表性。

研究方法

知识图谱是以科学知识为研究的主要对象，将统计学、数学作为其知识基础，使用基于计算机信息处理技术的可视化分析手段，描述学科领域的基本知识、结构之间的关系和演变发展历程的一种研究方法[①]。本章选择共词分析作为分析的基本方法，基于 CiteSpace Ⅱ 可视化软件分析工具，针对我国元宇宙研究从关键词突现与共词、关键词词频、机构省级行政区分布情况与作者合作网络等维度展开分析；同时基于 CiteSpace Ⅱ 系统的突现探测功能，突现捕捉相关领域的研究主题、研究

---

① 孙雨生，彭梦媛，刘涛．学科知识图谱及其构建机理．科技管理研究，2022，42（20）：157－162.

热点、研究机构与作者，建构我国元宇宙研究的知识图谱。此外，本章创新运用了 ArcGIS 技术，依托省级行政区的发文作者与机构进行文献计量分析，使用自然间断点分级法对作者和机构频率进行聚类处理，反映不同地域作者与机构发文的地理布局。本章通过综合应用上述两种研究方法清楚地展示了当前我国元宇宙领域研究的整体情况。

二、基于时空分布的可视化分析

已有研究表明，元宇宙研究的时间发展历程主要反映在研究文献发文量的年代分布上，其空间分布特征则集中体现在研究文献的核心作者和机构单位的地理分布上[①]。因此，本研究使用知识图谱和空间分析研究方法，紧密围绕上述两个方面对我国元宇宙文献进行可视化分析。

时间之维：元宇宙研究的历史演变

图 11-1 为元宇宙领域在不同年代的发文量分布情况。我国关于元宇宙的研究文献最早可追溯至 2002 年韩民青发表的《宇宙的层次与元宇宙》一文，当时元宇宙研究依然处于开荒时期，该文在学界并未引起较大反响。之后，2003—2020 年，元宇宙的讨论热度依然较低，各年份发文量均少于 2 篇。2020—2022 年，元宇宙研究文献呈现急剧增长态势，说明元宇宙研究在这一时期得到快速发展，2022 年发文量达到峰值。从变化态势来看，这种增长的态势会得到延续。对我国在元宇宙领域论文产出的变化态势可以做如下解释：第一，技术操作层面的创新突破。元宇宙的落地需要坚实的科技支撑，2020 年虚拟现实/增强现实产业链各环节日趋成熟，以 Qclus Quest2 为代表的消费级虚拟现实设备需求增长强劲，爆款虚拟现实游戏如 *Half-life：Alyx* 等涌现，推动了各领域元宇宙实践的创新与变革，学界也就此进行了深入探讨，最终导致中国关于元宇宙的研究成果在 2020 年之后不断增加。第二，业界宏观层面的前瞻布局。互联网企业的引领作用使得元宇宙的研究高潮在 2021 年之后迅速出现。2021 年元宇宙领域发文量首次达到 26 篇，主要缘于美国科技巨头 Facebook 宣布将公司更名为 Meta，其主体业务将全面转型为构建高度仿真的元宇宙，同时苹果、微软、腾讯等也陆续在 2021 年宣布进军元宇宙[②]。

---

① 魏文锋，黄艺，魏彦，等.乡村振兴视域下我国乡村教育研究知识图景与趋势分析.重庆社会科学，2022（9）：18-34.
② 张茂元，黄芷璇.元宇宙：数字时代技术与社会的融合共生.中国青年研究，2023（2）：23-30.

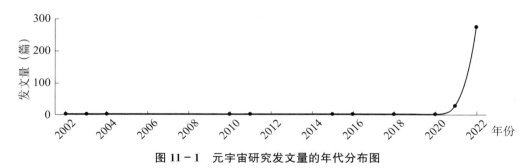

图 11 - 1　元宇宙研究发文量的年代分布图

资料来源：2022 年 7 月 13 日中国知网"元宇宙"主题 CSSCI 文献的可视化分析结果。

空间之维：元宇宙研究的地理分布

借鉴魏文锋等学者的研究设计[①]，本章对元宇宙研究的空间分析，不仅从空间维度考察元宇宙发文作者的地理分布，而且在空间视域中探寻元宇宙发文机构的地理分布。

1. 发文作者的地理分布

一方面，作者的发文量是评判其在某一领域学术造诣高低的重要指标。近 20 年，CSSCI 数据库共计收录了 338 篇我国元宇宙研究的相关论文，涉及的发文作者多达 492 人，其中发文最多的为北京师范大学的喻国明，累计发文 10 篇。根据普赖斯定律，核心作者发文量的 m 值是 2.996，所以把发文超过 3 篇的作者列为核心作者，合计 22 人，占所有作者人数的 4.5%（见表 11 - 1）。从核心作者的分布特征分析，元宇宙研究的核心作者存在分布广泛的优势，但位于东部地区的核心作者居多。此外，我国元宇宙研究领域的学术集聚与知识整合尚未完全成熟，学者在相关领域的主要学术焦点聚合程度仍有待提升。

表 11 - 1　核心作者特征表

序号	核心作者	发文	职称	省份/地区	序号	核心作者	发文	职称	省份/地区
1	喻国明	10	教授	北京/东部	8	刘纯懿	4	博士	北京/东部
2	沈　阳	7	教授	北京/东部	9	胡泳	4	教授	北京/东部
3	黄欣荣	5	教授	江西/中部	10	李帅	4	硕士	河南/中部
4	韩民青	5	研究员	山东/东部	11	杜骏飞	4	教授	江苏/东部
5	郭亚军	5	副教授	河南/中部	12	郭全中	4	教授	北京/东部
6	吴江	5	教授	湖北/中部	13	简圣宇	4	教授	江苏/东部
7	赵星	5	教授	上海/东部	14	姜宇辉	4	教授	上海/东部

---

①　魏文锋，黄艺，魏彦，等. 乡村振兴视域下我国乡村教育研究知识图景与趋势分析. 重庆社会科学，2022（9）：18 - 34.

续表

序号	核心作者	发文	职称	省份/地区	序号	核心作者	发文	职称	省份/地区
15	许鑫	4	教授	上海/东部	19	谢新水	3	教授	北京/东部
16	王俊	3	教授	湖北/中部	20	张洪忠	3	教授	北京/东部
17	陆岷峰	3	教授	江苏/东部	21	张卫平	3	教授	北京/东部
18	周志强	3	教授	天津/东部	22	贺超城	3	讲师	湖北/中部

资料来源：国家统计局. 东西中部和东北地区划分方法.（2011 - 06 - 13）［2023 - 03 - 25］. http://www. stats. gov. cn/zt_18555/zthd/sjtjr/dejtjkfr/tjkp/202302/t20230216_1909741. htm.

另一方面，作者合作网络是直观呈现作者之间合作关系的有效方式。CiteSpace Ⅱ系统可以对论文作者的学术合作网络进行共现分析，基于 Jaccard 系数对其中的原始文献数据资料进行标准化处理，可以分析得出作者学术合作网络的样态分布与文献作者的发文情况：作者合作网络中存在合作关系的作者有喻国明、姜桐桐、郭婧一、杨雅、陈雪娇、张琳宜、滕文强、丁汉青、刘彧晗与耿晓梦等（见图 11 - 2）。在全部 338 篇文献中，合著的文献总数为 165 篇，合作率为 48.82%，且主要以 2 人合著为主，3 人及 3 人以上的合著类型占比偏小。从作者合作情况来看，研究团队粗具规模，作者合作网络处于酝酿阶段。

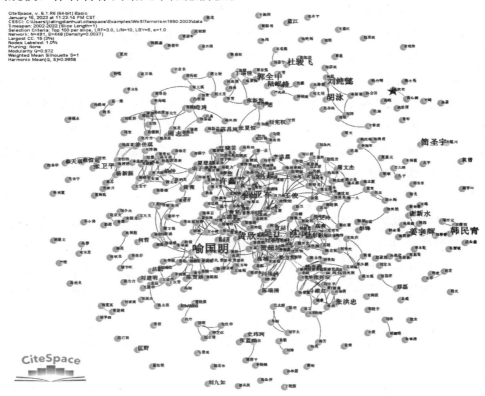

图 11 - 2　作者合作网络图谱

2. 发文机构的地理分布

首先，从发文机构分析，利用 Bicomb 统计作者所属科研单位并整理研究资料，科研单位一律使用现行一级名称，例如中国人民大学哲学院、中国人民大学经济学院、中国人民大学新闻学院等都使用中国人民大学这一名称。研究发现，发文机构合计 191 家，平均每家发文 1.8 篇，并且我国元宇宙领域的研究机构以高等院校居多。其中，发文数量位列前 10 的科研单位分别是华东师范大学、北京师范大学、清华大学、复旦大学、南京大学、中国人民大学、武汉大学、北京大学、浙江大学和中国传媒大学，整体上主要分布在中国东部，其总发文量为 110 篇，接近全部文献数的三分之一。

其次，将作者所属科研单位发文量依据省级行政区进行分类整合，使用自然间断点分级法把中国各省级行政区科研单位的发文量划分成五类（见表 11-2）。从总体分布分析，在数字中国背景下国内元宇宙研究的发文单位主要位于中国元宇宙产业集中的东南沿海地带，地区间发文量呈现出显著差异。具体来看，北京、上海、江苏的科研单位发文量最高；其次为广东、湖北、浙江；接下来为山东、河南、陕西、江西、重庆、湖南；甘肃、广西、吉林、天津、四川科研单位的发文量相对偏低；科研单位发文量最低的依次为新疆、安徽、辽宁、福建、海南、云南、山西、黑龙江。对我国元宇宙领域发文机构的空间分布可以做如下解释：其一，在中国高等院校整体区域规划的作用下，国内高等院校大多分布于长江三角洲城市群、京津冀城市群等在我国举足轻重的地区，由于从事元宇宙研究的主要力量是高等院校，因此北京、上海、江苏、杭州等省级行政区在发文单位规模与发文数量上都处于优势地位；其二，我国的数字中国、网络强国战略也为元宇宙研究提供了政策支持，特别是在北京、广东、上海与浙江等元宇宙产业发展迅速的地区[①]，对元宇宙的探索也更为积极；其三，核心作者大多分布于北京、上海、江苏、湖北等地，在这些作者的学术引领下，北京、上海、江苏、广东、湖北高校的研究成果更为丰硕。

最后，尤为关键的是，从整体考量，仅有 6 个省级行政区的机构发文频次为较高及以上。高校规模位于前 10 的省级行政区中，除江苏（168 所）、广东（160 所）、湖北（130 所）外，山东（146 所）、河南（141 所）、四川（134 所）、湖南（130 所）、河北（122 所）、安徽（120 所）、辽宁（115 所）等省份的科研单位发文

---

① 胡润研究院. 2022 胡润中国元宇宙潜力企业榜.（2022-06-15）[2023-03-25]. https：//www. hurun. net/zh-CN/Info/Detail? num＝6G25BSWKMY4M.

量都略显不足①。特别是山东、湖南、四川作为我国元宇宙发展的优势地区，其元宇宙研究的成果产出水平却难以同其行业地位及影响相匹配，元宇宙学术研究的发展可能落后于元宇宙新兴产业的扩张。

表 11-2　中国各省级行政区科研单位发文量分类表

序号	类型	省级行政区
1	机构发文频次低 $1 \leqslant N < 4$	新疆、安徽、辽宁、福建、海南、云南、山西、黑龙江
2	机构发文频次较低 $4 \leqslant N < 9$	甘肃、广西、吉林、天津、四川
3	机构发文频次一般 $9 \leqslant N < 22$	山东、河南、陕西、江西、重庆、湖南
4	机构发文频次较高 $22 \leqslant N < 52$	广东、湖北、浙江
5	机构发文频次高 $52 \leqslant N < 168$	北京、上海、江苏

注：N 为机构发文频次。

三、基于热点主题的可视化分析

学者李杰和陈超美提出，主题和领域共现网络分析包括关键词词频、突现以及共词分析②。据此，该共现网络的可视化呈现应从以上三个角度来开展计量分析。

关键词词频分析

词频分析法是用于确定某一研究领域的未来发展趋势及热点主题的一种方法③。我们运行 CiteSpace II 软件，设定相关频次参数≥2、中心性≥0.01，获得关键词频次的统计结果（见表 11-3）。据此，我们能够初步判断近 20 年来我国元宇宙领域的研究热点分布状况，其中元宇宙、虚拟现实、区块链与数字孪生均为高频次的研究主题。

表 11-3　研究热点词频分析表

序号	关键词	频次	中心性	序号	关键词	频次	中心性
1	元宇宙	221	0.99	3	区块链	20	0.02
2	虚拟现实	30	0.01	4	数字孪生	16	0.03

---

① 中华人民共和国教育部．全国高等学校名单．（2022-06-17）[2023-03-25]．http：//www.moe.gov.cn/jyb_xxgk/s5743/s5744/A03/202206/t20220617_638352.html.

② 李杰，陈超美．CiteSpace II：科技文本挖掘及可视化．2版．北京：首都经济贸易大学出版社，2017：200-207.

③ 李杰，陈超美．CiteSpace II：科技文本挖掘及可视化．2版．北京：首都经济贸易大学出版社，2017：200.

续表

序号	关键词	频次	中心性	序号	关键词	频次	中心性
5	数字经济	8	0.01	10	短视频	4	0.01
6	数字出版	6	0.01	11	后人类	3	0.05
7	数字藏品	4	0.01	12	媒介技术	2	0.03
8	科幻小说	4	0.02	13	技术哲学	2	0.02
9	出版融合	4	0.02				

关键词突现分析

突现分析旨在测量突发节点的时间性意义，其中节点主要涉及突发主题、领域、期刊、文献与作者[1]。2002 年，宇宙理论（0.69）、宇宙创生（0.69）进入研究视野并不断涌现；2016 年，宇宙论（0.69）开始了大踏步地前进；2018 年，空间（0.69）、后人类（0.68）成为元宇宙领域的重要议题；2021 年，技术概念（0.60）、数字资产（0.22）成为元宇宙新的焦点。我国在元宇宙研究方面出现以上这些规律，主要是因为元宇宙研究同业界的技术导向存在紧密联系。2021 年，Roblox 元宇宙概念股于美国纽交所成功上市，元宇宙实现了由科幻到现实的转变[2]。因此，"技术概念"与"数字资产"成为 2021 年元宇宙领域的重要突现主题。

关键词共词分析

共词分析方法最早是应用于知识文本挖掘的一种研究方法，其优点在于能够使用计算机数字可视化分析手段直观地呈现统计结果，研究者也同样可以直接使用共词分析的统计结果探讨当前这一领域的热点前沿[3]。本章要分析的时间跨度为 2002—2022 年，时间切片选择 2 年，各切片的节点临界值选择前 50，节点类型是关键词，算法是对数似然比，利用 CiteSpace Ⅱ 的关键词群分析功能，可以对我国元宇宙领域研究前沿知识图谱（见图 11 - 3）进行精准绘制，我们将其归纳合并为如下六个核心知识区域：图书馆、区块链、数字孪生、互联网、媒体融合、虚拟社会等。使用 CiteSpace Ⅱ 软件的核心文献信息捕捉和数据抓取等关键功能，可从上

---

① 李杰，陈超美. CiteSpace Ⅱ：科技文本挖掘及可视化. 2 版. 北京：首都经济贸易大学出版社，2017：112.

② 黄永林，宋俊华，张士闪，等. 文化数字化的多维观察与前瞻（笔谈）. 华中师范大学学报（人文社会科学版），2023，62（1）：52 - 69.

③ 李杰，陈超美. CiteSpace Ⅱ：科技文本挖掘及可视化. 2 版. 北京：首都经济贸易大学出版社，2017：200 - 202.

述六个不同维度对核心文献聚类结果开展研究综述。

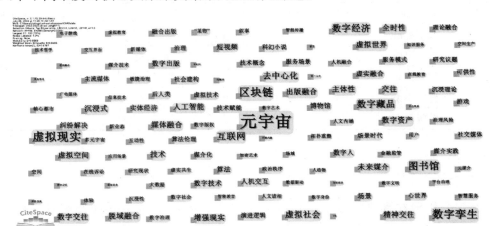

图 11 - 3 我国元宇宙领域研究前沿知识图谱

通过对关键词词频、突现和共词进行分析，我们可以清楚地看出，目前中国元宇宙研究的一级热点主题是元宇宙、虚拟现实、区块链、数字孪生，二级热点主题则体现为图书馆、区块链、数字孪生、互联网、媒体融合和虚拟社会。中国元宇宙研究的热点主题分布之所以呈现上述样态，主要是因为如下五方面原因：一是业界技术导向的引导；二是积极回应元宇宙实践的需要；三是多学科的交融研究和发展趋势的驱动；四是核心研究者对前沿议题的准确把握；五是国外元宇宙研究对中国本土研究的影响。

结 语

本章通过研究近 20 年 CSSCI 数据库中的元宇宙主题文献资料，使用知识图谱分析技术和 ArcGIS 空间分析方法，探讨了我国元宇宙研究领域的时空分布和热点主题情况。总结发现：（1）时间视角下，2021 年以前，元宇宙研究处于开荒时期，国内学界讨论热度普遍较低；2021 年之后，该领域研究进入快速发展时期，发文数量呈现急剧增长态势。（2）空间视角下，元宇宙研究的核心作者分布呈现显著的地区不平衡特征，总体相对集中在东部；研究机构具有偏态分布的典型特点，且主要集聚于东部地区。（3）热点主题视角下，元宇宙的研究热点包括虚拟现实、区块链、数字孪生、数字经济、数字出版、数字藏品、科幻小说、出版融合、短视频、后人类等；研究前沿集中在图书馆、区块链、数字孪生、互联网、媒体融合与虚拟社会六个核心知识区域。

　　基于上述研究结论，结合当前我国元宇宙研究的应用现状和实际情况，本章进一步从文献计量角度全面分析了中国元宇宙领域的研究特点与发展趋势，主要观点如下。

社会学学科将是元宇宙社会的重要研究视角

　　随着元宇宙热潮迅速兴起，经济学、新闻传播学、信息学、管理学乃至哲学等学科纷纷对元宇宙予以密切关注。经济学聚焦数字金融、元宇宙房地产、比特币、区块链等元宇宙相关的技术和设施，从能带来效益、有投资和扩展空间的角度来看待元宇宙；新闻学认为元宇宙是一系列崭新的现象，从新闻热点视野给予其关注；信息学立足数字技术、网络技术和智能技术来关注元宇宙。然而，在经济学、新闻传播学和哲学等学科为元宇宙开启人类社会新空间而热烈欢呼之时，社会学却显得比较淡定。在施引文献层面上，高影响力的理论社会学及网络社会学论文数量极少。不仅很少看到社会学关于元宇宙的讨论，甚至在社会学圈里谈论元宇宙也许还会被认为是在"跟风炒作"。这一现象的成因是，社会学的研究侧重于物质社会的现实生活，而元宇宙的追逐者们所说的新的人类社会空间则是与现实社会分离的虚拟空间，所以元宇宙并不被视作社会学研究的重点①。

　　在此背景下，社会学学科被视作未来元宇宙社会的重要研究视角，主要出于两方面的考量。一方面，部分社会学学者提出，云看展、云旅游、数字游戏、数字交往、沉浸式体验等元宇宙活动应该被视作某种社会现象②。应当承认，元宇宙不仅指向扎克伯格的虚拟空间，还聚焦于地方空间中的网络现象（如数字乡村建设、城市智慧社区建设等）；不仅是数字、网络和智能技术支持的汇合，还是这些技术汇合后所支持的崭新社会。我们应该借鉴经典社会学的研究方式和思想理论，对元宇宙社会做出当代社会学的现象分析和理论概括③。因此，从研究的发展趋势来看，未来应该从更多的社会学研究视角分析元宇宙领域的议题，比如网络社会学、空间社会学、发展社会学、理论社会学、马克思主义社会学等，从而促进我国元宇宙的人文社科研究产出更多的创新型成果。

　　另一方面，经济学、新闻传播学、哲学看到的元宇宙和社会学所看到的元宇宙

---

① 刘少杰．从集体表象到数字表象：论元宇宙热潮的演化逻辑与扩展根据．河北学刊，2022，42（4）：162－168.
② 刘少杰．从集体表象到数字表象：论元宇宙热潮的演化逻辑与扩展根据．河北学刊，2022，42（4）：162－168.
③ 刘少杰．从集体表象到数字表象：论元宇宙热潮的演化逻辑与扩展根据．河北学刊，2022，42（4）：162－168.

是不一样的。虽然目前经济学等学科对元宇宙的研究较多，相关学者使用了社会学的很多概念，但其更多的是就现象论现象，社会学有责任在理论上对元宇宙及其涉及的网络社会相关研究命题加以澄清。例如在社会学的研究传统中，迪尔凯姆提出表象意识是社会的核心和纽带，化用到元宇宙议题之中，可以理解为元宇宙议题中的数字表象超越了迪尔凯姆集体表象的在场性，超越了实体社会，它通过数字化、智能化技术组织日常生活，并在地方价值注入后具有了内容特殊性、多样性、差异性。故此，元宇宙是由物质社会和精神社会结合而形成的一种新的社会形式，是当代社会学难以回避的现象[①]。

传统社会学研究方式在元宇宙面前已难以适应

在网络社会的理论向度下，元宇宙推动互联网的功能重心逐渐从信息向人过渡，在元宇宙场域下，网络中缺场交往的感性知觉趋于接近在场交往的真实体验，虚拟社会的数字空间趋于覆盖实体社会的生活空间，因此，从方法论视角出发，面向虚拟社会和在场社会开展研究的社会学应当呈现新的改变[②]。我们认为这种变化将具体反映在两个层面上：

一是重回经典社会学方法。自元宇宙元年以来，中国社会生活展现出了极为丰富的变化，揭示这些变化背后的本质性、内在性因素正是当代社会学学者的时代使命。如今，中国元宇宙社会的复杂性十分鲜明地摆在学术界面前，平庸化的研究无法回答当代中国的重大问题。因此，面向元宇宙的追逐热潮，应该借鉴经典社会学的研究方式和思想理论，提升社会学学者自身的研究功底与底蕴，对元宇宙社会做出当代社会学的现象分析和理论概括，克服社会学庸俗化、平庸化的研究倾向，回到当年的经典研究者开创的社会学研究传统；应该超越习惯于表层观察、经验描述的社会学研究方式，把经验研究和理论思维有效结合起来，像迪尔凯姆等经典社会学家那样透过现象看本质，在元宇宙的迅速发展中揭示生活方式、行为方式、思维方式乃至认知方式的变迁，亦即揭示制约社会行动的制度或规则。

二是跨学科方法与技术的融合。数字社会大跃进的背景下，传统学科基础的理论视野，包括分析现象的各种方法原则，都需要得到进一步的审视。在元宇宙热潮中，传统学科的表层观察、经验描述研究方式可能会相应地发生变化。近似于量化研究与科学世界的关系，质性研究和知觉世界的关系也尤为紧密。为了更好地解释

---

① 王卓，刘小莞. 元宇宙：时空再造与虚实相融的社会新形态. 社会科学研究，2022（5）：14-24.

② 陈云松，郭未. 元宇宙的社会学议题：平行社会的理论视野与实证向度. 江苏社会科学，2022（2）：138-146.

元宇宙所创造的缺场社会和虚拟社会，知觉现象学方法同当代社会学质性研究的结合将更加普遍。知觉现象学自有的研究方法为重返事物本身或还原，在此基础上，梅洛-庞蒂围绕"身体如何存在于空间中？""身体空间与外部空间的关系如何？"等问题，具体解释了身体图式和知觉综合这两个现象学的核心概念。在批判经验主义和格式塔心理学的前提下，梅洛-庞蒂认为身体图式是整体的、综合的先在系统，而知觉综合（或身体综合）则构成了时空统一性和感觉行动统一性的重要扭结①。身体知觉、知觉检验场、身体图式、身体综合性对于理解崭新的互联网第三次浪潮亦即元宇宙热潮具有重要的解释意义，因而现象学哲学思潮与当代社会学研究的深入融合将不可避免。因此，积极迎接元宇宙热潮，在物质生活与精神生活、实体社会与精神社会的统一中展开社会学研究，应当把实证社会学同现象学社会学、解释社会学、马克思主义社会学等理论与方法综合起来。

元宇宙研究热点连续度、前沿清晰度、引文主题集聚度亟待加强

从研究热点来看，研究热点连续度相对较差。我国元宇宙的研究热点彼此间缺乏连续性，集中体现为研究热点一般都是通过时间节点的突现进行呈现，其在分布上普遍以零碎离散的样态出现，彼此间也缺乏根本性的关联和连接。由此可知，我国元宇宙领域的知识发展演进会遭遇断层。重要原因就是我国对元宇宙的研究偏好受到技术导向的引导。业界日新月异的技术发展致使元宇宙的研究热点发生了跳跃性的变动。为此，要进一步提高当前中国元宇宙研究领域中热点的可持续性和稳定性，确定当前中国元宇宙研究的基本知识范围和领域，形成与前期元宇宙研究相互作用的元宇宙研究知识框架。

从研究前沿来看，前沿领域之间的界限较为模糊。我国元宇宙前沿领域的边界尚不明确，具体表现是各种前沿领域处于重叠交叉状态，这与研究对象的结构组成存在密切关联，同时也从侧面揭示了元宇宙研究中存在研究成果有较强的雷同性、类型化区分较为薄弱、高聚合度领域呈现重复操作、聚集程度总体偏低等问题。主要原因在于中国元宇宙研究受技术导向驱动。互联网企业不断创新的数字技术致使研究前沿领域跳跃式变化。为此，要大幅度地提高我国元宇宙前沿领域之间的清晰度，加强科学研究成果在各个知识领域的集聚和聚合，避免对相同的科学研究成果重复呈现。

从引文状况来看，高被引文献主题集聚度不足。成熟的科学研究领域主要以知

---

① 梅洛-庞蒂.知觉现象学.杨大春，张尧均，关群德，译.北京：商务印书馆，2021：144-218.

识的积累为基础，知识的积累主要体现在文献之间的引证联系上。高被引频次的元宇宙文献作者的分布清晰表明，我国元宇宙的研究仍不够成熟，并未出现相对稳固的知识集聚，其具体表现是高被引作者的有关学术成果连贯性不强。学术成果的连贯性较差，可以反映出作者的学术底蕴有待进一步增强，在某种意义上制约了有关研究的知识演进。因此，研究人员应当着眼于学术志趣，形成属于自己的知识脉络体系，探索耕耘元宇宙研究的热点议题，产出一系列具有创新价值的学术成果。

参考文献

［1］陈云松，郭未．元宇宙的社会学议题：平行社会的理论视野与实证向度．江苏社会科学，2022（2）：138－146.

［2］龚伟亮．元宇宙与媒体秩序和文明秩序．学术界，2022（9）：50－63.

［3］黄欣荣，王瑞梅．元宇宙、宇宙大脑与宇宙身心．福建师范大学学报（哲学社会科学版），2022（3）：102－112，172.

［4］黄永林，宋俊华，张士闪，等．文化数字化的多维观察与前瞻（笔谈）．华中师范大学学报（人文社会科学版），2023，62（1）：52－69.

［5］李杰，陈超美．CiteSpace Ⅱ：科技文本挖掘及可视化．2版．北京：首都经济贸易大学出版社，2017.

［6］刘少杰．从集体表象到数字表象：论元宇宙热潮的演化逻辑与扩展根据．河北学刊，2022，42（4）：162－168.

［7］梅洛-庞蒂．知觉现象学．杨大春，张尧均，关群德，译．北京：商务印书馆，2021.

［8］孙雨生，彭梦媛，刘涛．学科知识图谱及其构建机理．科技管理研究，2022，42（20）：157－162.

［9］王卓，刘小莞．元宇宙：时空再造与虚实相融的社会新形态．社会科学研究，2022（5）：14－24.

［10］魏文锋，黄艺，魏彦，等．乡村振兴视域下我国乡村教育研究知识图景与趋势分析．重庆社会科学，2022（9）：18－34.

［11］向安玲，马明仪，彭影彤，等．基于时空计量的新兴科技概念传播扩散研究：以"元宇宙"为例．情报科学，2022，40（11）：139－147.

［12］于佳宁，何超．元宇宙．北京：中信出版社，2021.

［13］张茂元，黄芷璇．元宇宙：数字时代技术与社会的融合共生．中国青年

研究，2023（2）：23－30.

　　［14］张夏恒，李想. 国外元宇宙领域研究现状、热点及启示. 产业经济评论，2022（2）：199－214.

　　［15］赵国栋，易欢欢，徐远重. 元宇宙. 北京：中译出版社，2021.

　　［16］朱嘉明. 元宇宙与数字经济. 北京：中译出版社，2022.

第十二章　元宇宙投机性泡沫的形成与放大机制分析

引　言

　　自 2021 年开始，元宇宙这个拥有无穷想象空间的概念燃爆了资本市场，继而火爆出圈，引发了社会各界的关注和热议。科技巨头强势入局元宇宙的消息以及元宇宙的诱人前景激起了投资者的热情并使其集体亢奋，从风险投资公司到机构投资者，从名人明星到普通投资者，都加入购买元宇宙资产的行列，推动元宇宙概念股、虚拟地产、虚拟货币、数字藏品等各类相关资产价格上涨。元宇宙资产价格的上涨又刺激了投资者的热情，吸引更多的投资者买入，而越来越多的投资者买入又推动资产价格不断升高，形成了元宇宙资产的投机性泡沫，即各类元宇宙资产的价格已经严重脱离其真实内在价值。此时，元宇宙资产价格的估值已经不是基于资产内在价值的"坚实磐石"，而是基于投资者心理价值的"空中楼阁"。元宇宙资产价格能不能上涨已经不取决于其价值能否增长，而取决于能否找到下一个接盘的买家，成为类似击鼓传花的博傻游戏。

　　随着元宇宙相关资产投机性泡沫的膨胀和种种乱象的滋生，元宇宙投机的金融与社会风险也暴露出来，迅速引起了监管部门和产业组织的关注。2022 年 2 月 18 日，中国银保监会发布的《关于防范以"元宇宙"名义进行非法集资的风险提示》指出："近期，一些不法分子蹭热点，以'元宇宙投资项目''元宇宙链游'等名目吸收资金，涉嫌非法集资、诈骗等违法犯罪活动"，"请社会公众增强风险防范意识和识别能力，谨防上当受骗"。2022 年 2 月 21 日，中国移动通信联合会元宇宙产业委员会发布《元宇宙产业自律公约》，提出元宇宙业务应立足于服务实体经济，扎实推进元宇宙产业化和产业元宇宙化发展，合理阐述元宇宙发展前景，引导公众形成理性预期，坚决抵制利用元宇宙热点概念进行资本炒作，避免形成市场泡沫。

面对元宇宙投机狂热引发的金融与社会风险，我们应当予以警惕，并需要深入分析引发元宇宙投机狂热的原因和元宇宙投机性泡沫形成与放大的机制，合理判断元宇宙所处的发展阶段和投资价值，探索防范与化解元宇宙投机性泡沫的途径，以帮助投资者理性认清层出不穷的新技术投机狂热，规避投机狂热引发的金融与社会风险，推动元宇宙等相关新技术产业健康、向善发展。

一、机会与泡沫并存：对元宇宙发展前景的理性认识

元宇宙为何引发投机狂热？

元宇宙是一个全新概念和刚刚显现的技术趋势，人们对它的认识还很模糊。元宇宙所追求的完美虚拟世界何时能够实现，相关技术何时能大规模应用并实现盈利，对相关技术和公司的投资何时能收回成本，都是未知数，具有很大的风险和不确定性。那么，这样一个充满不确定性的概念为何会掀起资本市场的投资狂潮呢？究其原因，主要有以下几点：首先，由于 2020 年暴发的新冠疫情导致很多人失去了线下真实空间的自由，因此人们更憧憬线上虚拟空间里的自由，线下活动受限迅速推动了各个行业的数字化转型。其次，从用户需求的角度看，体验经济时代，用户一直在追求体验升级，元宇宙可以给用户提供一种前所未有的沉浸式交互体验。再次，过去几年，元宇宙的一些底层技术，包括虚拟现实、增强现实、混合现实、区块链、NFT、人工智能、5G 等有所突破，这些新技术整合在一起，就会寻求新的应用场景，元宇宙刚好提供了一个非常好的"舞台"，资本也一直在寻求新的出口跟投资方向，元宇宙就成为吸引投资的一个重要领域。最后，从发展潜力看，元宇宙被看作"下一代互联网"，足见其可能具有的颠覆性。全球最早的元宇宙研究者马修·鲍尔从关键技术和元素的角度给元宇宙下了一个清晰的定义：大规模、可互操作的网络，能够实时渲染 3D 虚拟世界，借助大量连续性数据，如身份、历史、权利、对象、通信和支付等，可以让无限数量的用户体验实时同步和持续有效的在场感[①]。从这个定义可以看出，元宇宙所代表的不是某一个单一的技术和行业，而是一种能改变或者赋能所有传统行业的新兴力量。正是元宇宙可能带来的这种全面性、颠覆性的变化，吸引了资本市场的狂热追逐。科技公司担心错过能够带来下一波增长的创新机会，投资者担心错过一个能够带来高额回报的热门赛道和概念风

---

① 鲍尔. 元宇宙改变一切. 岑格蓝，赵奥博，王小桐，译. 杭州：浙江教育出版社，2022：43.

口。总之，投资者对元宇宙发展前景的预期和信心使其对元宇宙风险和真实价值的认知不足，导致元宇宙出现了投资过热的现象。

历史比较：互联网高科技泡沫的启示

为了判断元宇宙是否存在泡沫，我们既需要回顾历史，从历史上投机性泡沫的教训中获得启示，也需要立足现实，合理判断元宇宙的发展阶段和投资价值。

面对当下令人眼花缭乱的元宇宙投资机会，我们可能觉得看不清楚，但是只要回顾历史就会发现，历史上每一次商业模式和技术的巨大变革都伴随着泡沫，因为技术变革带来的巨大想象空间叠加人们对新经济时代的乐观预期和人性的贪婪，极易引发大众的投机狂欢，造成泡沫在短时期内的爆发。远至17世纪的荷兰郁金香泡沫、18世纪的英国南海泡沫，近到2000年左右的互联网泡沫，对历史上这些投机性泡沫的研究能为我们看清当下的元宇宙泡沫提供启示。

距离当前的元宇宙泡沫最近、最相似的一次泡沫就是2000年左右的互联网高科技股泡沫。当时面对互联网新经济的兴起，投资者们过于乐观，股市在人们市场预期的影响下被炒到了一个不正常的、难以维系的高度，出现了所谓的"非理性繁荣"。罗伯特·希勒认为，非理性繁荣是投机性泡沫的心理基础。他将投机性泡沫定义为这样一种情况：价格上涨的信息刺激了投资者的热情，并且这种热情通过心理的相互影响在人与人之间逐步扩散，在此过程中，越来越多的投资者加入推动价格上涨的投机行列，完全不考虑资产的实际价值，而一味地沉浸在对其他投资者发迹的羡慕与赌徒般的兴奋中[1]。

在互联网的投机热潮当中，出现了许多荒诞离谱、不合常理的现象。很多公司即使与互联网不怎么沾边或根本就毫无瓜葛，只要变更名称，加上与网络有关的标志，诸如".com"、".net"或"Internet"之类，其股价就会大幅上涨。普渡大学的三位学者研究了在1998年和1999年变更名称并在其中加入网络标识的63家公司。他们通过测算这些公司在变更名称之前5天（即当更名消息开始泄露时）与宣布变更名称之后5天的股价变化，证实变更名称的公司的股价在这10天比同类公司的股价高125%。变更名称的公司，即使其核心业务与网络根本毫无关系，也仍然出现了股价上涨的情况。然而，在后来出现的市场下跌行情中，这些公司的股票都变得一文不值[2]。

在互联网泡沫顶峰时期，股市定价与任何合理增长预期之间都没有丝毫联系。很多头部互联网公司根本不盈利甚至亏损巨大，市值却高得离谱。例如，虽然亚马

---

① 希勒. 非理性繁荣：第三版. 李心丹，等译. 北京：中国人民大学出版社，2016：4.
② 马尔基尔. 漫步华尔街：第11版. 张伟，译. 北京：机械工业出版社，2020：61-62.

逊公司亏损严重，但是其市值超过了所有已上市实体书店的市值之和。价格在线公司（Priceline）作为一家专门销售空余机票的网上拍卖公司，尽管亏损严重，其市值还是超过了所有大型航空公司的市值总和。而当互联网泡沫爆裂之时，即便是这些新经济领头羊公司，如亚马逊、思科、雅虎、价格在线等公司，其市值也下跌了90%以上，给投资者带来了毁灭性重创。整个股市约 8 万亿美元的市值灰飞烟灭，仿佛德国、法国、英国、意大利、西班牙、荷兰以及俄罗斯数国一年的经济总量突然消失了①。虽然后来互联网技术被大规模应用并产生了收益，亚马逊等一批互联网头部公司浴火重生，但这是一个大浪淘沙的过程。

历史事实已经证明，投资正在给社会带来重大转变的技术，对投资者来说常常并不会产生什么回报。投资的关键之处不在于某个行业会给社会带来多大影响，甚至也不在于该行业本身会有多大增长，而在于该行业是否能够创造利润并持续盈利。历史经验告诉我们，所有过度繁荣的市场最终均将屈服于引力定律②。

根据互联网新经济的发展脉络与发展规律，我们可以推测，元宇宙从概念提出到发展成熟同样需要经历一个漫长而曲折的发展过程。在元宇宙的发展初期，投资者由于对新的商业前景过于乐观，对新出现的获利机会过于贪婪，容易出现投机狂热，催生投机性泡沫。由于相关技术并未成熟，盈利模式还不确定，因此投资者需要高度警惕早期阶段的投资风险。

技术分析：元宇宙正处于技术萌芽期

除了通过历史比较来对当前的元宇宙发展规律进行把握之外，我们还可以借助Gartner 新兴技术成熟度曲线来分析判断元宇宙技术所处的发展阶段。Gartner 提出的新兴技术成熟度曲线概括了一项新兴技术从出现到成熟通常会经历的五个发展阶段，即技术萌芽期、期望膨胀期、泡沫破裂低谷期、稳步爬升复苏期和生产成熟期。从 1995 年开始，Gartner 每年都会发布新兴技术成熟度曲线，用来帮助企业和技术规划人员跟踪热门技术的成熟度和未来潜力，评估各项技术的潜在效益并确定投资或采用的时机。

Gartner 发布的 2022 年新兴技术成熟度曲线，列出了 25 项值得关注的新兴技术。其中，元宇宙、超级应用、Web3.0、数字人类、去中心化身份、非同质化代币、客户数字孪生是推动沉浸式体验发展的核心技术③。

---

① 马尔基尔. 漫步华尔街：第 9 版. 张伟，译. 北京：机械工业出版社，2008：52，54 – 55.
② 马尔基尔. 漫步华尔街：第 11 版. 张伟，译. 北京：机械工业出版社，2020：76.
③ 中关村网金院. Gartner 发布 2022 年新兴技术成熟度曲线，25 项新兴技术值得关注. （2022 – 08 – 20）[2022 – 09 – 17]. https：//baijiahao. baidu. com/s？id＝1741660322658337733&wfr＝spider&for＝pc.

如图 12-1 所示,元宇宙及与其相关的数字人类技术目前仍处于技术萌芽期,要达到生产成熟期还需要 10 年以上的时间。Web3.0 和去中心化身份技术处于期望膨胀期,也还需要 5~10 年的时间才能达到生产成熟期。非同质化代币技术处于期望膨胀期,接近泡沫破裂低谷期。整体来看,元宇宙及其相关技术正处于技术萌芽期和期望膨胀期,步入真正成熟和大规模生产应用阶段仍需要 5~10 年或更长的时间。现阶段市场对其发展前景期望过高,存在一定的泡沫,而接下来会经历泡沫破裂低谷期。只有经过泡沫破裂低谷期之后真正沉淀下来的技术,才能进入稳步爬升复苏期和生产成熟期,相关技术才能够大规模应用并实现盈利,投资者才能实现稳定的收益,而这一切需要经过 10 年或者更长时间的积淀才有可能实现。在技术萌芽期投资布局元宇宙的公司有可能在未来获得巨大的收益,但是这一过程是曲折的,需要经受巨大的风险考验。资金实力雄厚的 Meta 公司已经在元宇宙业务上投入了 350 多亿美元的费用,目前仍然处于亏损状态,2021 年和 2022 年共计亏损 239 亿美元[①]。比起科技巨头和风投公司,普通投资者的风险承担能力较弱,因此,在早期阶段投资元宇宙并不是一个明智的选择。"盲目追捧元宇宙这种宏大而虚幻的概念,最终受伤的可能是自己的钱袋子。"[②]

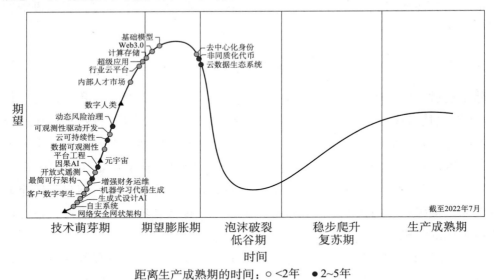

图 12-1 2022 年 Cartner 新兴技术成熟度曲线

---

① Meta 搞元宇宙:一年烧了 932 亿.(2023-02-02)[2023-04-10].https://m.163.com/dy/article/HSJB8D8V0511A72B.html.

② 投资不是虚拟游戏 盲目追捧元宇宙不可取.(2021-09-09)[2022-05-07].https://baijiahao.baidu.com/s?id=1710375801925250035&wfr=spider&for=pc.

二、元宇宙相关资产投机性泡沫的表现

元宇宙概念股

元宇宙概念相关股票价格暴涨是元宇宙投机性泡沫最直接的表现。虽然相关的概念股大多还没有业绩支撑，但全球投资者、市场资金对元宇宙概念的认同、追捧和炒作，使得元宇宙概念股票价格在短时间内暴涨，呈现明显的泡沫化特点。

在引领全球股市风潮的美国股市，元宇宙概念受到众多投资者的热捧，导致与元宇宙相关的一些公司 2021 年股价涨幅惊人，如提出组建元宇宙世界 Omniverse 的英伟达累计上涨 130%，集在线创作与社交属性于一身的游戏平台 Roblox 暴涨逾116%，云基础设施公司 Cloudflare 也有 75% 的涨幅[1]。

伴随着元宇宙概念股火热出炉的，还有元宇宙相关交易型开放式指数基金（Exchange Trade Fund，ETF）的成立和火爆。如 2021 年 6 月 30 日成立的 Round-hill Ball Metaverse ETF（代码为 "META"），覆盖几乎所有的元宇宙概念热门股，发行时规模仅有 150 万美元，但是在 Facebook 更名为 Meta 后，迎来了大量新资金的涌入，仅 2021 年 10 月 28 日一天就吸金 1 250 万美元，交易量也屡创新高，截至2021 年年底，其管理的资产规模已接近 3 亿美元[2]。

受美国证券市场元宇宙公司股价上涨利好消息的影响，向来热衷炒作的中国 A股元宇宙概念板块股价也大幅上涨。据 Choice 数据，截至 2021 年 12 月 31 日收盘，若不剔除 2021 年上市的公司，A 股元宇宙板块涨幅达 42.0%；若除去 2021 年上市的公司，板块内涨幅为 33.6%。元宇宙板块指数一路走高至 1 736.34。其中川网传媒年内涨幅高达 471.4%，中青宝涨幅高达 400%，华立科技涨幅为 323.9%[3]。

虽然在资本的炒作下，国内外元宇宙概念股涨幅巨大，但在众多的元宇宙概念股中，有不少公司或者并没有元宇宙相关技术或产品，或者元宇宙项目并未落地，泡沫化特征明显。

---

[1]　一文盘点 2021 年美股 "大放异彩" 的概念股 . （2021 - 12 - 31）［2022 - 05 - 19］. https：//zhuanlan. zhihu. com/p/451977313.

[2]　元宇宙概念股怎么买？这只 ETF 连涨 6 周，几乎包揽所有的概念热门股！. （2021 - 11 - 10）［2022 - 12 - 07］. https：//baijiahao. baidu. com/s？id＝1723659540693347180&wfr＝spider&for＝pc.

[3]　2021 年 A 股元宇宙板块涨 42.0% 2022 年的机会在哪里？. （2022 - 01 - 05）［2022 - 05 - 19］. https：// baijiahao. baidu. com/s？id＝1721110944476593649&wfr＝spider&for＝pc.

元宇宙虚拟地产

随着元宇宙概念的热炒和大量资金的涌入，元宇宙虚拟地产的价格飙升也令人咋舌。2021年11月，元宇宙的房产交易迎来爆发，据DappRadar统计，在2021年11月22日到28日的一周内，4个最主要的元宇宙房地产交易平台的总交易额接近1.06亿美元（约合6.7亿元人民币）[①]。基于区块链技术的虚拟世界Decentraland旗下的虚拟土地价格飙升，每块地成交价中位数从2017年的20美元飙升到2021年的6 000美元，达到历史高点，一年中用户增长3 000%，坐拥80万的注册用户，并且其市值达到了120亿美元的峰值[②]。

NFT及数字藏品

国外NFT及国内数字藏品也出现了投机炒作和价格暴涨的现象。NFT，全称Non-Fungible Token，中文一般译作非同质化代币。NFT是在数字世界里标记数字资产独特性的合约。合约的意思就是对相关内容的规定、定义、约定等，比如某个NFT是什么时候铸造的、定价几何、所有者是谁、买入卖出时手续费怎么计算、铸造者怎么提成等。NFT可以追溯所有权信息，能保证数字作品的原创性和稀缺性[③]。而数字藏品是NFT在中国本土化、合规化的产物，本质上为受监管的NFT，是指使用区块链技术，对应特定的作品、艺术品生成的唯一数字凭证，可在保护其数字版权的基础上，实现真实可信的数字化发行、购买、收藏和使用。其与NFT在底层技术、监管审核、流通方式等方面有本质区别[④]。

从2021年开始，全球NFT市场投资火热，交易量和交易额呈爆炸式增长。2021年，大约有450亿美元的交易额是由NFT和其他一系列代币交易产生的，消费者的NFT总体消费是一年前的90多倍[⑤]。伴随着NFT的投资狂热，很多NFT藏品价格暴涨，甚至被炒出了天价。例如，2021年3月份，艺术家Beeple的NFT作品*Everydays：The First 5 000 Days*，在英国拍卖平台佳士得售出，最终中标价高达6 900万美元，比莫奈的名画《睡莲》还高出1 500万美元。其售价目前在在

① 太突然！暴涨542倍．（2022-02-02）[2022-05-23]．https：//baijiahao．baidu．com/s？id=1723659540693347180&wfr=spider&for=pc．

② 叶檀财经．巨亏91%！这场崩盘在预料之中．（2023-04-12）[2023-05-27]．https：//www．163．com/dy/article/I25EQCFA051996QS．html．

③ 陈序．NFT前沿课．（2022-06-23）[2022-11-28]．https：//www．bilibili．com/read/cv17232047/．

④ 数字藏品=NFT？有关联更有本质区别．（2022-06-16）[2022-08-10]．https：//baijiahao．baidu．com/s？id=1735762146344654229&wfr=spider&for=pc．

⑤ 鲍尔．元宇宙改变一切．岑格蓝，赵奥博，王小桐，译．杭州：浙江教育出版社，2022：267，269．

世艺术家的拍卖作品中排名第三①。除了 NFT 艺术品，NFT 系列头像的价格也高得离谱。加密朋克（CrytoPunks）NFT 头像最初是开发者免费赠送给任何拥有以太坊钱包并及时认领的人，但在 2021 年 NFT 市场繁荣期间，二级市场价值飙升。2021 年 6 月，在苏富比的在线拍卖活动上，一个编号为♯7523 的加密朋克 NFT 的成交价达到 1 175 万美元，创下单个加密朋克售价的历史最高成交纪录。截至 2021年 8 月 21 日，加密朋克 NFT 的历史成交额已经达到 10.9 亿美元，最便宜的一个加密朋克 NFT 也将近 17 万美元②。

　　国内的数字藏品投机炒作现象也很疯狂。据数字藏品头部平台 iBox 在 2022 年年底发布的报告，彼时国内数字藏品平台已达 2 300 家。而 Choice 数据显示，A 股市场共有 38 家上市公司涉足数字藏品和 NFT。热潮加持，资本力捧，"初出茅庐"的数字藏品在 2022 年上半年就经历了两波牛市，一张图值一套房成为入局者津津乐道的 "牛市繁华"。2022 年 4 月到 8 月，有业内人士称 iBox 最高峰时一天的交易额超过 10 亿元。很多年轻人被吸引进炒作数字藏品的 QQ 群、微信群，起初经历了买进一张数字藏品一转手净赚几千甚至上万元的暴利，贪欲被激发出来，随后走上了大举借债炒作数字藏品的危险道路。数字藏品变成了一场击鼓传花式的投机游戏。玩家们不再关注产品的价值，只看涨不涨，谁跑得快谁就能赚到钱。浙江垦丁律师事务所主任张延来说："就好比一幅美术作品被印刷 10 万份，互相之间没有区别，也没有使用场景，它不再具备商品的使用价值，更多带有的是金融属性。大家只是为了快速买到，然后卖给下一个接盘的人。等到没人接盘，它就崩盘了。"③

虚拟货币

　　虚拟货币，也有人称之为虚拟代币，其包含的范围很广，基于区块链技术的加密货币也可以算是一种去中心化的虚拟货币。根据欧洲银行管理局（EBA）对虚拟货币的定义，"虚拟货币是价值的一种数字表达，其并非由中央银行或公共权威机构发行，也不一定与某一法定货币挂钩，但被自然人或法人接受用于支付手段，可以进行电子化转移、储藏或交易"④。

---

　　① NFT 在营销圈 "火" 了.（2021－09－10）［2022－02－18］. https：//m. thepaper. cn/baijiahao_14443399.

　　② 于佳宁，何超.9 个卡通头像，卖了 1 696 万美元…….（2021－11－22）［2022－03－20］. https：//baijiahao. baidu. com/s？id=17170980891740082074&wfr=spider&for=pc.

　　③ 一套房换一张数字藏品，你可还愿意？.（2023－02－03）［2023－04－20］. https：//baijiahao. baidu. com/s？id=17567897292276183318&wfr=spider&for=pc.

　　④ 币圈 "毒瘤" 币世界退出中国，虚拟货币迎来全面打击！.（2021－07－20）［2022－02－19］. https：//zhuanlan. zhihu. com/p/391483269.

自 Facebook 宣布更名 Meta 并进军元宇宙以来，很多知名游戏公司、品牌公司在元宇宙发展业务，热钱随之涌入，推动元宇宙虚拟代币价格普涨。以 Sandbox 和 Decentraland 为代表的相关公司迎来了一波牛市。这两家公司的原生代币 SAND 和 MANA 的价格在 2021 年 11 月都创下了历史新高。基于以太坊区块链的虚拟平台 Sandbox 的代币 SAND 的价格在 11 月从 1.55 美元涨到 6.79 美元，涨幅高达 338%[①]。Decentraland 发布的虚拟代币 MANA 的价格走势接近垂直，从 0.75 美元飙升至 3.56 美元，最高达到 5.5 美元，涨幅高达 633%[②]。

国内虚拟货币市场也是炒作之风盛行，违法发币、诈骗跑路等乱象丛生。很多所谓币圈大佬在各大平台、公众号、投资群中宣传鼓吹虚拟币的投资价值，利用高额回报、手把手指导、内部消息、一夜暴富等词汇吸引和诱惑投资者加入名目繁多的虚拟币炒作大潮。其中，最著名的炒币事件是波场（Tron）创始人孙宇晨通过违规发行波场币 TRX 大肆敛财。2017 年 9 月，孙宇晨在国家七部委联合发布《关于防范代币发行融资风险的公告》的前一天，踩着红线完成了波场币 TRX 的发售和融资，随后逃到美国继续违规炒作波场币 TRX，将其从 2 美分一枚炒到 2 美元一枚，孙宇晨从非法、未注册的波场币 TRX 的发行和销售中获得了约 3 100 万美元的收益。2023 年 3 月，孙宇晨因涉嫌非法销售证券、操纵市场和欺诈投资者被美国证券交易委员会起诉[③]。

三、元宇宙投机性泡沫的形成机制

由于元宇宙各类资产投机性泡沫的形成机制具有一定的共性，因此本章将以证券市场中元宇宙概念股的投资为例，基于社会建构论的视角，深入分析元宇宙投机性泡沫的形成机制。

多元主体的利益博弈与社会建构

资本市场是一个复杂的场域，上市公司、机构投资者、个人投资者等众多行动主体参与其中，这些行动主体基于各自的价值取向、利益追求和行动逻辑展开互动和博弈，产生难以预测的市场行为后果，其正向结果是参与各方通过长期理性的投

---

① 元宇宙代币价格．（2023-01-16）［2023-02-18］．http：//web-nft. cn/post/33937. html.

② Decentraland：30 天内收入翻千倍，虚拟世界的"罪恶之城"．（2022-01-14）［2022-03-20］．ht-tps：//baijiahao. baidu. com/s？id=1721920000551691770&wfr=spider&for=pc.

③ 英伦大叔．中国小伙被美国告了，曾一夜狂赚 3 亿美元，33 岁人生惊心动魄跌宕起伏．（2023-03-27）［2023-05-20］．https：//news. ifeng. com/c/8OUL1So2rsi.

融资活动产生可持续的经济价值和投资收益，其负向结果是各方通过短期非理性的投机活动积聚起缺乏坚实价值支撑的虚幻泡沫。

资本市场比较健康和理想的发展状态是各个参与主体都能以长期主义价值观为导向，合理使用与配置资金，通过良性互动、合作共赢，共同开展价值创造和价值共享的经济活动。上市公司踏实本分经营，持续为用户和社会公众创造价值，为股东和投资人带来公司业绩长期增长的收益；机构投资者致力于发现并投资优秀公司，为其长期发展和创新提供资金支持，通过助力优质公司实现价值创造与价值增值而获得丰厚的投资收益；个人投资者理性参与投资，合理评估公司价值，通过投资低估值的价值型或成长型公司分享其价值回归和价值成长带来的收益。

然而，在现实的资本市场中，投机文化更为盛行。众多市场参与主体往往以短期主义价值观为导向，渴望抓住市场中的热门概念和投机机会，快速攫取财富。这一轮元宇宙的投机性泡沫就是上市公司、机构投资者、个人投资者等资本市场相关主体在短期主义价值取向和渴望暴富的社会心态的驱动下，在零和博弈的过程中共同建构起来的脱离坚实基础的"空中楼阁"。面对元宇宙这样一个处于风口的热门概念，在短期获利动机的驱使下，不同的行动主体采取不同的投机行动策略，其投机心理和行为相互影响，集体建构出了元宇宙的诱人前景，形成了元宇宙的投机泡沫。下面，通过分析各相关主体的主观动机、行动策略及其交互影响，展现元宇宙投机性泡沫的社会建构机制。

上市公司：概念包装与印象管理

在证券市场的各个参与方当中，上市公司是能够影响投资者的预期和信心的重要主体。上市公司在与投资者互动过程中所展示给投资者的公司形象、经营业绩和未来前景，能够极大地影响投资者对公司的未来预期、投资信心和投资决策。

《上市公司信息披露管理办法》第三条规定："信息披露义务人应当及时依法履行信息披露义务，披露的信息应当真实、准确、完整，简明清晰、通俗易懂，不得有虚假记载、误导性陈述或者重大遗漏。"① 然而，由于交易双方的信息不对称和监管的漏洞，某些上市公司并没有按照规定向投资人披露真实的经营信息，而是通过概念包装甚至财务造假等欺诈行为操纵、误导投资人的判断决策行为。

2021 年，元宇宙概念受到投资者的热捧，许多投机取巧的上市公司趁机蹭起

---

① 中国证券监督管理委员会. 上市公司信息披露管理办法. （2021－03－18）［2021－10－28］. http：//www.gov.cn/gongbao/content/2021/content_5605111.htm.

了元宇宙热度，迅速"挖掘"自身传统业务与元宇宙概念之间的联系，把自身包装成一家元宇宙概念公司，以吸引投资者的注意，拉高股价。一些公司仅仅是宣布准备要进军元宇宙或者计划开展元宇宙相关业务，就受到投资人的追捧，股价开始暴涨，可见元宇宙概念炒作的火热程度。

我们以元宇宙板块的龙头股中青宝①为典型个案，分析上市公司是如何通过概念包装、炒作等手段在投资者面前进行印象管理，力图在投资者心目中建构起拥有诱人前景的元宇宙高科技公司形象的。2021 年 9 月 6 日晚间，中青宝在官方微信公众号上发布了一篇题为《元宇宙赛道崛起 网游老兵砥砺奋进踏征程》的文章，高调宣布入局元宇宙游戏。文章表示，"游戏几乎被公认为是目前最好的元宇宙入口。……最有可能构建元宇宙雏形的赛道。……《酿酒大师》是一款……即将重磅推出的虚拟与现实梦幻联动模拟经营类的元宇宙游戏……这是一次打破次元壁的尝试，游戏与真实边界开始走向消融。中青宝通过融合旗下自有的互联网科技产品入场元宇宙赛道，以通信云计算技术提供支持；游戏搭建元宇宙主要场景；VR 进行视觉呈现；借助自身的区块链技术构建经济体系，实现价值传递。这四者紧密交叉，共同构建了元宇宙。创造性地将游戏世界与现实打通，实现酒厂、白酒、游戏、玩家之间的信息闭环。"② 消息一出，立即引起了资本市场的关注。同花顺 iFinD 数据显示，9 月 7 日至 9 月 9 日三个交易日，中青宝累计最高涨幅超 70%。中青宝将推出元宇宙新游戏的消息，也引爆了元宇宙概念在资本市场中的热度，带动了其他元宇宙概念股股价的普涨。9 月 8 日，多家元宇宙概念股涨幅超 5%，其中，中青宝、汤姆猫、数码视讯、顺网科技、宝通科技、当虹科技等公司股价当日涨幅约 20%③。

与激动人心的元宇宙前景和令人垂涎的股价上涨相比，中青宝等元宇宙概念公司的真实产品或业务何时推出似乎没那么重要，也少有投资者关心。2021 年 9 月 8 日晚，中青宝在其发布的股价异动公告中称：元宇宙是一个巨大的概念和模式，公司尚处于初步探索阶段，触及概念相对较浅，对应产品尚在研发中。目前新游戏上线时间和地区受到诸多因素影响，存在不确定性。从公告可以看出，中青宝的元宇宙游戏何时推出还是未知数，仅仅是因为声称要开发元宇宙游戏，蹭上了元宇宙概念的热度，就受到了投资者的热捧。回顾中青宝的历史，元宇宙概念只是最近一次

---

① 中青宝，公司全称为深圳中青宝互动网络股份有限公司，是一家从事网络游戏开发、运营及发行的游戏公司，主营业务是游戏和云服务。

② 元宇宙赛道崛起 网游老兵砥砺奋进踏征程．（2021－09－09）［2022－02－10］．https：//www.zqgame.com/Main/news/topnews/topnews6639.html.

③ "沾光"元宇宙概念 中青宝股价三天累计最高涨幅超 70%．（2021－09－10）［2022－03－06］．https：//baijiahao.baidu.com/s? id=1710440488564412625&wfr=spider&for=pc.

成功的蹭热度，此前，中青宝还提过文旅概念、区块链概念、数字货币概念，只不过没有这次"收获丰厚"。其他一些股价大涨的公司情况也跟中青宝类似，都只是在利用元宇宙的概念进行虚假包装、炒高股价。股价"沾元宇宙就涨"也引起了监管机构的关注，沪深证券交易所曾经向中青宝、智度股份、国光电器、数字政通、山水比德等多家上市公司发出关注函，要求其说明公司现有业务与元宇宙概念的关联性，是否存在虚假或误导性宣传，是否存在借元宇宙热点概念炒作股价的行为[①]。然而，监管机构的提醒并没有让元宇宙的投机狂热平息下来。从中青宝宣布入局元宇宙开始，其股价一路飞升，从 8 元每股一路涨到最高 42 元每股，短短 40 多个交易日就暴涨了约 4 倍，股价泡沫迅速膨胀[②]。

中青宝等公司通过炒作元宇宙概念推动股价暴涨的现象与当年互联网热潮中的概念炒作现象如出一辙。罗伯特·希勒指出："整个 20 世纪 90 年代都存在这样一种趋势，即利用媒体，通过营造所谓的概念来吸引投资者，以提高公司的股价。"[③] 时至今日，我们发现上市公司通过不断炒作新概念来抬高股价的行为依然层出不穷。

像中青宝这样的公司或许会辩解，它们并非炒作概念，它们是实实在在地研发元宇宙游戏。那么，吊足众人胃口的中青宝元宇宙游戏《酿酒大师》是什么时候才有点眉目的呢？直到 2022 年 2 月底，这款元宇宙游戏才千呼万唤始出来。中青宝开始对这款游戏的 H5 版本进行第一次内测，限量发放测试码。这款号称使用了利得链技术、交互技术、网络运算技术、物联网技术、游戏技术、AI 技术六大技术的元宇宙游戏到底体验如何呢？玩家们对这款游戏的吐槽很多。他们认为："作为一款注重社交、标榜沉浸感的元宇宙游戏，《酿酒大师》的实时社交表现甚至有点不及 MMO 页游。游戏中能够看到的其他玩家都只是一个个简单又相似的人物模型，头上顶着个 ID 在地图上四处游走。就目前这个游戏质量，基本看不出元宇宙相关技术的使用及必要性。《酿酒大师》很难称得上是一款元宇宙游戏。游戏的整体表现与当前的技术发展有着较为严重的脱节，画面水平落后，玩法空洞，哪怕不看元宇宙这一要素，《酿酒大师》也很难称得上是好玩的游戏。"[④]

中青宝推出的新游戏显然与人们期待的元宇宙游戏相去甚远，游戏质量及体验

① 股价暴涨暴跌！多家上市公司炒作元宇宙概念，受到监管"强力"关注.（2022-01-20）[2022-03-25]. https://m.thepaper.cn/baijiahao_16378332.
② "元宇宙"维权第一股！中青宝投资者维权征集已开启 投资者可索赔.（2022-04-16）[2022-05-07]. https://www.163.com/dy/article/H53K611P0519QIKK.html.
③ 希勒.非理性繁荣：第二版.李心丹，等译.北京：中国人民大学出版社，2014：87.
④ 推翻 5 次重做，将投 1 亿研发，我试了试中青宝这款"元宇宙"游戏.（2022-03-06）[2022-04-19]. https://baijiahao.baidu.com/s?id=1726472664441048950&wfr=spider&for=pc.

都不具有竞争力。那么，其经营业绩和关键财务指标又如何呢？能否支撑起一路高涨的股价呢？

我们来看营业收入和净利润这些关键财务数据。根据中青宝 2020—2022 年度财务报告，其经营情况如表 12-1 所示。

表 12-1　中青宝 2020—2022 年度营业收入和扣非净利润

财务指标	2020 年	2021 年	2022 年
营业收入	26 575 万元	33 641 万元	27 476 万元
扣非净利润	−15 200 万元	−3 235 万元	−6 576 万元

从表中可以看出该公司 2020 年以来营业收入增长停滞，盈利能力不佳，三年都处于亏损状态，其实际业务表现完全支撑不起 2021 年 9 月至 2022 年 1 月以来二级市场的高光价格，属于投资价值较低的标的。

除此之外，中青宝还存在关联收购、股权激励 50％给实控人等违规操作，股权激励成了实控人的套利工具。中青宝屡蹭热度、趁机精准减持，实控人累计减持超公司总股本的 40％，仍在持续套利；公司财务数据不佳，缺乏业务突破能力[①]。

仔细考察中青宝等元宇宙概念公司的实际业务与经营业绩就会发现，这些公司大多没有实实在在的元宇宙产品或业务，其所虚构或匆忙上马的元宇宙项目也没有利润。这些公司只是通过概念包装和印象管理在投资者心目中建构起一座座元宇宙的摩天大楼，其实是没有真实基础支撑的"空中楼阁"。

机构投资者：短期导向与抱团炒作

股市中另一个有重要影响力的主体是机构投资者。机构投资者是指用自有资金或者从分散的公众手中筹集的资金专门进行有价证券投资活动的法人机构，主要有保险公司、证券公司、证券投资基金、养老基金、银行等。与个人投资者相比，机构投资者具有资金规模大、信息分析能力强、管理决策专业化等特点，在资本市场上也拥有更大的影响力。

机构投资者在资本市场中既可能发挥正面的促进作用，也可能发挥负面的干扰作用，这主要取决于其动机取向和相应的行为选择。秉持长期主义动机取向和价值观的机构投资者青睐采取长线投资或价值投资的行为策略，它们通过坚定地长期投资优质公司的股份支持优质公司的价值增长，促进资本市场的价值发现与价值创

---

① 中青宝：如何借元宇宙游戏，暴拉 90 亿，股价翻 5 倍？．（2022-03-25）［2022-04-19］．https：//baijiahao. baidu. com/s? id=1728256012109785854&wfr=spider&for=pc.

造，对公司的成长和资本市场的健康发展发挥正面的引导作用。而秉持短期主义动机取向的机构投资者则热衷于短线投机或抱团炒作的行为策略，它们通过抱团炒作热门公司的股票而快速获利，驱动股价泡沫膨胀，导致股票价格与内在价值发生较大偏离，对公司踏实本分的经营和资本市场的合理估值产生负面作用。

国内外的很多研究者分析了机构投资者的短期投机、抱团行为及其影响因素。美国有"小巴菲特"之称的价值投资大师、Baupost 基金公司总裁塞思·卡拉曼认为，导致机构投资者不能进行长期投资的主要原因是机构投资者面临业绩表现的压力并且受到金融市场狂热氛围的影响。因此，机构投资者陷入短期相对业绩表现的竞赛之中。短期相对业绩导向的机构投资者关注短期回报并经常被最近的市场热点所吸引，以获得更好的相对业绩[①]。

中国的机构投资者同样存在短期导向和抱团炒作的行为。有研究发现，中国证券市场大的行情及板块轮炒现象主要是机构投资者发动的，机构投资者往往是市场投机的主力。究其原因，主要是利益驱动。大量噪声交易者的存在，使得机构投资者（或者准确地说，机构投资者中的知情下注交易者）联合行动，制造行情，让大量噪声交易者跟风，进而从中谋利，即机构投资者出现共谋行为[②]。还有研究者通过 Louvain 算法捕捉到了机构投资者存在抱团集体交易行为，即共同进退行为。而且他们发现，机构投资者抱团持股的比例越大，公司股票的估值虚高以及成为泡沫股票的可能性就越大[③]。

2020 年以来机构投资者抱团重仓白酒、医药、新能源等板块，曾经大幅加剧这几类股票的估值泡沫。2021 年下半年，机构投资者又抱团下注元宇宙赛道，拉动元宇宙概念股股价暴涨。根据同花顺财经数据，2021 年下半年，中青宝股票的机构投资者持仓比例是 20.46%，当时股价最高被炒到了 42.63 元。而到了 2022 年 3 月份，中青宝股票的机构投资者持仓比例大幅减少，只剩下 0.3%，4 月份，股价也下跌到了最低水平 15.85 元。这说明，机构投资者也清楚中青宝的估值存在很大的泡沫，所以它们在获利之后就大幅抛售，诱使其他投资者也跟风卖出，这是造成元宇宙概念股暴涨之后又暴跌的重要原因。

综上所述，机构投资者是股市投机性泡沫的重要建构者和推动者。它们通过抱团投机元宇宙概念股，迅速拉抬股价，制造繁荣景象，在投资者心目中建构起一座

① Klarman S A. Margin of safety: risk-averse value investing strategies for the thoughtful investor. New York: HarperBusiness, 1991: 38.
② 何诚颖. 中国股市"板块现象"分析. 经济研究, 2001 (12): 82-87.
③ 吴晓晖, 郭晓冬, 乔政. 机构投资者抱团与股价崩盘风险. 中国工业经济, 2019 (2): 117-135.

座元宇宙的空中楼阁，诱导其跟风追逐元宇宙热门股票，加剧了元宇宙概念股的泡沫，提高了元宇宙股票的投资风险。

个人投资者：心理偏差与非理性行为

全球有数亿个人投资者，其中，中国证券市场中的个人投资者超过两亿，是中国证券市场中的重要主体，他们的投资心理和行为模式对投机性资产的价格波动和投机性泡沫的形成有着重要影响。有效市场理论假定股市投资者的行为是完全理性的，他们会对股票的现值进行合理估计，因而他们的买卖行为确保了股价可以公允地反映股票的未来前景。然而这一理性人假设并不符合现实，它无法解释为什么股票的价格会大幅偏离它的内在价值、为什么会出现股票估值泡沫。在批判经济学理性人假设的基础上，行为金融学家指出，人们并非像经济学模型假设的那样理性，人们在不确定的情形下做判断时会有一些方面与理性产生系统性偏离。其中，主要有四种认知心理偏差使非理性的市场行为得以存在，分别是过度自信、判断偏差、羊群效应以及损失厌恶[1]。丹尼尔·卡尼曼指出，过度自信的倾向在投资者中表现得尤为强烈。与其他大多数人群比较起来，投资者往往更倾向于夸大自己的技能技巧。他们会高估自己的知识水平，低估有关风险，对未来的评估过于乐观。投资者过度自信其有能力预测公司的未来增长情况，这导致了所谓增长型股票普遍具有被高估的可能[2]。

希勒的研究也证明，过度自信在投机性泡沫的形成中发挥了根本性的作用。他指出，每当新经济时代来临的思想观念流行时，比如 20 世纪 90 年代互联网时代到来时，公众就会对新经济和投资市场表现出极度乐观和过度自信[3]。借鉴希勒的研究，我们考察这一轮元宇宙投机热潮，就会发现元宇宙也被投资者看作一个新经济时代来临的标志，人们认为移动互联网的下一个发展阶段就是元宇宙，元宇宙相关技术和产业的发展将会带来巨大的想象空间和获利空间。然而，相较元宇宙尚处于技术萌芽期和产业尚不成熟的现实，投资者们对元宇宙的发展前景过于乐观，出现了过度自信的心理偏差。

除了过度自信之外，人性的贪婪和对暴富的渴求也会使人们在投资时出现非理性决策，因而更容易被一些公司或个人虚构的热门投资机会所引诱。查尔斯·金德伯格教授在他 1989 年出版的著作《疯狂、惊恐和崩溃》中这样写道："我们相信，

---

① 马尔基尔. 漫步华尔街：第 11 版. 张伟，译. 北京：机械工业出版社，2020：212.
② 马尔基尔. 漫步华尔街：第 11 版. 张伟，译. 北京：机械工业出版社，2020：215.
③ 希勒. 非理性繁荣：第三版. 李心丹，等译. 北京：中国人民大学出版社，2016：245.

欺骗是由需求决定的……在繁荣时期，财富不断得以创造出来，人们也越来越贪婪，骗子也就出现了，他们利用的正是人们对财富的渴望。"[1] 在元宇宙投机热潮中，很多人在投资者互动平台上主动询问一些上市公司是否计划开展元宇宙相关业务，他们渴望凭借押中元宇宙概念股实现快速致富的梦想，而一些上市公司就抓住投资者追逐热点的心态，虚构元宇宙业务增长前景，引诱投资者跟风买入，然后伺机获利。

过度自信和对财富的贪婪会促使投资者做出非理性的行为决策，最典型的就是从众行为。当投资者看到元宇宙概念股连续暴涨，其他人购买元宇宙股票不断赚钱时，他们就会忽视风险，盲目跟风，一拥而上购买热门股票，导致元宇宙概念股的泡沫不断膨胀。所以说，个人投资者的心理偏差和非理性行为推动了元宇宙概念股泡沫的形成和膨胀。

四、元宇宙投机性泡沫的放大机制

资本市场的众多参与主体在社会建构机制的作用下共同推动了元宇宙投机性泡沫的形成。与此同时，元宇宙投机性泡沫在积聚的过程中，经由泡沫的反馈环（feedback loop）、新闻媒体的宣传引导与推波助澜、移动互联网的快速传播等相关机制产生放大效应，导致投机性泡沫不断膨胀。

泡沫的反馈环

罗伯特·希勒在研究股市投机性泡沫的放大机制时指出，这种放大机制是通过一种反馈环运行的。过去的价格上涨会增强投资者的信心及期望，投资者进一步抬升股价，高股价带来的财富幻想又进一步吸引更多的投资者，这种循环不断进行下去，最终造成对投机性泡沫原始诱发因素的过激反应。反馈环理论是建立在投资者预期反馈或投资者信心反馈基础上的，发生反馈是由于过去的价格上涨助长了投资者对价格进一步增长的预期或是提升了投资者的信心[2]。

这种反馈机制在推动元宇宙投机性泡沫不断放大的过程中，同样发挥了重要作用。2021 年 9 月 7 日至 9 月 9 日，自中青宝宣布要做元宇宙游戏起，其股价连续三个交易日累计上涨 70%，股价的大幅快速上涨强化了投资者对元宇宙未来增长前景

---

① Kindleberger C P. Manias, panics and crashes. London：Macmillan，1989：90.
② 希勒. 非理性繁荣：第三版. 李心丹，等译. 北京：中国人民大学出版社，2016：109，127.

的预期和信心，吸引更多的投资者购买元宇宙概念股，持续推动相关股票的价格上涨。不仅中青宝的股价在短短 40 多个交易日内就实现了超过 400％ 的暴涨，而且中文在线、蓝色光标、浙文互娱等个股也实现了超过 100％ 的上涨。个股上涨引发的反馈机制推动整个元宇宙板块的股价都实现了大幅上涨，仅一个月平均涨幅就达到 22.65％。

　　然而这种价格上涨不会永远持续下去，投机性泡沫也不可能永远持续下去。当公司的业绩增长不及预期，投资者对股票的需求下降时，股价就会下降，引发投机性泡沫的负向反馈——最初的价格下滑令投资者失望，引起价格的进一步下滑甚至是极度恐慌情绪下的断崖式下跌，投机性泡沫逐渐破灭。

　　元宇宙投机性泡沫在 2022 年 2 月初达到了顶点，随后美国头部元宇宙公司的股价相继暴跌，触发了泡沫负向反馈的过程。2022 年 2 月 3 日，押注元宇宙的 Meta 股价暴跌 26.39％，创下 2012 年该公司上市以来的最大单日跌幅，市值蒸发 2 376 亿美元。究其原因是财报显示 Meta 2021 年全年净利润及第四季度日活跃用户数量均低于市场预期，Meta 旗下主要研究虚拟现实/增强现实技术和产品的 Reality Labs 部门，在 2019 年、2020 年、2021 年分别亏损 45 亿美元、66 亿美元和 102 亿美元，Meta 预计其 2022 年的经营亏损还将显著增加。紧接着，号称元宇宙第一股的 Roblox 在 2 月 16 日收盘暴跌 26.51％，主要原因是财报显示 Roblox 在 2021 年经营净亏损 4.91 亿美元[①]。两家头部公司的股价暴跌影响了投资者对元宇宙概念股的乐观预期，触发了负反馈机制，导致股价进一步下跌。2022 年年初至今，国内的元宇宙概念股大部分下跌了 20％ 有余，负反馈机制在股价的快速下跌中也发挥了重要作用。

新闻媒体的宣传引导与推波助澜

　　在投机性泡沫的放大过程中，新闻媒体的宣传也起到了重要的推动作用。罗伯特·希勒指出，新闻媒体能积极地影响公众的注意力和思考方式，同时也能形成股市事件发生时的环境。媒体在使大众对新闻更感兴趣的同时，也成了投机性价格变动情况的主要传播者。它们通过报道公众早已熟知的股价变动来使公众对媒体更感兴趣，以此提高公众对这些变动的关注程度。因此，媒体的参与能够导致更强烈的反馈，使过去的价格变化引起进一步的价格变化。新闻媒体还是全球投机文化的重要

---

　　① 业绩不达预期，龙头股接连暴跌，元宇宙泡沫戳破了？.（2022-02-17）[2022-04-10]. https://m.thepaper.cn/baijiahao_16743107.

支撑①。

2021 年，国内外各类新闻媒体上有关元宇宙的报道迅速增加，引起了公众对元宇宙这一新生概念的关注。如国外向投资者提供金融数据和信息的软件公司彭博（Bloomberg）编撰了上千篇包含"元宇宙"一词的报道。在此之前的 10 年中，"元宇宙"一词总共只出现过 7 次②。

由于全球媒体信息的快速传播，国内各类媒体上有关元宇宙的报道也火速升温，元宇宙成为 2021 年度十大网络用语之一，围绕元宇宙相关话题的讨论数量迅速增加。《中国新闻出版广电报·传媒周刊》联合西安交通大学新闻与新媒体学院，梳理了 2021 年度部分关键词的媒体报道数量，其中元宇宙的媒体报道数量共计971 079 条。而且从元宇宙相关话题讨论数量折线图看，自 2021 年 7 月开始，元宇宙相关话题讨论数量快速增加，从 7 月的 16 794 条迅速上升到 12 月的 354 032 条③。

媒体报道大幅增加的这一时期，正是国内元宇宙概念股暴涨、各类相关投资火热的一段时期。国内金融、证券投资等各类媒体上密集发布有关科技巨头纷纷布局元宇宙、中青宝等元宇宙概念股持续暴涨等消息，这些消息吸引了投资者的注意，激发了投资者关于元宇宙的集体想象和投资热情，在元宇宙投机性泡沫膨胀的过程中起到了推波助澜的作用。虽然媒体中也不乏质疑元宇宙投资目前存在泡沫的冷静声音，但是当元宇宙概念股价格暴涨引发投资者的热情上涨时，亢奋的情绪和投机致富的心理使他们忽略了那些质疑的声音，即使知道有泡沫，也想"骑乘泡沫"，大赚一笔。

移动互联网的快速传播

在分析 21 世纪初互联网泡沫膨胀的原因时，马尔基尔曾提示人们注意互联网的影响。他指出："互联网本身也成了媒体。有了互联网，个人投资者不必查看《华尔街日报》或给经纪人打电话，就能了解股票价格了。所需的一切信息都可以在网上实时获取。互联网会提供股票概况、分析师推荐评级、股价历史走势图、下季度盈利和长期增长预测，还可以让人立即查阅到几乎任何一只股票的所有新闻。互联网使投资过程实现了民主化，这种民主化在促使泡沫长时间持续膨胀方面发挥了重要作用。"④

①　希勒. 非理性繁荣：第三版. 李心丹，等译. 北京：中国人民大学出版社，2016：170－172.
②　鲍尔. 元宇宙改变一切. 岑格蓝，赵奥博，王小桐，译. 杭州：浙江教育出版社，2022：5.
③　2022：技术赋能 向新向前.（2022－01－04）［2022－03－20］. http://data.chinaxwcb.com/epaper2022/epaper/d7636/d7b/202201/122075.html.
④　马尔基尔. 漫步华尔街：第 11 版. 张伟，译. 北京：机械工业出版社，2020：71.

时至今日，基于 4G、5G 技术的移动互联网在提高信息传播速度、扩大覆盖人群范围、提升操作便捷度方面作用显著，其在投机性泡沫发展过程中产生的传播和放大效应更是呈几何级数增长。一方面，基于移动互联网的信息传播速度更快，覆盖范围更广，一个投资消息发布以后，几秒之内，全球投资者就能同步接收并迅速对消息做出解读和反应。大量投资者对投资消息的同步反应，使得乐观和悲观情绪及投机心理更容易在群体间传染扩散、同频共振，引发从众行为。投资者趋同的心理和行为反应会推动投机性泡沫快速膨胀或消退，导致投资市场更容易出现极端的价格波动和不稳定现象。另一方面，基于移动互联网的投资操作更加便捷，人们通过手机终端的各种交易软件能够快速买卖，交易成本极低，这使一部分投资者容易出现草率决策、频繁交易、快进快出、短线投机的行为。

在这一轮元宇宙投机热潮中，经由移动互联网快速传播的元宇宙投资致富消息在投资者群体当中迅速扩散，引发了投资者对元宇宙相关资产的过度乐观情绪和跟风买入行为，推动了投机性泡沫的快速膨胀。

五、元宇宙投机的金融与社会风险

由于元宇宙具有去中心化组织（DAO）协作的特点，加上"数字人"与数字行为在技术上难以监管和规范，元宇宙可能会放大现实社会中的消极因素，因而元宇宙投机引发的金融与社会风险也会被放大。

元宇宙资产价格暴跌的风险

元宇宙投机泡沫蕴含的最直接的风险是泡沫破裂时资产价格暴跌的风险。因过度炒作而形成的元宇宙投机性泡沫，也会像历史上的众多泡沫一样，经历泡沫破灭的必然宿命。马尔基尔在回顾历史上众多著名的泡沫之后，得出结论："在每次泡沫发生的过程中，市场的确做到了自我修正。市场最终会矫正一切非理性行为，尽管会以其自己的方式，缓慢而势所必然地加以矫正。异常情形可能会突然出现，市场可能会变得非理性地乐观，没有戒心的投资者会被吸引进来。但是最终市场总会认清真实价值所在，这是投资者必须予以重视的主要教训。"[①] 他还提醒到，在投机狂欢中，要猜透变化无常的大众反应，是个极其危险的游戏。"纯粹依靠精神支持而火箭般蹿升的市场行情，都已无可避免地屈服于金融万有引力定律。高不可攀的

---

① 马尔基尔. 漫步华尔街：第 11 版. 张伟，译. 北京：机械工业出版社，2020：85.

价格可能会维持数年之久，但最终总会掉头向下。价格下落如地震般突如其来，而且狂欢愈烈，宿醉愈深。不顾后果建造空中楼阁的人很少有足够的机智灵活，能预计到行情会突然出现反转，并能在一切轰然坍塌之时脱身而逃。"①

从金融史上看，众多著名的金融泡沫破灭后，都会让参与者损失惨重，甚至引起经济衰退和社会动荡。在元宇宙投资狂热时期盲目购买相关资产的大量机构和个人投资者，在泡沫破灭时将遭受惨重损失。盲目参与元宇宙投机炒作的普通投资者，大多不具备金融资产价值评估能力和风险规避能力，只是经受不住元宇宙资产价格暴涨的诱惑而在高位贸然出手，不仅难以享受到投资带来的收益，还会承受投资失败、财富缩水的风险。

元宇宙投机性泡沫从形成到膨胀持续了一年左右的时间。自 2022 年以来，元宇宙投机性泡沫消退甚至破灭的迹象逐渐清晰显现，引发了各类相关资产价格的剧烈下跌。

首先是元宇宙概念股价格的暴跌。股票与其他投资品种相比，具有更强的流动性和波动性，资金的涌入和流出都非常方便，能在短时间内对股价产生巨大的影响，引起大幅的波动，对参与其中的投资人的打击也是极为迅猛。一旦相关公司的业绩不及预期，在移动互联网信息光速传播的时代，资本市场对元宇宙盈利前景的信心和预期就会急剧减弱，并迅速反映在其股价上，即股价会在短期内暴跌。比如 2022 年 2 月初，元宇宙领军公司 Meta 业绩不及预期的消息一经发布，立即导致其股价暴跌 26.39%。曾经的元宇宙第一股 Roblox 公司股价在 2021 年 11 月触达历史最高点 141.6 美元后，由于公司盈利前景不明朗，随后一路下跌，到 2022 年 5 月仅为 21.65 美元，跌幅超过 84.7%②。

其次是元宇宙虚拟地产价格的下跌。虚拟地产曾经是元宇宙概念炒作的热点，引起众多明星和投资人的追捧，一时风光无限，但是它的泡沫破灭也极为惨烈。2023 年 4 月，全球最大的元宇宙地产销售平台 Decentraland 地块成交价中位数已从 2022 年的 45 美元跌至 5 美元，下跌近 90%。平台的全球日活跃用户数量也从 1 200 人跌到 100 人，人气尽失。

元宇宙数字藏品和虚拟货币也大幅贬值。由于平台关停，交易停止，很多投资人购买的数字藏品和虚拟货币一夜之间价值归零。借钱参与投机炒作者，不仅血本无归，还欠下了巨额债务。

---

① 马尔基尔. 漫步华尔街：第 11 版. 张伟，译. 北京：机械工业出版社，2020：15.
② 叶檀财经. 巨亏91%！这场崩盘在预料之中.（2023 - 04 - 12）［2023 - 05 - 27］. https：//www.163.com/dy/article/I25EQCFA051996QS. html.

元宇宙金融违法犯罪的风险

在元宇宙虚拟货币、虚拟地产、数字藏品的投机炒作中，还暴露出了非法集资、赌博、诈骗、传销、洗钱等违法犯罪的风险，严重危害国家安全和社会稳定。

2021年以来，与虚拟货币相关的诈骗、传销、洗钱等违法犯罪活动愈演愈烈，扰乱经济金融秩序，给投资者带来了较大财产损失，引起了监管部门的重视。2021年9月，中国人民银行、中央网信办等10部门联合下发了《关于进一步防范和处置虚拟货币交易炒作风险的通知》，明确指出虚拟货币相关业务活动属于非法金融活动，要严厉打击虚拟货币相关业务活动中的非法经营、金融诈骗等犯罪活动，利用虚拟货币实施的洗钱、赌博等犯罪活动和以虚拟货币为噱头的非法集资、传销等犯罪活动[①]。2022年以来，国家网信办出重拳清理处置了一批宣传炒作虚拟货币的违法违规信息、账号和网站[②]。

数字藏品的投机风险也很快暴露，不少交易平台爆雷"塌房"，卷款跑路，许多曾经"一夜暴富"的玩家纷纷走上退款维权之路。据速途元宇宙研究院统计，2022年11月，有超过30家数字藏品平台主动发布清退公告。能退款都算好的，很多都是空壳公司找不到人。一些用户在曾经火爆的国内数字藏品头部平台iBox上购买数字藏品后，藏品的市场价格暴跌，2023年3月，iBox关闭了数字藏品的寄售市场，禁止藏品交易，给前期买入藏品的用户造成重大损失，许多用户提起诉讼，多地警方立案调查[③]。

元宇宙过度金融化的风险

元宇宙投机炒作中出现的过度金融化倾向则是另一个具有长远影响的风险。所谓过度金融化是指随着金融化程度的提高，金融化不能进一步促进经济增长，反而阻碍经济发展的现象。过度金融化时通常会出现经济活动投机性强、交易频繁、资产价格剧烈波动，金融资源离开实体经济"空转"等风险，并有可能最终导致危机[④]。

在元宇宙投资热潮中，大量金融资源围绕没有实质价值的概念和"资产"进行

---

① 关于进一步防范和处置虚拟货币交易炒作风险的通知.（2021-10-08）[2022-03-27]. http：//www. gov. cn/zhengce/zhengceku/2021-10/08/content_5641404. htm.

② 国家网信办集中整治涉虚拟货币炒作乱象.（2022-08-08）[2022-10-20]. http：//www. cac. gov. cn/2022-08/08/c_1661598811397179. htm.

③ 陈伟. 数字藏品iBox涉"炒图陷阱"，玩家：睡觉都在想着抢购，投入60万，到头来只有一堆图片.（2023-04-26）[2023-05-23]. https：//www. sohu. com/a/670539847_121019331.

④ 刘锡良，文书洋. 中国存在过度金融化吗. 社会科学研究，2018（3）：28-36.

炒作，资本脱离实体经济"空转"，投资并未真正支持关键技术和实体产业发展，造成"脱实向虚"的浪费，延缓了元宇宙的发展建设和应用落地进程，这对元宇宙产业和金融业的长期健康发展带来的战略性风险不容低估。

六、元宇宙金融与社会风险的防范与化解

元宇宙相关金融交易具有投机性、复杂性和隐秘性，需要通过加强监管、制定和完善制度规范、加强行业自律和开展投资者教育等多种途径，防范与化解元宇宙资产投机炒作、违规交易引发的金融与社会风险。

加强监管

首先，构建协同共治的元宇宙监管体系。建议在国家层面推进数字身份认定、数字资产确权等相关基础制度体系建设，在地方层面积极开展元宇宙发展负面清单等的研究制定工作，明确监管责任主体，共同保障元宇宙产业安全有序发展。探索建立跨部门、跨区域的协同监管和信息共享机制，开展联合监管试点，提升监管效能。加强对炒作元宇宙概念的平台、机构和上市公司的监管。加大执法监督力度，依法从严打击元宇宙发展过程中的违法违规活动，重点防范诈骗、恶意炒作、非法集资等引发的金融风险[1]。

其次，采用创新可控的元宇宙监管模式。目前，北京、上海、深圳等地已经开始探索在元宇宙产业发展过程中采用监管沙盒[2]的创新监管模式，研究制定监管沙盒建设方案。围绕元宇宙典型应用场景，构建审慎宽容的监管环境，在沙盒中进行纠错，鼓励企业创新，更好地支撑元宇宙产业发展。探索建立资金存管机制，推动元宇宙领域的企业与银行实现存管系统直连，保障企业合规运营，提升金融风险防范能力。

制定和完善制度规范

由于元宇宙技术的超前性和治理的复杂性，政府有关部门和行业组织应积极开

---

① 中国信通院西部分院. 元宇宙发展风险研判与监管策略研究. （2023－03－06）［2023－04－27］. https://www.163.com/dy/article/HV4O15M005526BKC.html.

② 监管沙盒（regulatory sandbox），是2015年11月英国金融监管局率先提出的创新监管理念。监管沙盒是一个受监督的安全测试区，通过设立限制性条件和制定风险管理措施，允许企业在真实的市场环境中，以真实的个人用户与企业用户为对象测试创新产品、服务和商业模式，有助于推动创新理念快速进入市场，并降低潜在成本和监管的不确定性。

展面向金融、社交等元宇宙重点领域的制度探索和法律法规研究，为参与元宇宙的平台、企业和用户提供规范化指导。

一是建立统一、可信的虚拟身份认证制度。虚拟身份是元宇宙的核心要素，也是用户连接现实世界与数字世界的关键。有关部门要像对待现实世界中的权利一样同等对待在元宇宙中生成的工作、商业交易和消费者权利，清晰地认定元宇宙中各主体的人格属性和财产属性。

二是完善虚拟资产的确权与规范交易制度。虚拟资产的确权与合规交易是关系到元宇宙健康发展的重要问题，需要加强相关制度的研究与设计，探索建立元宇宙虚拟资产交易信用体系，进一步明确虚拟资产交易场所的设立是否要进行工商注册和如何对交易主体进行税收管理等问题，预防不规范的虚拟资产交易行为可能引发的金融安全风险。

三是设计有效抑制泡沫的金融制度。监管部门可以通过金融制度的设计和创新更好地为投资者服务，如设置风险预警机制或合理的卖空机制，让类似元宇宙的投机性泡沫在较小的时候就被刺破，不至于失控膨胀，引发金融和社会风险。

加强行业自律

加强行业引导和自律也是元宇宙产业健康发展的重要保障。2022年以来，地方政府部门积极推动元宇宙行业组织建设，成立元宇宙产业联盟等行业组织，搭建元宇宙公共服务平台，发挥元宇宙产业自律功能，推进企业签署行业自律协议，引导资本服务于产业健康发展[①]。

针对元宇宙资产投机炒作等行业乱象，有关行业组织及时制定产业自律公约，引导行业规范化发展。例如，2022年2月，中国移动通信联合会元宇宙产业委员会发布《元宇宙产业自律公约》，提出元宇宙业务应立足服务实体经济，扎实推进元宇宙产业化和产业元宇宙化发展，合理阐述元宇宙发展前景，引导公众形成理性预期，坚决抵制利用元宇宙热点概念进行资本炒作，避免形成市场泡沫。2022年4月，中国互联网金融协会、中国银行业协会和中国证券业协会联合发布《关于防范NFT相关金融风险的倡议》，要求坚决遏制NFT金融化证券化倾向，从严防范非法金融活动风险，呼吁广大消费者增强自我保护意识，自觉抵制NFT投机炒作行为，警惕和远离NFT相关非法金融活动，切实维护自身财产安全。中国移动通信

① 中国信通院西部分院. 元宇宙发展风险研判与监管策略研究. （2023 - 03 - 06）［2023 - 04 - 27］. https://www.163.com/dy/article/HV4O15M005526BKC.html.

联合会元宇宙产业委员会与中国通信工业协会区块链专业委员会联合发布了《关于规范数字藏品产业健康发展的自律要求》，引导数字藏品平台和发行企业坚守合规底线，抵制无序炒作，防止出现严重泡沫，推动我国数字藏品产业健康有序规范发展。上述行业自律行动对于引导元宇宙相关产业健康发展和消费者理性投资起到了积极作用。

开展投资者教育

金融监管和投资者保护等相关机构和组织应当通过多种渠道对广大投资者进行适时的风险提示和投资教育，使其对元宇宙等热门投资机会所蕴含的机遇和风险有清醒的认识，引导投资者理性审慎地参与金融投资活动。

一是教会投资者识别投机性泡沫的典型表现，帮助投资者规避泡沫陷阱。关于如何识别投机性泡沫的典型表现，曾经准确预测美国 2000 年科技类股票泡沫破灭的杰里米·西格尔教授给投资者提供了几条实用的建议："投资者可以甄别一些现象来确认泡沫是否存在。这些现象包括：广泛且迅速升温的媒体报道；缺乏利润甚至收入方面的依据，只是建立在一些概念和名号基础上的高得出奇的定价；以及认为世界已经发生根本性的改变因此某些公司不能再按照传统方法进行评估的观念。如果你识别出了一个泡沫，最好的建议是离它远一点。"[①] 因为，历史证明，能够在泡沫破灭之前全身而退的投资者寥寥无几。

二是教育投资者对金融资产的价值进行合理的评估。教育投资者学会使用清算价值法、自由现金流折现法等估值方法，结合市盈率、市净率、净资产收益率等关键指标对公司的内在价值区间进行合理的估算，然后以远低于内在价值的价格购买公司的股票，给投资留出充分的安全边际。

三是教育投资者通过构建投资组合的方法进行多元化、分散化的投资，以对冲集中投资的风险。引导投资者根据自身的风险偏好和资金使用需求合理确定投资组合中各类资产的比例。投资者要切记只能用闲钱来做投资，千万不能用借钱、加杠杆等激进的方法参与投资。

结　语

元宇宙从走上神坛到迅速退潮，只用了短短一年左右的时间。当泡沫膨胀时，

---

① 西格尔.投资者的未来.李月平，等译.北京：机械工业出版社，2008：77－78.

元宇宙是一个承载着无数人财富梦想的美丽新世界；而当泡沫破灭时，数字藏品一文不值，数字房产人去楼空，数字地皮一片荒芜……元宇宙的梦醒时分，又是另一番众生相。不仅科技巨头、风投公司投入元宇宙的资本出现巨额亏损，而且普通投资者争相购买的元宇宙资产更是血本无归。

面对元宇宙泡沫破灭的惨痛损失，我们应当吸取教训，认识到在新经济或新技术发展早期阶段，盲目乐观地进行投机炒作具有重大的金融和社会风险。在新技术萌芽阶段，相关资产的价格上涨并不是建立在其真实盈利和坚实价值的基础上，而是投资市场众多主体出于牟利动机实施炒作行为共同建构出来的"空中楼阁""虚幻泡沫"。泡沫在反馈环、新闻媒体的宣传引导与推波助澜和移动互联网的快速传播等机制作用之下会不断放大，给人一种价格持续上涨的假象。然而，市场最终会矫正一切非理性行为，真实价值终会胜出，没有价值支撑的泡沫定会破灭。

未来，伴随着元宇宙关键技术的突破和 ChatGPT 等人工智能技术的发展，围绕新兴高科技概念的炒作还将不时出现，投机性泡沫还会不断泛起，希望本章所提供的分析思路能对广大投资者有所帮助，使广大投资者能够理性判断新兴技术的发展前景和投资价值，在享受技术发展带来的便利和收益的同时，规避盲目投机带来的风险和损失。只有通过政府部门合理引导金融资本为数字经济发展服务，广大投资者有效利用资金助力高科技企业发展，高科技企业善用资本实现技术发展和产品创新，才能形成金融与经济、社会的良性互动发展格局，共同推动中国数字经济的发展和普惠金融社会的建设。

参考文献

[1] 2021 年 A 股元宇宙板块涨 42.0% 2022 年的机会在哪里？. （2022 - 01 - 05）［2022 - 05 - 19］. https：//baijiahao. baidu. com/s? id=1721110944476593649 & wfr=spider&for=pc.

[2] 2022：技术赋能 向新向前. （2022 - 01 - 04）［2022 - 03 - 20］. http：// data. chinaxwcb. com/epaper2022/epaper/d7636/d7b/202201/122075. html.

[3] Decentraland：30 天内收入翻千倍，虚拟世界的"罪恶之城". （2022 - 01 - 14）［2022 - 03 - 20］. https：//baijiahao. baidu. com/s? id=17219200005551691770& wfr=spider&for=pc.

[4] Meta 搞元宇宙：一年烧了 932 亿. （2023 - 02 - 02）［2023 - 04 - 10］. ht-tps：//m. 163. com/dy/article/HSJB8D8V0511A72B. html.

［5］NFT 在营销圈"火"了．（2021－09－10）［2022－02－18］．https：//m. thepaper. cn/baijiahao_14443399.

［6］"元宇宙"维权第一股！中青宝投资者维权征集已开启 投资者可索赔．（2022－04－16）［2022－05－07］．https：//www. 163. com/dy/article/H53K611P0519QIKK. html.

［7］"沾光"元宇宙概念 中青宝股价三天累计最高涨幅超 70％．（2021－09－10）［2022－03－06］．https：//baijiahao. baidu. com/s? id＝1710440488564412625&wfr＝spider&for＝pc.

［8］鲍尔．元宇宙改变一切．岑格蓝，赵奥博，王小桐，译．杭州：浙江教育出版社，2022.

［9］币圈"毒瘤"币世界退出中国，虚拟货币迎来全面打击！．（2021－07－20）［2022－02－19］．https：//zhuanlan. zhihu. com/p/391483269.

［10］陈伟．数字藏品 iBox 涉"炒图陷阱"，玩家：睡觉都在想着抢购，投入60 万，到头来只有一堆图片．（2023－04－26）［2023－05－23］．https：//www. sohu. com/a/670539847_121019331.

［11］陈序．NFT 前沿课．（2022－06－23）［2022－11－28］．https：//www. bilibili. com/read/cv17232047/.

［12］股价暴涨暴跌！多家上市公司炒作元宇宙概念，受到监管"强力"关注．（2022－01－20）［2022－03－25］．https：//m. thepaper. cn/baijiahao_16378332.

［13］关于进一步防范和处置虚拟货币交易炒作风险的通知．（2021－10－08）［2022－03－27］．http：//www. gov. cn/zhengce/zhengceku/2021－10/08/content_5641404. htm.

［14］国家网信办集中整治涉虚拟货币炒作乱象．（2022－08－08）［2022－10－20］．http：//www. cac. gov. cn/2022－08/08/c_1661598811397179. htm.

［15］何诚颖．中国股市"板块现象"分析．经济研究，2001（12）：82－87.

［16］刘锡良，文书洋．中国存在过度金融化吗．社会科学研究，2018（3）：28－36.

［17］马尔基尔．漫步华尔街：第 11 版．张伟，译．北京：机械工业出版社，2020.

［18］马尔基尔．漫步华尔街：第 9 版．张伟，译．北京：机械工业出版社，2008.

［19］上市公司信息披露管理办法．（2021－03－18）［2021－10－28］．http：//www. gov. cn/gongbao/content/2021/content_5605111. htm.

　　［20］数字藏品＝NFT？有关联更有本质区别．（2022－06－16）［2022－08－10］. https：//baijiahao. baidu. com/s？id＝1735762146344654229&wfr＝spider&for＝pc.

　　［21］太突然！暴涨542倍．（2022－02－02）［2022－05－23］. https：//baijiahao. baidu. com/s？id＝1723659540693347180&wfr＝spider&for＝pc.

　　［22］投资不是虚拟游戏 盲目追捧元宇宙不可取．（2021－09－09）［2022－05－07］. https：//baijiahao. baidu. com/s？id＝1710375801925250035&wfr＝spider&for＝pc.

　　［23］推翻5次重做，将投1亿研发，我试了试中青宝这款"元宇宙"游戏．（2022－03－06）［2022－04－19］. https：//baijiahao. baidu. com/s？id＝172647266444441048950&wfr＝spider&for＝pc.

　　［24］吴晓晖，郭晓冬，乔政．机构投资者抱团与股价崩盘风险．中国工业经济，2019（2）：117－135.

　　［25］西格尔．投资者的未来．李月平，译．北京：机械工业出版社，2008.

　　［26］希勒．非理性繁荣：第二版．李心丹，等译．北京：中国人民大学出版社，2014.

　　［27］希勒．非理性繁荣：第三版．李心丹，等译．北京：中国人民大学出版社，2016.

　　［28］业绩不达预期，龙头股接连暴跌，元宇宙泡沫戳破了？．（2022－02－17）［2022－04－10］. https：//m. thepaper. cn/baijiahao_16743107.

　　［29］叶檀财经．巨亏91％！这场崩盘在预料之中．（2023－04－12）［2023－05－27］. https：//www. 163. com/dy/article/I25EQCFA051996QS. html.

　　［30］一套房换一张数字藏品，你可还愿意？．（2023－02－03）［2023－04－20］. https：//baijiahao. baidu. com/s？id＝1756789729227618318&wfr＝spider&for＝pc.

　　［31］一文盘点2021年美股"大放异彩"的概念股．（2021－12－31）［2022－05－19］. https：//zhuanlan. zhihu. com/p/451977313.

　　［32］英伦大叔．中国小伙被美国告了，曾一夜狂赚3亿美元，33岁人生惊心动魄跌宕起伏．（2023－03－27）［2023－05－20］. https：//news. ifeng. com/c/8OUL1So2rsi.

　　［33］于佳宁，何超．9个卡通头像，卖了1 696万美元……．（2021－11－22）

[2022 − 03 − 20]. https：//baijiahao. baidu. com/s? id＝1717098089174082074&wfr＝spider&for＝pc.

[34] 元宇宙代币价格.（2023 − 01 − 16）[2023 − 02 − 18]. http：//web-nft. cn/post/33937. html.

[35] 元宇宙概念股怎么买? 这只 ETF 连涨 6 周，几乎包揽所有的概念热门股!.（2021 − 11 − 10）[2022 − 12 − 07]. https：//baijiahao. baidu. com/s? id＝1723659540693347180&wfr＝spider&for＝pc.

[36] 元宇宙赛道崛起 网游老兵砥砺奋进踏征程.（2021 − 09 − 09）[2022 − 02 − 10]. https：//www. zqgame. com/Main/news/topnews/topnews6639. html.

[37] 中关村网金院. Gartner 发布 2022 年新兴技术成熟度曲线，25 项新兴技术值得关注.（2022 − 08 − 20）[2022 − 09 − 17]. https：//baijiahao. baidu. com/s? id＝1741660322658337733&wfr＝spider&for＝pc.

[38] 中国信通院西部分院. 元宇宙发展风险研判与监管策略研究.（2023 − 03 − 06）[2023 − 04 − 27]. https：//www. 163. com/dy/article/HV4O15M005526BKC. html.

[39] 中青宝：如何借元宇宙游戏，暴拉 90 亿，股价翻 5 倍?.（2022 − 03 − 25）[2022 − 04 − 19]. https：//baijiahao. baidu. com/s? id＝1728256012109785854&wfr＝spider&for＝pc.

[40] Kindleberger C P. Manias，panics and crashes. London：Macmillan，1989.

[41] Klarman S A. Margin of safety：risk-averse value investing strategies for the thoughtful investor. New York：HarperBusiness，1991.

第十三章　工业元宇宙：传统制造向智能制造的演进路径

引　言

党的二十大报告提出，要推动制造业高端化、智能化、绿色化发展。工业对中国整体 GDP 的贡献最大，2022 年我国全部工业增加值突破 40 万亿元大关，占比达到 33.2%；其中制造业增加值占 GDP 比重为 27.7%[1]。随着以元宇宙为代表的新兴数智化技术浪潮加速到来，着眼于新一轮科技革命和产业变革新机遇，构建工业智能制造的新能力、新模式，势在必行。按照业界的技术构想，工业元宇宙是指通过各类新技术将物理世界与数字世界相结合，建立一个新的数字生态系统，以实现工业自动化、数字化和智能化的发展。工业元宇宙可以使工业生产超越时空和地域的限制，在多个维度进行协同生产，极大提高智能制造水平。

根据集邦咨询的预测，工业元宇宙将推动全球智能制造市场规模在 2025 年达到 5 400 亿美元[2]。中国是制造业大国，制造业是国民经济的主体，是立国之本、兴国之器、强国之基[3]，在促进增收、稳定税源、保证就业等方面地位无可替代。工业元宇宙的出现给智能制造的发展带来了新的机遇，当前，国家大力推动工业元宇宙赋能智能制造的发展，在产业政策、基础建设和人才培养等方面给予充分支

---

① 去年我国全部工业增加值超 40 万亿元（新数据 新看点）.（2023-03-19）[2023-06-10]. http://finance. people. com. cn/n1/2023/0319/c1004-32646842. html.

② 柯文. 工业元宇宙未来市场空间巨大.（2022-11-10）[2023-01-28]. https://www. cnii. com. cn/rmydb/202211/t20221110_426879. html.

③ 国务院办公厅. 国务院关于印发《中国制造 2025》的通知.（2015-05-19）[2022-07-10]. http://www. gov. cn/zhengce/content/2015-05/19/content_9784. htm.

持。从 2021 年开始，各级政府纷纷出台相关政策，提出了新一代信息技术环境下元宇宙相关产业的建设举措。例如，工信部等五部门 2023 年发布《元宇宙产业创新发展三年行动计划（2023—2025 年)》，提出要推动工业元宇宙基础高级化、产业链现代化，促进数字经济与实体经济深度融合①。上海市 2021 年发布《上海市电子信息产业发展"十四五"规划》，提到要加强元宇宙底层核心技术基础能力的前瞻研发②。浙江省 2022 年印发《浙江省元宇宙产业发展行动计划（2023—2025 年)》，提出要实施"元制造"融合赋能，加快元宇宙技术与先进制造技术的融合应用③。重庆市 2023 年发布《重庆市永川区元宇宙产业发展三年行动计划（2023—2025 年)》，强调要促进元宇宙技术赋能工业转型升级，形成全新制造和服务体系④。

在此背景下，为了客观认识工业元宇宙的内涵、特征与发展趋势，本章在介绍什么是工业元宇宙与工业元宇宙时代智能制造的基础上，着重分析从传统制造向元宇宙智能制造转型的演进路径，并构建工业元宇宙的技术体系，最后探讨工业元宇宙的应用场景及其经济社会价值。

一、未来已来：工业元宇宙与智能制造概述

元宇宙及工业元宇宙概述

元宇宙是一个结合了物理现实、增强现实和虚拟现实的线上共享数字生活空间，通过整合边缘计算、数字孪生、人工智能、区块链、扩展现实等技术来实现虚拟世界和现实世界的深度融合，从而带给用户沉浸式的真实体验。20 世纪 90 年代，美国作家尼尔·斯蒂芬森在其科幻小说《雪崩》中首次提出了元宇宙这一概念，书中的元宇宙是一个平行于现实世界的网络世界，现实世界中的每个人都能在元宇宙

---

① 工信部发布工业元宇宙三年计划，成立工业元宇宙协同发展组织. (2022-11-09)[2023-02-03]. https://baijiahao. baidu. com/s? id=1749061549368898183&wfr=spider & for=pc.
② 上海市经济和信息化委员. 上海市经济和信息化委员会关于印发《上海市电子信息产业发展"十四五"规划》的通知. (2021-12-30)[2022-11-19]. https://sheitc. sh. gov. cn/cyfz/20211230/99677f56ada245ac834e12bb3dd214a9. html.
③ 浙江省发展和改革委员会. 浙江省发展和改革委员会等5部门关于联合印发《浙江省元宇宙产业发展行动计划（2023—2025 年)》的通知. (2022-12-15)[2023-03-15]. https://fzggw. zj. gov. cn/art/2022/12/15/art_1229123366_2451471. html.
④ 重庆市永川区人民政府. 重庆市永川区人民政府关于印发重庆市永川区元宇宙产业发展三年行动计划（2023—2025 年）的通知. (2022-01-06)[2022-03-15]. http://www. cqyc. gov. cn/zwgk_204/zfxxgkmls/zcwj_147152/qtwj_1/202301/t20230106_11466687. html.

中找到一个数字替身来进行生产和生活①。随后，电影《黑客帝国》和《头号玩家》通过对"虚拟世界"和"绿洲世界"的描绘，让人们对元宇宙的畅想变得可视化。元宇宙具有四个典型特征：一是时空性，元宇宙是在时间维度上对真实空间进行虚拟的数字世界；二是真实性，元宇宙中既包含现实世界的数字化产物，也包含虚拟世界中的原创物；三是独立性，元宇宙既与真实世界紧密相联，也是一个独立的虚拟平行空间；四是连接性，元宇宙是一个囊括用户、硬件终端和网络的虚拟现实系统。

工业元宇宙是元宇宙的一部分，其核心是整合并应用先进的数字技术，实现企业内部和企业之间的高效协同，促进现有业务的改进并助力制造业高质量发展。在工业元宇宙中，工作人员可以进行产品的研发设计、生产制造，开展物流运输、售后服务，并通过降低生产成本和提高生产率来实现工业的高质量发展及智能制造的进一步升级。因此，工业元宇宙不是对现实工业的简单复制，而是打破时空限制，联动虚拟空间和现实空间，从而形成的新的工业生态系统。

智能制造

智能制造是新一代生产过程、模式和系统的总称，其本质是实体制造和虚拟网络的互联互通。智能制造贯穿于制造活动的设计、生产、管理、服务等各个环节，致力于推动制造业智能化转型升级。智能制造融合了先进的信息技术与制造技术，其核心在于利用智能系统分析和监控生产过程，并提供关键的判断和决策支持。这不仅能提高生产效率，还能在某些环节取代传统的人工操作②。美国著名学者Wright. P. K 在其著作 *Manufacturing Intelligence* 中首次提出了"智能制造"的概念，并将其定义为利用各种先进技术、专业知识和特定技能，在无人干预的情况下进行建模且完成智能产品小批量生产的制造模式③。智能制造从数字化制造阶段、网络化制造阶段演进至当前的智能化制造阶段，而工业元宇宙则预示着其未来的发展形态。

元宇宙是数字化影响下的虚拟空间，是新技术、新思维、新方法的整合，这与智能制造的未来发展方向不谋而合。工业元宇宙赋予智能制造与先进技术进一步融合的可能性，不仅能满足智能制造在运营方式、管理状态与技术支持等方面的深层

① 谢俊贵. 基于元宇宙路向的万联时代社会变迁探论. 社会科学研究，2023（2）：109-116.
② 臧冀原，王柏村，孟柳，等. 智能制造的三个基本范式：从数字化制造、"互联网＋"制造到新一代智能制造. 中国工程科学，2018，20（4）：13-18.
③ 王剑. 装备工业转型升级中的智能制造策略研究. 华东经济管理，2018，32（3）：158-166.

次需求，还能拓宽实体工业的操作空间，指导企业高效运转。

工业元宇宙视域下智能制造的新内涵

工业元宇宙的出现为智能制造未来的发展提供了新思路和新技术，使虚拟世界和现实世界互通发展，打破了时空限制，将人、机、物系统地结合起来，推动智能制造全新升级[①]。本节将从驱动要素、理念转变、基本特征三方面分析元宇宙时代智能制造的新内涵（见图 13 - 1）。

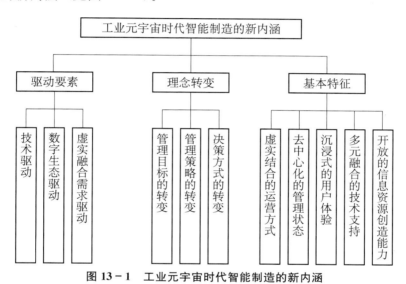

图 13 - 1 工业元宇宙时代智能制造的新内涵

三个关键驱动要素

第一是技术驱动。工业元宇宙整合了人工智能、数字孪生、区块链、5G、3D渲染、脑机接口等多种技术，并利用这些先进技术对制造流程进行优化。在工业元宇宙中，可以利用 5G 打造网络环境；利用人工智能、云计算进行数据和用户信息的存储和处理；利用数字孪生技术建立与现实世界相同的数字虚拟模型，帮助工厂进行模拟和实验；利用 3D 渲染、脑机接口等技术实现沉浸式的、真实的用户交互体验。这些技术的应用会有效降低生产成本、提高生产效率并提升用户体验，加速工业元宇宙的发展。

第二是数字生态驱动。网络空间中的数字生态拥有与现实世界不同的维度和空

---

① 李默 . 元宇宙视域下的智慧图书馆服务模式与技术框架研究 . 情报理论与实践，2022，45（3）：89 - 93，88.

间，并且数字技术的迭代使更多高效的服务与功能被开发出来，但现有的数字服务却无法跟上时代的浪潮。而工业元宇宙作为承载着新生态的应用平台，能够带给制造业全新的数字环境，帮助企业全面了解客户需求并及时洞悉未来发展态势，以提供更精准的个性化服务。

第三是虚实融合需求驱动。在新一轮信息技术革命中，现实世界与数字技术结合的重要性增强。工业元宇宙不仅能通过虚拟现实、仿真建模等技术打造虚拟工厂，还能利用数字技术帮助制造企业对生产设备和工厂进行数字化控制。因此，制造企业希望利用先进的数字技术开发出新用户和新需求并且实现在现实世界中难以实现的目标[①]。

三个理念转变

一是管理目标的转变。元宇宙时代制造企业的管理目标将从注重业务执行效率的提升转变为注重业务价值的提升。在工业元宇宙的赋能下，制造企业不仅能够在去中心化的管理模式下吸取共创共治的最新成果，而且能利用虚实结合的运营特点将单一的实体制造流程管理转变为虚拟与现实的协同管理，从而提高业务决策的准确性和效率，并推动制造业的智能化转型升级。

二是管理策略的转变。传统的数据管理模式下，数据大多为人工录入或保存在纸质材料上，因而将不可避免地存在数据易出现统计错误及内容溯源相对困难等问题，并且由于数据的实时性较差，在人员、物料和生产设备等方面无法实时跟进。但随着工业元宇宙的出现，大数据、云计算和区块链等技术的集成将使制造业的管理策略发生转变。工业元宇宙的感知与传输能力强，不仅能够对突发状况进行实时处理，而且能根据用户喜好、制造业务的需求和风险事件进行预测，帮助制造企业提出相应的管理措施[②]。

三是决策方式的转变。过去制造企业主要依靠传统经验和数据统计进行决策，但在元宇宙时代，决策方式将变得更加科学和准确。一方面，利用先进的数字化和信息化技术可以精准地表达诉求，对产品生命周期全过程的决策起到指导作用；另一方面，三维设计、加工装配仿真和生产线模拟与测试系统等技术能为制造流程的科学化决策提供良好保障。因此，工业元宇宙不仅能转变制造企业的决策方式，而

---

① Kozinets R V. Immersive netnography: a novel method for service experience research in virtual reality, augmented reality and metaverse contexts. Journal of Service Management, 2022, 34 (1): 100-125.

② 刘检华，李坤平，庄存波，等. 大数据时代制造企业数字化转型的新内涵与技术体系. 计算机集成制造系统, 2022, 28 (12): 3707-3719.

且能通过不断积累和更新数据信息，促进业务流程的标准化和规范化。

五个新的基本特征

一是虚实结合的运营方式。元宇宙是与现实世界平行的虚拟世界，在元宇宙中可以对现实世界里的人、建筑、植物、情感与生活体验进行复刻。工业元宇宙是理想化的智能制造状态，将会带来现代工业体系的转型，制造企业可以借助工业元宇宙打造的虚拟平台进行供应商考察、生产订单跟进、物流追踪以及门店销售情况调查等与制造产业相关的一系列活动。此外，工业元宇宙中的数字孪生体具有极强的可塑性，能构建出细节极其仿真的虚拟环境，对现实进行映射，实现实体工厂和虚拟工厂的双向交互，达到优化现实制造性能的目的[①]。

二是去中心化的管理状态。元宇宙的重要特征之一是去中心化，即以分散的方式对参与其中的企业进行运营，将封闭的虚拟空间改造为开放的虚拟社会。在工业元宇宙中，可以利用数字孪生、虚拟现实和区块链等核心技术，为供应链上的关联企业和消费者提供随时随地参观学习、检验和监督的体验。此外，产品生产也从只关注功能和性能发展到关注消费者的个性化需求和文化需求，甚至是某一时刻的心理需求。因此，通过打造去中心化的管理模式可以保证上下游的企业管理者和终端产品的消费者进行跨区域的资产交流并且满足个性化的需求，实现虚拟智能制造行业的理想状态。去中心化的管理模式不仅能汇集多角度的思考与智慧，而且能带动智能制造向新的能级平台跨越，实现产业高质量发展。

三是沉浸式的用户体验。工业元宇宙能为用户提供跨越时空和地域的沉浸式交互体验。沉浸式交互体验是指扩展现实、实时交互、感官互联等用户体验，也是工业元宇宙的核心特征。传统网络是利用电子设备传递信息，而工业元宇宙则实现了信息与用户的高度交融，用户可以通过沉浸式交互设备与元宇宙进行连接，从而获得真实、顺畅和持久的交互体验。此外，工业元宇宙能让用户全身心投入虚拟世界，并与现实世界融通，帮助用户更好地感知设备、产品、内外部环境和库存管理等场景，使用户产生身临其境的感觉。

四是多元融合的技术支持。工业元宇宙的本质是在模拟现实的环境状态下打造的包含设计、生产、管理、服务等环节的虚拟场景。它包含多种先进的信息技术：底层技术是元宇宙的理念核心，能有效支持制造业发展；人工智能和数字孪生技术

---

① 雪球．被低估的工业元宇宙和数字孪生体．（2022-11-09）[2023-02-03]. https://xueqiu.com/7477835835/234926360.

搭建元宇宙生态；区块链技术提供防篡改与验证支持，边缘计算和云计算技术提供了底层算法；扩展现实、机器人和脑机接口完成虚实仿真；5G 技术能保证网络通畅无阻。在工业元宇宙中，数字空间与物理空间动态交互能够共同构建全新的智能制造体系，实现制造业全过程的高效创新。

五是开放的信息资源创造能力。工业元宇宙基于数字孪生技术汇聚、整合和重组多种信息资源，并将其呈现在虚拟场所中，便于用户在进入工业元宇宙后，利用海量信息资源和生产设备进行学习与操作，同时有助于激发用户的学习兴趣进而发展为个人的知识和技能储备。此外，随着使用率的不断提升，更多参与者开始利用 UGC 模式进行学习体验，并发表评价和改进建议，通过用户的自我表达来丰富信息资源内涵。因此，开放的信息资源不仅提高了用户对虚拟化智能制造建设的参与感，而且提高了他们的创造能力。

二、百年变局：从传统制造走向智能制造

工业革命与制造模式的演化

尽管由于学术背景和研究视角的差异，学者们对工业革命出现的具体次数持有不同看法，但普遍认可源于 18 世纪上半叶的蒸汽革命是人类历史上的第一次工业革命，也认可新一轮的工业革命正在进行[①]。纵观制造业的发展史，可以看出没有技术的进步就没有工业革命，没有工业革命就没有制造业的发展，制造业的产生发展与技术的进步密切相关。制造业的发展史就是人类利用物质、能量和信息生产物品的历史，即人类利用不同的信息和能量将物质转化为不同的产品，生成不同产品的能力形成了不同的制造阶段，也演化出不同的制造模式[②]。具体演进过程如图 13 - 2 所示。

17 世纪晚期，珍妮纺纱机的出现揭开了工业革命的序幕，之后，瓦特改良蒸汽机，提高了机械能输出效率，推动了机器的普及以及大工厂制的建立，人们开始使用蒸汽动力设备进行大规模生产。19 世纪中期，电力工业、电器制造等新兴产业开始发展，人类由此进入"电气时代"。从工业 1.0 到工业 2.0，电力驱动的大规

---

① 姚锡凡，景轩，张剑铭，等．走向新工业革命的智能制造．计算机集成制造系统，2020，26（9）：2299 - 2320.

② 马南峰，姚锡凡，王柯赛．面向未来互联网的智慧制造研究现状与展望．中国科学：技术科学，2022，52（1）：55 - 75.

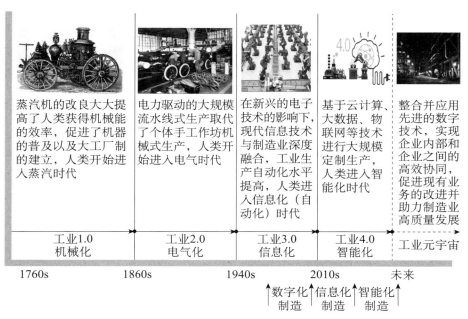

蒸汽机的改良大大提高了人类获得机械能的效率，促进了机器的普及以及大工厂制的建立，人类开始进入蒸汽时代

电力驱动的大规模流水线式生产取代了个体手工作坊机械式生产，人类开始进入电气时代

在新兴的电子技术的影响下，现代信息技术与制造业深度融合，工业生产自动化水平提高，人类进入信息化（自动化）时代

基于云计算、大数据、物联网等技术进行大规模定制生产，人类进入智能化时代

整合并应用先进的数字技术，实现企业内部和企业之间的高效协同，促进现有业务的改进并助力制造业高质量发展

| 工业1.0
机械化 | 工业2.0
电气化 | 工业3.0
信息化 | 工业4.0
智能化 | 工业元宇宙 |

1760s　　　　1860s　　　　1940s　　　　2010s　　　未来

↑数字化　↑信息化　↑智能化↑
　制造　　　制造　　　制造

图 13-2　工业革命与智能制造的演进

模流水线式生产取代了个体手工作坊机械式生产，如 1913 年美国人福特发明了汽车制造的流水线生产，将制造汽车的工序详细分解为 7 000 多道，大大减少了汽车每一环节的装配时间，使生产过程更加标准化，有效降低了汽车的生产成本并提高了生产效率，实现了机械化的大批量生产。

从工业 2.0 到工业 3.0，新材料、自动化机器人技术、高档数控机床以及更加完备的工业控制系统推动制造业向网络制造、柔性制造的方向转变。同时，现代信息技术与制造业的深度融合，特别是数字制造和工业机器人等技术的突破，显著改变了工业生产方式。这些改变不仅使生产过程更加高效和自动化，还满足了消费者对复杂化、定制化产品的需求[①]。工业 3.0 的实质是信息技术的变革引发的多层次、多角度的工业系统变革，并且模糊了第二、三产业的边界，推动了制造业和服务业的融合和发展[②]。

21 世纪初，随着物联网、云计算、大数据、人工智能等新技术陆续涌现，德国在 2013 年的汉诺威工业博览会上正式提出工业 4.0 的概念，以确保德国制造业在全球的领先地位。工业 4.0 的核心是信息物理系统（cyber-physical system，

---

① 黄群慧."新常态"、工业化后期与工业增长新动力.中国工业经济，2014（10）：5-19.
② 邓向荣，曹红.产业升级路径选择：遵循抑或偏离比较优势：基于产品空间结构的实证分析.中国工业经济，2016（2）：52-67.

CPS）的应用和发展，即"人、物、数据和服务联网"的深度融合，并利用互联网技术和其他先进技术，将生产、供应、销售数据化和信息化，最终实现个性化和智能化的产品生产。

经过数百年的推进和变革，工业模式完成了从工业1.0到工业4.0的演变，并且每一次工业革命的发生都伴随着市场需求维度的变化。工业1.0时代由于产品种类少、产量低，消费者关注的重点是生产数量，即市场需求是一维的；工业2.0时代能进行大规模生产，但产品种类单一，人们渴望生产更加多样化的产品，因而此时的市场需求是二维的；工业3.0时代可以根据客户的需求进行大规模定制生产，交货时间就显得尤为重要，因此工业3.0是三维的；工业4.0时代新兴技术的发展使厂商可以根据客户的需求进行个性化的定制生产，并让客户主动参与产品的设计生产，所以工业4.0是四维的。总体而言，随着时代的变化，消费物联网（consumer internet of things，CIoT）对工业物联网（industrial internet of things，IIoT）的需求也在不断变化，而这些变化在市场需求维度的演化过程中得到了淋漓尽致的体现。

如果说工业4.0是"互联网＋制造业"，那么工业元宇宙就是"创意/体验＋互联网＋制造业"。工业元宇宙是一种实现社会信息物理系统大融合的新型制造模式与理念，在元宇宙时代，更加强调个人的创意、消费者的需求，沟通与协调无处不在。工业4.0的关键主题是智能工厂和智能制造，利用工业元宇宙，可以打造虚拟智能工厂，让用户在亲身体验工厂的建造和运行的同时与工厂中的设备、生产线进行实时互动，带给用户最真实、最直观的体验。此外，工业元宇宙能够满足虚拟运作、协同工作、远端作业等市场需求，可有效推动智能制造全面升级。

智能制造的演进

智能制造诞生于工业3.0时期，是在20世纪80年代末随着人工智能研究的不断深入被提出的。虽然彼时的制造业已经开始进行大规模定制生产，但由于大规模定制生产是一种高度抽象的生产模式，因此当时主要依靠计算机及可编程逻辑控制器（programmable logic controller，PLC）技术进行生产。这一时期的主流制造模式是计算机集成制造（computer integrated manufacturing，CIM）和精益生产的数字化制造。数字化制造可以利用计算机、数控技术等数字化技术对产品进行设计、分析和决策，并有效整合产品信息和资源，紧密连接制造单元和服务单元，提高产品的研发和制造水平。数字化制造具有以下三个特征：一是计算、通信、控制等数字技术广泛应用在产品设计和制造等方面，并发展出数控机床、工业机器人等数字化制造装备；二是采用信息化管理，将基于数字化建模与仿真的制造技术和以三维设计、计算机辅助设计（CAD）等为核心的数字化设计技术应用于制造方面；三是在生产过程中实现各个环节的集成和优化运行①。

20世纪90年代，随着互联网和Web技术的发展，以敏捷制造和全球化制造等为代表的网络化制造模式开始逐渐兴起，这一阶段的智能制造是在数字化与制造业深度融合的基础上催生出的网络化制造新模式，即smart manufacturing②。"互联网＋制造"能利用先进的通信技术和网络技术连接人、流程、数据和事物，实时交换业务信息，整合并利用所需的数据资源，实现企业内部和企业间的协同互动、协同制造，打破企业内部和企业间的"信息孤岛"，真正构建制造业互联网体系，实现整个产业链的优化③。网络化制造的主要特征为：第一，网络技术和通信技术广泛应用于产品制造，促进产品在设计、研发、制造等环节协同共享，有效降低人力和研发成本，细化和延伸技术市场；第二，联通制造系统的数据和信息，与其他企业进行流程和数据的协同，使生产过程更加柔性；第三，通过网络平台与用户在设计、制造、物流等全生命周期流程进行互动互联，主动让用户参与产品的设计研发，开始走向以用户为中心的制造模式④。

进入21世纪，云计算、大数据、物联网、移动互联网、5G通信技术、数字孪生等新一代信息技术和人工智能技术迅速发展，推动世界经济进入以服务化为导向的智能化经济时代，并诞生了以制造网格、云制造等为代表的智能化制造模式，也孕育着以智能制造为主的新一轮工业革命（工业4.0）。新一代智能制造是智能制造的第三种基本范式，即intelligent manufacturing，新一代智能制造的特征首先是利用数据驱动和机器学习进行建模和预测，同时应用深度学习和迁移学习等技术显著推动制造业中的知识生产、获取、应用和传承以及提升企业的创新和服务能力；其次是智能化，智能制造系统能通过自主学习对自身行为进行调整和优化，从而实现系统最优化⑤；最后是有机结合人类智慧与机器智能，实现企业内部制造系统的横向集成、企业与企业间的纵向集成以及端到端集成，构建智能大社会。

① Ullah A M M S, Harib K H. Tutorials for integrating CAD/CAM in engineering curricula. Education Sciences, 2018（3）：151.
② 张伯旭，李辉. 推动互联网与制造业深度融合：基于"互联网＋"创新的机制和路径. 经济与管理研究，2017, 38（2）：87－96.
③ 胡俊，杜传忠. 人工智能推动产业转型升级的机制、路径及对策. 经济纵横，2020（3）：94－101.
④ 李伯虎，柴旭东，张霖，等. 新一代人工智能技术引领下加快发展智能制造技术、产业与应用. 中国工程科学，2018, 20（4）：73－78.
⑤ 周济，周艳红，王柏村，等. 面向新一代智能制造的人—信息—物理系统（HCPS）. Engineering, 2019（4）：71－97.

工业元宇宙是智能制造的未来形态，是对智能制造的继承和发展，代表新一代智能制造的发展方向并赋予制造业更多可能。随着元宇宙时代的来临，制造业正在经历巨大变革。传统意义上的制造过程是物质变化的过程，包括物理变化、化学变化和地理位置的变化；进入信息时代，制造过程将包括信息的变化，同时也包括人的作业过程。工业产品的制造过程是成本、质量、效率、服务的平衡与优化，因此不仅需要各种检测技术、自动化技术、人工智能和大数据技术的支撑，还需要人的参与来解决产品的优化和异常情况的出现等问题。工业4.0和智能制造强调将数据和信息应用于生产的全过程，不断提升产品质量，满足消费者的需求，而元宇宙时代的智能制造则强调实现虚拟世界和现实世界的有效联动，实现实体工业在虚拟空间中的映射和协同工作，对实体工业的运转进行模拟指导，强调更加宏观的、定性的、隐性的问题，将人与元宇宙有机结合起来，生产出更加个性化、更有经济价值的产品。

三、技术赋能：基于制造业发展的工业元宇宙技术体系

元宇宙形态下的制造业是多种技术的结合，无法靠单一的技术来实现，日新月异的现代科技给元宇宙的发展带来了良好契机，因此伴随着新技术的迭代升级，制造业要积极利用元宇宙相关技术为自己赋能，紧跟智能化的发展趋势。本节结合元宇宙的基础技术、基本特征设计了制造业元宇宙的技术体系，将其自下而上分为基础层、数据层、核心层、交互层、应用层5个层级，如图13-3所示。

基础层

基础层是整个工业元宇宙体系的根基，主要负责数据的存储、计算、挖掘和分析。通信网络基础设施是元宇宙运行的主要支撑，包括光纤通信、5G/6G、卫星互联网、物联网、工业互联网等多种类型的设施，能为工业元宇宙提供良好的网络环境。5G/6G可以支持空间定位、眼动追踪和手势识别等技术，为工业元宇宙提供高速网络以及海量信息的交换和互联；卫星互联网能保障接入的稳定性和全域覆盖；物联网能在云端和边缘端进行AI计算和大规模渲染，实现工业元宇宙的智联化。因此，覆盖广泛、连接稳定且能实现无缝切换的高速通信网络能够使工业元宇宙与其他行业的元宇宙、互联网随时随地互联，同时，其所具有的大宽带、短时延、高可靠性等特征能有效解决网络续航和连接问题，保证工业制造的各个环节紧密联系，实现一体化运行。如北京工体的工体元宇宙（GTVerse）就利用5G的网络分

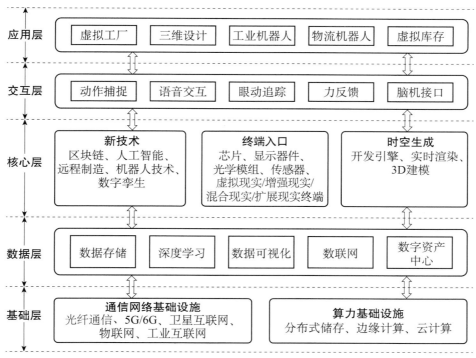

图 13 - 3 基于制造业发展的工业元宇宙体系架构

层技术和端边协同分离渲染手段有效实现了虚拟与现实的融合①。算力基础设施是工业元宇宙进行大规模数据挖掘、分析和应用的"底座"，包括分布式储存、边缘计算和云计算等。工业元宇宙的基础是多维度、多层次的海量数据，因此需要强大的算力来支撑工业元宇宙的运行。分布式储存能够连接工厂中的每一台机器，并将分散在企业各个角落的数据进行系统整合，不仅满足大规模储存的需要，而且更加安全可靠；边缘计算能将数据业务储存在边缘，缩小用户和数据间的距离，让用户离数据和计算更近，从而更好地满足用户的个性化需求。此外，边缘计算能实时检测工厂中的运行设备并做出预测性维护，降低企业的维护和运营成本。云计算能方便地与他人进行信息资源的共享，减少设备资金投入，让资源得到最大化利用，有效实现工业的自动化生产。

数据层

数据层主要利用基础层提供的硬件，将产品制造过程中的实验数据、产品信

---

① 吴婷婷. 朝阳区七大元宇宙场景来了，工体元宇宙将在年内开放内测. (2023-03-20) [2023-06-18]. https://www.bjnews.com.cn/detail/167929993614836.html.

息、用户需求数据等进行储存，重点处理数据的互联互通问题，为工业元宇宙体系架构的运行提供数据支撑。数据层包括数据存储、深度学习、数据可视化、数联网、数字资产中心等几部分。具体来看：一是可以收集与产品相关的研发设计、制造加工、运输销售等环节的数据，并使用智能仪表和数字传感器实现自动化的数据获取，然后利用数字资产中心汇集和储存制造过程中产生的海量数据。二是通过深度学习功能，有效识别制造业生产过程中产生的图像、语音、文本，从而更高效地处理数据。三是依靠数据可视化建立与生产有关的虚拟模型并从中提取有效信息传递给管理人员，通过实现对制造过程的实时监控来实现产品质量的不断提升。四是通过数联网打通数据边界，将企业内部、企业之间、消费者和市场的数据连接起来，进行数据和生产能力的共享，并应用于制造的各个环节。五是通过数字资产中心对企业资产进行数字化应用，同时有效管理各类虚拟的非货币性资产数据，进而实现数字资产交易。

核心层

核心层主要是接入工业元宇宙的各类终端，负责加工处理数据并将真实物体数字化，是工业元宇宙的驱动器，主要包括新技术、终端入口和时空生成三部分。具体来看：工业元宇宙所需的新技术主要有区块链、人工智能、远程制造、机器人技术和数字孪生。区块链是元宇宙的核心基础设施，具有开放性、去中心化、透明性等特性，不仅能够有效助力元宇宙搭建内部经济体系，而且能防止企业数据被篡改，保证数据的可靠性。人工智能能为制造业元宇宙提供大量的场景支持，在实际生产中智能化的安装系统可以帮助人们准确地选择产品零件的安装位置，并在出现偏差时及时警告或矫正，保证生产的柔性。远程制造的实质是通过统一的算法、模型和软件对数据进行变换和集成，形成相应指令，然后利用网络传递设计、加工、制造等各个流程的数据，远距离控制生产过程。机器人技术涉及机器人在制造业领域的应用，机器人具有一定的自动性和智能性，可独立完成工业制造，并且具有生产率高、风险低、管理高效等特点。数字孪生是对工业产品的生产过程进行精准映射，利用数字化的模型呈现实体事物，方便工作人员对产品进行监控和处理，从而保证产品的质量。工业元宇宙架构的终端入口主要指接入元宇宙所需的各类终端及其所需的基础软件和硬件。虚拟现实/增强现实/混合现实/扩展现实终端是进入元宇宙的第一把钥匙，元宇宙更加注重虚实交融、万物互联和沉浸式体验，因此，需要更高级的智能设备和更先进的技术支撑其发展，所以芯片、显示器件、光学模组、传感器借此迎来了新的发展契机。首先，高通等多家企业都在针对虚拟现实/

增强现实进行定制化的芯片研究，研究支持高分辨率、全景视频的芯片；其次，AR 镜头和车载镜头能有效地模拟元宇宙中的环境，将虚拟世界与现实世界相结合，这种技术使自动驾驶车辆测试成为可能；最后，3D 传感器等新型传感器可以实时精准地转化信号并获取高质量的数据。时空生成是将真实物体数字化所需的技术工具，主要包括开发引擎、实时渲染、3D 建模。虚拟现实的开发引擎可以搭建出更多智能化的生产制造系统。实时渲染能够对图形数据进行实时计算和输出，打破时空限制，实现制造厂商和消费者的双向对话，加速决策过程。3D 建模利用静态扫描和动态光场技术进行设计制造，不仅可缩短制造时间，还可保证精确度[①]。

交互层

交互层给用户提供工业元宇宙的入口，主要包括动作捕捉、语音交互、眼动追踪、力反馈、脑机接口等多种交互方式，能给消费者提供真实、沉浸式的体验，也便于厂商与消费者进行沟通和交流，为制造业元宇宙全场景落地提供技术支撑。动作捕捉是元宇宙中虚拟人的主要生成方式，它有光学式、电磁式等实现手段，能够精准识别并标记目标，然后对目标进行持续的追踪，记录其整个运动轨迹，因此具有检查生产制造步骤的功能。语音交互是一种直接、自然的交互方式，一方面能使人与机器之间的交互更加可靠和真实，带给用户良好的交互体验，另一方面能有效提高智能机器在生产制造过程中语音识别的准确率，助力制造业的发展。眼动追踪是对虚拟现实设备系统资源进行优化的核心手段，能有效帮助工作人员进行产品设计，满足用户的定制化需求，增强用户的沉浸式体验。力反馈可以让用户操控并接触虚拟物体，真实感知物体的运动情况，给用户带来更加丰富、自然的交互体验。脑机接口可以帮助人脑与计算机之间建立联系，这样无须借助其他工具设备，用户便可直接表达自己的想法，实现沉浸式的元宇宙体验。

应用层

应用层以人工智能、区块链、数字孪生等技术为支撑，与工业元宇宙深度融合，并在制造业领域进行具体应用。应用层主要包括虚拟工厂、三维设计、工业机器人、物流机器人和虚拟库存五部分。具体来看：虚拟工厂旨在利用仿真建模等技术建造一个储存在计算机系统中的数字化工厂，并与现实工厂中的各个环节和流程

---

① 中国信息通信研究院. 工业元宇宙白皮书. (2023-03-24)[2023-05-27]. https：//www. aii-alliance. org/uploads/1/20230324/8c43ae95c9991a94d3b71e61f6d6ba8a. pdf.

进行对应，直观、精确和智能地展示生产制造过程，同时对整个生产流程进行评估和优化[①]。三维设计是一种更加立体和形象化的设计，主要应用于产品的规划设计环节。工业机器人利用元宇宙技术不断改造升级，提高交互性能，在产品的生产制造和优化调整等多个环节进行应用。物流机器人在元宇宙时代也更加灵活、安全和高效，不仅能缩短交付周期，还能与工作人员进行互动协作，有效提高工作效率。虚拟库存具有减少空间占用、节省企业成本和根据客户的需求及时进行调整等优点，因此推动虚拟库存在元宇宙制造业的发展具有重要意义。

四、场景革命：工业元宇宙的应用场景和经济社会价值

智能制造的目的在于优化生产流程，提高生产效率，促进制造业升级转型，实现高质量发展。工业元宇宙具有的开放共享和实时模拟等特点，与智能制造的发展需要高度契合，在工业元宇宙技术的赋能下，制造业不仅能够在虚拟空间映射现实世界的制造流程，还能提供常规方式无法实现的交互与体验，使智能制造变得更加多元，为发展智能制造提供丰富的应用场景。

交互的设计协作

工业元宇宙能利用数字化平台对产品的规划、设计和建模等环节进行协同处理。首先，在产品的设计阶段，用户可以全程参与，使产品的设计创意来源不再局限于设计师一方，而是可以双方互动，融合设计师和客户双方的理念，有效满足客户的个性化需求，实现及时共享的开发。同时，通过将产品的研发设计从现实空间转移至虚拟空间这一步骤，可加快产品的交流速度并减少开发时间，降低产品的开发成本，从而缩短产品的上市周期。其次，工业元宇宙平台有助于实现三维设计、计算机辅助加工和计算机仿真分析的普及化，能为产品及其零部件提供精准、直观的模拟进而完成不同情境下的精准测试与快速优化迭代，从而有效提高产品性能，使工业产品更具性价比和竞争力。最后，产品的生产往往需要经历原型产品、初步设计、定型产品等步骤，设计师与设计师、设计师与工艺人员、设计师与客户和管理机构之间都需要高效的沟通协同，而这些协同的场景都离不开工业元宇宙提供的交互体验。因此，工业元宇宙赋能智能制造能够降低样品制造和实验验证成本，提

---

① 张恩康，孙强，果伟.智能制造行业虚拟工厂搭建关键技术.制造业自动化，2022，44（7）：162－163，168.

高开发设计效率与质量[①]。

更高的生产效能

工业元宇宙平台能够在虚拟工厂和智能工厂的建造与生产运营过程中提供沉浸式交互体验，通过与工厂中的设备进行实时交互，对生产流程直观地进行优化。具体来看：在工厂的设计与建造阶段，设计人员与建造人员能够观察到虚实结合的空间位置、建筑结构以及设备摆放情况；在生产准备阶段，生产线布局、工艺流程和生产计划都能得到模拟检验并优化，同时可对未来生产情况进行动态预测以及对产能配置合理性进行验证；在运营与管理阶段，运营管理人员通过实时监测、可视化分析以及反馈控制方式对制造生产过程进行严格把控。因此，与现实世界中的建造和生产运营相比，虚拟智能制造平台赋予了各个环节数字生命力，使其更加直观便捷地呈现出来。

更低的生产成本

在元宇宙时代，虚拟工厂能优先对产品制造的研发设计、物流运输等环节进行虚拟仿真，从而有针对性地优化调整，减少实际资源的消耗。在工业元宇宙中，个人不仅是消费者，还是创造者，每个人都能利用三维设计、仿真软件等工具进行创新，从而大大降低工业产品的创新成本。此外，基于工业元宇宙的设备运维能够打破空间限制，实现快速响应，有效提高设备运维效率。同时，工业元宇宙中的智能制造平台会构建设备的数字孪生体，因此，一旦生产设备或其他硬件设施出现故障，运维人员就能够在虚拟的智能制造平台中快速检查设备设施状况，并及时修复。当遇到修复难度大、复杂程度高的损坏和故障时，可以通过平台汇集世界各地的专业人士共同商议解决办法来提高运维服务效率，并且数字空间中的设备检修与维护不受时间和空间的限制，响应速度与服务质量可以得到有力保障[②]。

高效的产品测试

工业元宇宙能够在虚拟环境中对应用标准高和测试要求复杂的产品进行测试，以保证产品的稳定性和安全性。测试主要包括模块测试、系统测试和回归测试三部

---

① 郑茂宽．工业元宇宙打开制造业数字化转型发展新空间．（2022-06-30）[2022-08-20]．https：//www.fx361.com/page/2022/0630/14221289.shtml.

② 四川省大数据中心．工业元宇宙：展望智能制造的未来形态．（2022-03-31）[2023-02-28]．http：//scdsjzx.cn/scdsjzx/zuixinzixun/2022/3/31/dc71633802cd4d6db822765987136e58.shtml.

分：模块测试是对一个模块或多个模块的测试；系统测试是对包括硬件、软件、网络等的整个系统进行的测试；回归测试是对修改后的功能和版本重新进行测试。例如，可以在工业元宇宙复刻完全相同的场景，对车辆的盲区进行无限次测试并有效降低成本。

安全的生产保障

工业元宇宙能够通过情景模拟来有效提升员工的培训效果。从制造产业的上游到下游，不同环节中员工需要掌握的专业技能不尽相同，因此为提高培训效率，企业可选择借助工业元宇宙平台来完成设备操作的学习和模拟。具体而言，企业员工可在平台中的虚拟场景学习机械或软件操作，并快速熟悉技术内容。同时，在平台中模拟如地震、火灾、断电等极端情况，也可帮助员工练习特殊情况的处理流程，从而在现实世界中防患于未然。

实时的设备资产管理

数据是企业生产和管理的基础，工业元宇宙可以利用物联网对设计、生产、设备、工艺等方面的数据进行挖掘和统一管理。此外，利用这些数据可以构建更真实的数字模型，实现对制造企业各个层级的设备及零部件的识别、跟踪和预警，对其进行全流程监管。同时，结合 3D 建模、数字孪生系统可对工厂的各个车间进行实时化、可视化的统一管理，打通并融合各个系统。

结　语

在新一轮科技与产业变革背景下，工业元宇宙的发展必将对生产力、产业结构和国际格局产生革命性影响，并推动智能制造的创新发展。但与此同时，我们还应理性认识技术的发展规律。工业元宇宙的发展不是一蹴而就的，从工业元宇宙的提出到落地并形成生产力，需要多方面的研究和投入，这必定是一个漫长而复杂的过程。在元宇宙热潮之下保持一定的冷思考，审慎对待，避免概念炒作和虚无主义，才是明智之举。

工业元宇宙倡导的具有新社会形态的数字空间建设不仅依赖技术的进步，还要立足于社会的实际需求。技术只有不断地随着生产方式、生活方式、生存环境等方面的变化而变化，才能更好地满足社会发展的需要。也就是说，实现传统制造业的升级才是工业元宇宙具备社会存在价值的根本。从提高制造业生产率和推动产业结构升级，到打破工厂之间、工厂与消费者之间的界限，再到形成更透明、更开放的网络环境和满足个性化需求，工业元宇宙的发展将推动产业变革，深刻改变人们的生产生活方式，促进更广泛的社会参与。具体来看，对个人而言，工业元宇宙的发展能提供新的职业选择，使个人拥有良好的就业前景；对企业而言，工业元宇宙能够推动生产方式的转型，在降低生产成本的同时，提高生产效率和产品质量；对社会而言，工业元宇宙有助于构建新型制造体系，创造更大的社会价值，推动社会向更高层次发展。

参考文献

［1］重庆市永川区人民政府．重庆市永川区人民政府关于印发重庆市永川区元宇宙产业发展三年行动计划（2023—2025年）的通知．（2022－01－06）［2023－03－15］．http：//www.cqyc.gov.cn/zwgk_204/zfxxgkmls/zcwj_147152/qtwj_1/202301/t20230106_11466687.html.

［2］邓向荣，曹红．产业升级路径选择：遵循抑或偏离比较优势：基于产品空间结构的实证分析．中国工业经济，2016（2）：52－67．

［3］工信部发布工业元宇宙三年计划，成立工业元宇宙协同发展组织．（2022-11－09）［2023－02－03］．https：//baijiahao.baidu.com/s？id＝17490615493688981183&wfr＝spider & for＝pc．

［4］国务院办公厅．国务院关于印发《中国制造2025》的通知．（2015－05－19）［2022－07－10］．http：//www.gov.cn/zhengce/content/2015－05/19/content_9784.htm．

［5］胡俊，杜传忠．人工智能推动产业转型升级的机制、路径及对策．经济纵横，2020（3）：94－101．

［6］黄群慧．"新常态"、工业化后期与工业增长新动力．中国工业经济，2014（10）：5－19．

［7］柯文．工业元宇宙未来市场空间巨大．（2022－11－10）［2023－01－28］．https：//www.cnii.com.cn/rmydb/202211/t20221110_426879.html.

［8］李伯虎，柴旭东，张霖，等．新一代人工智能技术引领下加快发展智能制造技术、产业与应用．中国工程科学，2018，20（4）：73－78．

［9］李默．元宇宙视域下的智慧图书馆服务模式与技术框架研究．情报理论与实践，2022，45（3）：89－93，88．

［10］刘检华，李坤平，庄存波，等．大数据时代制造企业数字化转型的新内

涵与技术体系．计算机集成制造系统，2022，28（12）：3707－3719.

[11] 马南峰，姚锡凡，王柯赛．面向未来互联网的智慧制造研究现状与展望．中国科学：技术科学，2022，52（1）：55－75.

[12] 去年我国全部工业增加值超 40 万亿元（新数据 新看点）．（2023－03－19)[2023－06－10]. http：//finance. people. com. cn/n1/2023/0319/c1004－32646842. html.

[13] 上海市经济和信息化委员．上海市经济和信息化委员会关于印发《上海市电子信息产业发展"十四五"规划》的通知．（2021－12－30)[2022－11－19]. https：//sheitc. sh. gov. cn/cyfz/20211230/99677f56ada245ac834e12bb3dd214a9. html.

[14] 四川省大数据中心．工业元宇宙：展望智能制造的未来形态．（2022－03－31)[2023－02－28]. http：//scdsjzx. cn/scdsjzx/zuixinzixun/2022/3/31/dc71633802cd4d6db822765987136e58. shtml.

[15] 王剑．装备工业转型升级中的智能制造策略研究．华东经济管理，2018，32（3）：158－166.

[16] 吴婷婷．朝阳区七大元宇宙场景来了，工体元宇宙将在年内开放内测．（2023－03－20)[2023－06－18]. https：//www. bjnews. com. cn/detail/1679299993614836. html.

[17] 谢俊贵．基于元宇宙路向的万联时代社会变迁探论．社会科学研究，2023（2）：109－116.

[18] 雪球．被低估的工业元宇宙和数字孪生体．（2022－11－09)[2023－02－03]. https：//xueqiu. com/7477835835/234926360.

[19] 姚锡凡，景轩，张剑铭，等．走向新工业革命的智能制造．计算机集成制造系统，2020，26（9）：2299－2320.

[20] 臧冀原，王柏村，孟柳，等．智能制造的三个基本范式：从数字化制造、"互联网＋"制造到新一代智能制造．中国工程科学，2018，20（4）：13－18.

[21] 张伯旭，李辉．推动互联网与制造业深度融合：基于"互联网＋"创新的机制和路径．经济与管理研究，2017，38（2）：87－96.

[22] 张恩康，孙强，果伟．智能制造行业虚拟工厂搭建关键技术．制造业自动化，2022，44（7）：162－163，168.

[23] 浙江省发展和改革委员会．浙江省发展和改革委员会等 5 部门关于联合印发《浙江省元宇宙产业发展行动计划（2023—2025 年）》的通知．（2022－12－15)[2023－03－15]. https：//fzggw. zj. gov. cn/art/2022/12/15/art_1229123366_2451471. html.

[24] 郑茂宽. 工业元宇宙打开制造业数字化转型发展新空间. (2022 - 06 - 30)[2022 - 08 - 20]. https：//www. fx361. com/page/2022/0630/14221289. shtml.

[25] 中国信息通信研究院. 工业元宇宙白皮书. (2023 - 03 - 24)[2023 - 05 - 27]. https：//www. aii-alliance. org/uploads/1/20230324/8c43ae95c9991a94d3b71e 61f6d6ba8a. pdf.

[26] 周济，周艳红，王柏村，等. 面向新一代智能制造的人—信息—物理系统（HCPS）. Engineering，2019（4）：71 - 97.

[27] Kozinets R V. Immersive netnography：a novel method for service experience research in virtual reality，augmented reality and metaverse contexts. Journal of Service Management，2022，34（1）：100 - 125.

[28] Ullah A M M S, Harib K H. Tutorials for integrating CAD/CAM in engineering curricula. Education Sciences，2018（3）：151.

第十四章　元宇宙赋能传统文化产业数字化转型路径探究：以非遗文化产业为例

引　言

当下，国家数字化战略深入推进，我国数字技术得以不断转型升级，且与社会各领域各产业紧密融合，由此加速了社会数字化变革。当前，在产业数字化与数字产业化协同发展下，诸多数字新兴产业与新业态不断涌现，数字化进程不断加快。元宇宙作为数字技术的发展前沿，是推动数字技术创新的新动力，有助于进一步实现传统产业的数字化发展与变革。中华优秀传统文化是我国文化自信的源泉。高度的民族自豪感及认同感离不开深厚的文化根基的支撑，对中华优秀传统文化的传承与发扬有助于不断增强民族凝聚力，提高我国文化软实力。党的二十大在对中国式现代化的系统论述中首次列举了中华优秀传统文化中的现代性因素，强调其是中国式现代化核心要义的文化根基[①]。但在市场经济的强烈冲击下，我国传统文化逐渐与现代化脱节，陷入了认知与传承困境，我国传统文化的传承、保护及发展受到严重影响。因此，在数字时代，我国传统文化面临着革新需求，亟须借助新一代数字技术实现传统文化的数字化保护、传承与发展。而科技的进步、数字时代的来临，则为传统文化复兴提供了新的机遇，传统文化产业数字化将是未来发展新趋势。中共中央办公厅、国务院办公厅印发的《关于推进实施国家文化数字化战略的意见》

---

① 刘明辉，屠静芬. 中国式现代化核心要义的理论辨析和价值探讨. 石河子大学学报（哲学社会科学版），2023，37（2）：15－22.

指出：到 2035 年，要实现中华文化全景呈现，中华文化数字化成果全民共享①。可见，文化产业数字化被提至国家战略高度。随着元宇宙在文化产业中的应用场景不断丰富，我国数字文化产业迎来了新的发展形势。该形势主要表现为元宇宙技术催生了新的文化形态和产品，为传统文化产业的发展注入了一股动力，为我国传统文化的传承与发展带来了新契机。将传统文化产业与元宇宙相融合，既可丰富传统文化的内涵，又可赋予其时代精神，有利于实现我国传统文化的创造性转化和创新性发展。

一、元宇宙与传统文化产业的耦合性

元宇宙在文化领域的应用是其功能的主要展现。借助增强现实、虚拟现实等交互技术以及相关算法能有效提升数字文化的沉浸感，促进传统文化事业与文化产业的革新。在文化产业革新式发展的大背景下，我国传统文化逐渐成为发展文化产业的主要资源。2022 年中共中央办公厅、国务院办公厅印发的《"十四五"文化发展规划》提出："加快文化产业数字化布局"，"推动科技赋能文化产业"，"推动文化产业高质量发展"②。在数字化背景下，传统文化产业与元宇宙相辅相成，相互促进。一方面，我国传统文化产业在数字经济发展浪潮中，需借助元宇宙等新兴数字技术及时做出结构和功能的转变，创新开辟文化产业发展的新空间与新路径，实现传统文化的活态传承；另一方面，元宇宙带来的新兴理念和技术，也需要为我国传统文化所接受和接入，广泛实现其服务功能。具体表现在以下四个方面。

数字孪生：再现传统文化真实图景

数字孪生是元宇宙的最初形态，也是元宇宙的核心技术。借助数字孪生，通过激光扫描仪测量或照片建模测量等技术获取非物质文化遗产（以下简称"非遗"）有关物理实体结构、纹理信息等数据，为虚拟数字模型的搭建与利用提供了可能性，能够在虚拟空间实现对现实实体空间的复刻，包括对历史文物、历史建筑遗迹和文化遗址等的复刻。此外，通过数字孪生不仅可以构建实物的数字孪生体，而且可以实现对传统文化场景的模拟，即运用信息知识和数字化手段构建出反映现实的

---

① 中共中央办公厅 国务院办公厅印发《关于推进实施国家文化数字化战略的意见》.（2022 – 05 – 22）[2022 – 09 – 18]. http://www.gov.cn/xinwen/2022 – 05/22/content_5691759.htm.

② 中共中央办公厅 国务院办公厅印发《"十四五"文化发展规划》.（2022 – 08 – 16）[2022 – 09 – 18]. http://www.gov.cn/gongbao/content/2022/content_5707278.htm.

虚拟场景，塑造传统文化信息拟态环境，创造出文化体验空间。如元宇宙传统文化博物馆便是借助数字孪生技术，对博物馆中的非遗文化情景进行复原，以满足参观者对传统文化的深层文化信息进行深入解读的需求，理解其内涵及意义[①]。位于上海的三林非遗体验馆借助现代数字技术，在元宇宙中对三林镇非遗——舞龙舞狮进行展示，实现了传统非遗 IP 与现代技术的结合。元宇宙的数字孪生技术除了可以在虚拟世界实现对传统文化的复刻外，还同样能对传统文化进行再创造，实现技术超越。如依托传统文化遗产相关的历史知识数据，借助 AI 等数字技术实现传统文化遗产转型升级的设计与再生，进而促进文化的可持续发展。可见，传统文化只有在新时代焕发活力并充分发挥其价值，才能成为社会建设与发展中可资利用的文化资源。

具身参与：感受传统文化沉浸式体验

具身体验是元宇宙技术带给我们的独特感受，是一种可在感官上获得极强代入感的深度体验。我国传统文化的魅力在于体验，通过深入的沉浸式体验能够唤起参与者的民族记忆，内化其爱国精神，继而坚定其文化认同。具身参与通过视角转化，突出强调参与者的主体性，旨在集结和扩大趣缘群体，吸引年轻受众群体的关注与参与。参与者在获得愉悦的文化体验感的同时，其空间叙事能力、公共表达能力得以持续激发，情感得以畅意表达，使得人人都是传播者成为可能，为传统文化的传播带来新的机遇。如通过生动地模拟物理场景，参与者打破时空限制，进行传统文化的沉浸式游戏体验，进而获得强烈的参与感。元宇宙所塑造的沉浸式体验空间不断对历史符号、文化符号进行植入与强化，这种超时空的文化感染力与生命力对具身参与者产生强烈的心灵冲击，使其在身临其境的体验过程中被赋予新的身份，进而实现文化的增值。

虚实相融：重构传统文化原生空间

虚实相融是元宇宙技术发展的最新阶段，是技术成熟的体现，标志着元宇宙技术实现了由数字孪生到数字原生的跨越。在这一阶段，实体空间与虚拟空间平行存在，二者在经济、社会、文化等多方面密切融合，虚实界限逐渐弱化。由此，越来越丰富的场景在虚实间来回转变，用户可以自由地在二者之间来回切换，创造出

---

① 魏銮涛，任利民. 数字孪生视域下的非物质文化遗产设计转化研究. 包装工程，2023，44（6）：302 - 310.

"超现实行为"，构建人类交往的新社会形态。在虚实相融中，人们的"线上—线下"交往壁垒被打破，交往范围得以进一步扩大。这种深度融合的虚实空间，为传统文化的发展提供了新的契机。文化遗产的原生场景与数字科技的深度结合赋予了传统文化全新体验，如通过非物质文化元宇宙展览，可以将历史文化的原生空间与虚拟空间相结合，既保留庙会集市、广场、街道等原生文化空间，又增加线上博物馆展示、文化中心讲解等公共文化空间，促使非遗更多地从其原生空间走向公众①。对原生文化空间进行开发利用，有利于文化传播与精神营造，重塑参与者对非遗文化的理解。

即时交互：实现多元主体时空互动

元宇宙能打破交互限制，改变互联网单向互动，实现即时交互。这不仅使得人与人之间的实时交往互动成为可能，还能实现人与虚拟空间的实时交互。在人与人之间的实时交互方面，元宇宙通过搭建庞大的公众交流平台，将用户即时集中在一起，能很好地消除信息的延迟性。参与者通过动作、语言等方式与情境实时交互，在精神和情感上均可获得极大满足。在人与虚拟空间的实时交互方面，借助元宇宙，传统文化能够实现全方位展示，如通过对非遗的制作方式、工艺流程等进行现场展示，能使用户充分与历史时空进行对话，产生真实代入感②。在这样的即时交互中，参与者能够即时参与传统文化体验，快速感知、快速反馈，彼此间情感交流频繁，感知力增强，由此实现参与者与非遗文化的情感互融，促使参与者更好地理解、保护和传承非物质文化，在持续互动中提高其传承非遗的主动性。

二、元宇宙赋能传统文化产业数字化转型的文化资本框架

布迪厄最早提出"文化资本"这一概念，其将文化资本定义为"一切与文化及文化活动有关的有形和无形的资产"③，这是从社会学角度关于经济资本的新提法。布迪厄在对古典经济学中的经济至上性进行反思的过程中，将社会学及文化学的观念引入对经济资本概念的重新诠释，从文化资本的功能发挥角度强调其无形价值的形态内涵，认为这一无形价值在发展过程中能够进一步转化为特定的产业资产。因

---

① 黄永林，刘文颖. 非物质文化遗产文化空间的特性. 华中师范大学学报（人文社会科学版），2021，60（4）：84－92.

② 占琦. 非遗元宇宙：赋能、融合、沉浸. 今传媒，2022，30（9）：101－103.

③ 朱伟珏. "资本"的一种非经济学解读：布迪厄"文化资本"概念. 社会科学，2005（6）：117－123.

此，布迪厄提出的这一概念是马克思经济资本理论社会学转向的深刻体现，着重强调资本的文化与经济双重属性①。

此外，布迪厄进一步提出"惯习"和"场域"的概念，来深入说明文化资本的运作与再生产，以此共同构成完整的布迪厄文化社会学理论体系②。布迪厄表示，借助公共环境和市场行为，文化资本能够发挥一定的社会功能，进而以同一或扩大的形式去获取生产利润的潜在能力，同时也以这些形式去提升自身再生产的潜在能力③。而传统文化产业是将传统文化资源转化为按照市场机制运行的文化消费品，通过打造传统文化产业，将文化资源转换成文化资本，对其进行开发和利用，促使其实现资本化、市场化，进而带动社会经济的增值和文化资本的再积累。因此，使用文化资本这一概念能够很好地阐释传统文化产业数字化转型中的传统文化资源何以转化为文化资本。为更好地阐释文化资本这一概念，布迪厄进一步将文化资本划分为三种形态，即具体化形态、客观化形态与制度化形态。通过考察布迪厄的文化资本理论，发现其所建构的文化资本三种形态及不同资本间的转化与元宇宙赋能下的传统文化产业数字化转型间存在内在逻辑关联。传统文化产业数字化转型便是依靠文化资本形态的确立及不同资本间的转化形成数字化的资本形态，从而助推传统文化复兴的。

元宇宙创新中传统文化产业数字化的文化资本形态转变

在布迪厄看来，文化资本以三种形态存在：一是以精神和身体的"持久性情"的形式存在的具体化形态；二是以文化商品的形式存在的物化或客观化形态，如图片、书籍、词典、工具、机器等；三是以一种客观化的形式存在的制度化形态④。在传统文化产业数字化转型过程中，其文化资本也同样分为具体化、客观化和制度化三种形态。传统文化产业的数字化转型主要由这三种文化资本形态驱动。

1. 传统文化产业数字化的具体化形态

布迪厄把文化资本的具体化形态也称为身体化形态。具体化文化资本意指文化精神已经变成我们身体的一部分，潜移默化地浸润着我们的心灵，提高着我们的修养，是我们不可或缺的精神财富⑤。布迪厄认为具体化文化资本形态主要表现在创

① 施炎平. 从文化资源到文化资本：传统文化的价值重建与再创. 探索与争鸣，2007（6）：50-54.
② 朱伟珏. "资本"的一种非经济学解读：布迪厄"文化资本"概念. 社会科学，2005（6）：117-123.
③ 施炎平. 从文化资源到文化资本：传统文化的价值重建与再创. 探索与争鸣，2007（6）：50-54.
④ 毕海龙. 河南神垕钧瓷传统文化资本形态探析. 中国陶瓷，2016，52（9）：87-89.
⑤ 袁勇我. 文化资本的代际传递机制分析. 云南行政学院学报，2019（1）：149-154.

造者方面，如创造者自身的文化修养、技艺水平、审美取向和品位知识等。原先，传统文化的具体化形态主要是指一些传统文化的传承人及其所蕴含的文化内涵和精神价值等无形文化资本。借助元宇宙，传统文化产业在数字化转型过程中也同样能呈现出具体化形态，如虚拟数字人物的诞生使传统文化传承人"分身有术"，满足了非遗作为无形的活态的文化遗产需以人为载体口传心授从而实现世代传承的需要。2022年，蓝色宇宙虚拟IP经纪业务合伙人郭晓喆在中国工艺美术馆·中国非遗馆向大家展示了"苏小妹"这一古代虚拟人，这是借助虚拟技术复现的传说中苏东坡的妹妹①。"苏小妹"通过虚实结合的方式展现各种非遗技艺的精妙，同时通过学习非遗技艺丰富了自身文化内涵，如去杭州拜师茶筅制作技艺非遗传承人陈金信老师，去眉山拜师青神竹编的非遗传承人陈云华老师等②。目前，"苏小妹"已成为国内影响力较大的一个虚拟角色，拥有百万粉丝，并在国内数字藏品市场上创造了巨大的交易价值。《虚拟数字人深度产业报告》数据显示，2030年中国虚拟数字人的商业估值将达到2 700亿元，虚拟数字人作为新媒介角色将被广泛应用于元宇宙新生态③。可见，依托专属数字角色，以元宇宙的方式弥补传统文化叙事的不足，可以让更多人参与，甚至成为数字化非遗传承人，由此生成传统文化产业在元宇宙中的文化内涵与文化精神，形构传统文化产业数字化的具体化形态。

2. 传统文化产业数字化的客观化形态

文化资本的客观化形态也就是物化形态，即物化文化资本，这可以理解为具体化文化资本的物化形态及与其相关的文化资本形态，具体来说就是书籍、绘画、古董、道具、工具及机械等物质性文化财富④。最初，传统文化的具体化形态主要是指一些可见的物质文化。在传统文化产业数字化过程中，客观化文化资本主要是指借助科技创造的数字化文化产品，如借助专业视像、录像等技术化方式对传统工艺进行动态复刻、保存、推广，再通过AI技术实现可视化。广东潮州国内首个元宇宙地方工艺美术馆展出手拉壶老字号老安顺第五代传人章广鑫的作品《马到成功》，不仅还原度很高，而且还有详尽的文字介绍⑤。此外，数字藏品作为客观化文化资

---

①　快来认识她！元宇宙里诞生的"苏小妹"成为眉山数字代言人，"宋文化推荐官"！. (2022 - 08 - 08) [2023 -03 -02]. https：//mp. weixin. qq. com/s/-D3vFN9KBnYzs3FlhXlTJw.

②　袁勇我. 文化资本的代际传递机制分析. 云南行政学院学报，2019（1）：149 - 154.

③　抛开金融化，如何看待NFT赋能非遗产业. (2022 - 10 - 27)[2023 - 03 - 02]. https：//www.5m88.com/ post/3971. html.

④　罗宾斯，李中泽. 布迪厄"文化资本"观念的本源、早期发展与现状. 国外社会科学，2006（3）：36 - 42.

⑤　全国首个！"元宇宙"中有了潮州工艺美术馆. (2022 - 05 - 31)［2023 - 03 - 03］. https：//mp. weixin. qq. com/s/DZH42V-enEY6sz965hjI8g.

本的重要表现形式，逐渐发展成为文化产业的新业态，各地都在积极推进这一新业态，如 NFT 被明确写入《上海市数字经济发展"十四五"规划》。当前国内各大平台也纷纷推出非遗 NFT 项目，将非遗作品制作成数字藏品进行发售，如华夏数艺。华夏数艺是国内最早一批推动、支持非遗数字藏品发展的平台。2022 年 11 月，华夏数艺联合国家级非遗北京面人郎第三代传承人郎佳子彧推出数字藏品《三英战吕布》系列，在社会上引起较好反响，很好地促进了非遗文化的传播[①]。可见，数字藏品正成为发展文化元宇宙、实现文化数字化转型的新着力点，是传统文化产业数字化客观化形态的主要表现。

3. 传统文化产业数字化的制度化形态

制度化形态即以制度化的方式表达对某一文化资本的认可，通常是来自官方的一种评定。也就是将行动者掌握的知识与技能以某种形式，如通常以考试的形式，正式予以承认并通过授予合格者文凭和资格认定证书等社会公认的方式将其制度化[②]。这是一种将个体层面的具体化文化资本转化成集体层面的客观化文化资本的方式。从这一意义上讲，制度化文化资本是一种介于具体化文化资本与客观化文化资本之间的中间状态[③]。最初，传统文化的制度化主要是指一些传统手艺人技能认定或企业行业准入的规范化趋势。在传统文化产业数字化过程中，文化资本的具体化主要表现为对传统工艺感兴趣的人均可参与进来，行业准入标准降低，弱化了等级认定、职称等的重要性，更看重社会认可度。而在官方认可下，传统文化能以更加规范的方式为大众所传播。各地政府在积极打造文化元宇宙的过程中，在政策上予以高度重视，通过各类政策支持和资金拨款既实现了产业环境的改善和产业基础的优化，又借助官方的平台为产业发展提供了更有力的宣传支撑。2022 年 7 月至 9 月，在广州市委网信办牵头带领下，三七互娱开展了"非遗广州红 邂逅元宇宙"活动，扩大了传统文化的影响力[④]。此外，广州市委网信办还联动多家互联网企业，在广州市非遗保护中心的协助下，研发推出"非遗广州红"元宇宙虚拟营地，使传统文化在官方认可下广为传播，更多的人能够通过元宇宙的方式来传承和传播中华优秀传统文化。

---

① 你说啥？玩 NFT 还不知道华夏数艺？. (2022 - 10 - 24)［2023 - 03 - 05］. https：//mp. weixin. qq. com/s/VxCUMR6MORA0Fyvjmi8Jjw.

② 朱伟珏. "资本"的一种非经济学解读：布迪厄"文化资本"概念. 社会科学，2005（6）：117 - 123.

③ 朱伟珏. "资本"的一种非经济学解读：布迪厄"文化资本"概念. 社会科学，2005（6）：117 - 123.

④ 2023 年文化元宇宙开年盘点：非遗、影视、文旅、内容，纷纷涉足元宇宙. (2023 - 02 - 27)［2023 - 03 - 17］. https：//mp. weixin. qq. com/s/KnjfWLgsPrrQJviD45GwBg.

元宇宙驱动中传统文化产业数字化的文化资本多向转化

布迪厄认为有四种主要的资本，分别是经济资本、文化资本、社会资本和符号资本①。每种资本都有着自身的运行规则，但它们之间也有着密切联系，正如布迪厄指出的，文化资本不是孤立的、静止的，而是联系的、运动的②。因此，不同类型资本间会相互转化，如文化资本可以转化为经济资本，而经济资本又能进一步强化文化资本。在传统文化产业数字化转型过程中，在文化资本发挥关键性作用的前提下，另外三种资本的作用也不容忽视，正是它们与文化资本之间的协同推动了转化目标的实现。因此，在某种程度上，传统文化产业数字化转型的深层次作用逻辑便体现在以文化资本为核心的四种资本间的相互转化机制中。

1. 传统文化产业数字化转型中的经济资本转换

文化与经济的融合发展是当前传统文化产业的发展趋势。在传统文化产业数字化转型过程中，各类传统文化借助元宇宙等平台实现了自身的快速传播，也为当地文化品牌打响知名度和扩大市场影响力带来了新的机遇，由此实现了文化资本的经济资本转换。一方面，元宇宙技术的快速传播，使得更多的人能够通过数字孪生技术和增强现实、虚拟现实等虚拟装置，将现实身体延伸至元宇宙，获取身体的沉浸式体验，强化非遗文化的数字感染力。这种愉快体验折射到现实社会中便会转换为行为动力，如用户通过购买、消费传统文化商品等，增加传统文化资本。文化商品具体包括当地特色文化产品以及 NFT 数字藏品等，文化资本借此实现经济资本转换。当前 NFT 对经济市场刺激强烈，非遗传承人也开始着力开发数字藏品。2021年 12 月 1 日"非遗数字藏品"电商平台上线，并发布了首批非遗数字藏品，如《创新深圳五十景系列作品》《景钧双绝·江山尊》等③。网友可通过"非遗数字藏品"公众号进行购买，并可在树图链"光笺收藏家"中查收作品。在销量方面，扬州印刷博物馆于 2022 年 5 月 30 日上午发布非遗数字藏品《群仙贺寿图》，总共2 999 份藏品，被 3.2 万名网民瞬间抢购一空④。可见，传统文化资源能够转化为具

---

① 张小军. 象征资本的再生产：从阳村宗族论民国基层社会. 社会学研究，2001，16（3）：51-62.

② 常宝. 从布迪厄的"文化资本"理论谈族群文化的发展问题. 西北民族研究，2011（3）：32-36，11.

③ 官方出手搭建非遗数字藏品 NFT 铸造平台，携非遗通往东方文明元宇宙.（2021-02-11）[2023-03-25]. https://mp.weixin.qq.com/s/GXEU8I6UuzYasj2OViQntA.

④ 数字藏品：走红之后，走向何方.（2021-06-14）[2023-03-25]. https://mp.weixin.qq.com/s/0RuKmhU_ot7e-iQzDPAMVA.

有民族内涵的特色文化产品，形成经济价值，促进经济发展①。另一方面，借助元宇宙技术，创新了传统文化的展现方式，如建立元宇宙传统文化展示馆等。在展演过程中，各方积极发扬传统文化这一地方文化符号，引导人们对传统文化本身及其所携带的名望符号进行消费，促使传统文化的经济资本面向显露，进而提升传统文化的经济效益。同时，获得的经济效益也是优秀传统文化保护、传承的重要资金来源，由此推动实现经济资本与文化资本的双重发展。

2. 传统文化产业数字化转型中的社会资本转移

文化资本与社会资本间的关联十分密切。在传统文化产业数字化转型过程中，文化资本不断增加的同时也伴随着社会资本的同步增加，如传统文化社会知名度和民众拥护度的上升。一方面，当地传统文化借助元宇宙平台实现快速传播后，有可能形成新的社会热点，带来网络流量，关注度的提高会促使当地政府加大对传统文化产业的财政投入力度，为其发展提供充足的人力和物力支撑，为其进一步的社会资本积累奠定基础；另一方面，前一阶段所产生的经济效益也为政府部门的进一步作为积攒了能量，如搭建文化产业信息平台，对文化产业以竞标的方式进行招商引资等，由此推动当地文化企业数量增加、规模扩大、产值提升，吸纳更多从业人员，并使得制作工艺实现现代化改进，从而涌现出更多的文化精品。可见，传统文化产业的社会资本在持续累积的同时也会推动其文化资本进一步发展，二者相互转化、相互促进。

3. 传统文化产业数字化转型中的符号资本转变

所谓符号资本，就是被人们承认和接受了的政治、经济、社会和文化资本②。符号资本是不依赖其他客观资本而独立存在的资本形态，符号资本的生产是所有其他资本的基本动力，任何一种客观资本一旦呈现为符号资本就可以再生产和定义出新的资本形式③。在传统文化产业数字化转型过程中，伴随传统文化的文化资本生成，一些传统文化渐渐成为某种符号，成为带有特殊含义的标志和象征。通过元宇宙搭建的平台对非遗进行展演，可重塑传统文化的影响力与名声，为其累积更多的符号资本。此外，通过拓展传统文化的宣传平台，进行元宇宙的虚拟展演实践，越来越多的人在体验中感受到了传统文化的魅力，极大提升了传统文化的知名度，为传统文化积累了大量符号资本。可见，传统文化产业数字化过程中的符号资本生成，主要是通

---

① 傅才武，岳楠. 论中国传统文化创新性发展的实现路径：以当代文化资本理论为视角. 同济大学学报（社会科学版），2018，29（1）：28-38.

② 张祝祥，刘杰辉. 社会学视阈下的林纾现象解读. 上海翻译，2014（2）：31-34.

③ 赵巧艳，闫春. 文化资本视角下"老字号"的现代性转换：以钦州坭兴陶为例. 北方民族大学学报（哲学社会科学版），2015（6）：32-35.

过提升传统文化的社会认可度，进而对传统文化中蕴含的名誉、声望、精神等以符号化形式存在的稀缺资源进行生产、再生产与长期积累，从而实现符号资本的增值。

三、元宇宙赋能传统文化产业数字化转型困境分析

布迪厄认为文化资源与文化资本具有依存关系，文化资本是被活化利用的文化资源。当前，传统文化产业数字化转型面临着诸多困境。我国虽拥有丰富的历史文化遗产和传统文化资源，但却并没有充分利用这些资源。一方面，从传统文化传承来看，由于没有建立合理的传承机制，诸多传统技艺和传统文化面临失传的危机，传统文脉呈现出断裂趋势；另一方面，我国传统文化产业数字化转型方面的具体实践较为表层，大多流于表面，没有形成统一体系。总的来说，表现在以下两个方面。

传统文化产业数字化的文化资本形态难以确立

1. 具体化形态匮缺，传统文化精神传承乏力

在布迪厄看来，文化资本的具体化是指通过家庭熏陶、学校教育将知识、技能、教养等固化为人们的习性和性情，使之成为人的身体和头脑的一个有机组成部分[①]。以非遗为例，具体化文化资本主要体现为各级非遗传承人，这些传承人由于掌握了非遗文化的相关知识或技能，从而获得了不同于一般群众的具体化文化资本秉性，成为非遗文化所携带的文化资本之具象化表达。在数字社会背景下，这些传承人主要是借助微博、微信、抖音等新媒体展示自身非遗技能，传递传统文化精神。但当前非遗文化传承人较少，且大多数都是年龄偏大的资历较深的手艺人，他们对数字化产品的使用不熟练，难以做好传统文化创造性转化的衔接，易造成文化传承中断。尽管当前在元宇宙技术的催生下产生了较多文化传承虚拟人，但大多是小范围的，知名 IP 较为缺乏，文化传承主体总体上处于紧缺状态，导致传统文化数字化发展的内生动力不足。

2. 客观化形态零散，传统文化产品形成受阻

客观化形态即物化形态，多指民间艺人将其所拥有的文化资本物化形成的客观物品，具体体现为各级非遗项目[②]。其数字化转型主要表现为借助数字技术对传统

---

① 薛晓源，曹荣湘. 文化资本、文化产品与文化制度：布迪厄之后的文化资本理论. 马克思主义与现实，2004（1）：43-49.

② 李美熙，肖植. 潮州民间艺术研究的文化资本与转化：以国家级"非遗"项目为例. 艺术研究，2022（4）：146-149.

文化产品进行复刻、保存、展览或设计出新的数字文化产品或数字藏品。但在当前元宇宙技术逐渐融入文化产业的背景下，我国传统文化衍生出的文化产品在创作、生产和消费等环节中的核心数字技术应用依然较为薄弱，尤其表现为在文化实体呈现与场景模拟等方面应用不成熟。传统文化在与具有高阶数字技术特征的元宇宙耦合的进程中，利用技术实现相关产品的转化升级难以迅速完成，在普及性和可及性方面都需较长的适应过程。而且当前元宇宙技术发展尚处于起步阶段，对传统文化产品的客观化形态转变难以起到规模化的推动作用，导致传统文化产业的客观化形态转化处于零散状态，难以形成更广的文化传播范围。

3. 制度化形态不定，传统文化产业规范欠缺

制度化文化资本既是自身文化积累的结果，也是依据制度安排进行文化实践的结果。文化资本需要制度化认可，制度化认可主要包括非遗传承人获得等级认定证书、职称评定证书等资质证书。但在数字化时代，信息具有快速生产、快速复制、快速消亡的特点，而传统文化历史积淀厚重，接收者需要保持持续且相对完整的学习过程。现实表明，社会民众很少对传统文化进行主动且深入的了解，大多在互联网上简短涉略，而很少会有针对性地去学习相关专业技能并获得制度化认可。因此，传统文化的世俗化、普及化道阻且长。与此同时，当前很多地方基层管理部门对传统文化的关注度有待提高，在制度性牵头工作方面亟须改进，传统文化产业推广度较低，一定程度上阻滞了传统文化产业的制度化、规范化发展。此外，在资本强力推动和网络监管难度日渐上升的形势下，传统文化产业在数字化过程中缺乏制度性管理，行业乱象丛生，导致传统文化的内容和质量受到忽视，传统文化产业的发展质量难以得到进一步提升。

传统文化产业数字化的多种资本整合受阻

1. 经济资本孱弱，传统文化产业数字化规模受限

中华优秀传统文化是我国经济社会发展的巨大文化资本。这一文化资本有助于带动传统工艺、文化创意产品等特色文化产业的发展，进而将文化资本转化为社会发展的经济资本。同时，经济的增长同样也有助于传统文化的保护、传承与发展。正如布迪厄所说，"文化资本、社会资本以转换为经济资本这种形式去进行自身再生产"[①]。但当前，一方面，利用元宇宙技术进行文化展演的传统文化产业较少，影响力小，未能为大众所熟知，文化资本难以转换成经济资本，且各地对传统文化资

---

① 布迪厄. 文化资本与社会炼金术. 包亚明，译. 上海：上海人民出版社，1997：190－192.

源的开发力度不足，地方文化资源的商品化发展尚处于探索阶段。如当前数字藏品的发展在各地并不多见，其所创造的经济价值规模较小，由此积累的经济资本总体上也相对羸弱。另一方面，元宇宙的发展在带来数字红利的同时也产生了更大的数字鸿沟，城乡之间文化产业数字化进程差距大，数字化普及范围受限，导致传统文化产品的受众范围和市场空间狭小，限制了传统文化数字化消费规模的扩大。

2.社会资本有限，传统文化产业数字化资源匮乏

社会资本能够为传统文化的发展带来多方资源，实现文化的资源扩充。但当前，传统文化产业数字化转型的社会资本较为有限。一方面，相关职能部门的牵头工作在传统文化产业的业态发展、人才培养和资金扶持方面仍显乏力，各级政府对传统文化的政策重视程度和资金支持力度不均衡，且推广形式单一，宣传力度也不足，传统文化产业数字化转型缺乏官方支持。另一方面，受技术、战略规划、资金等现实因素制约，现有文化企业数字化转型困难，既有的转型实践主要体现为企业中部分要素的文化转型，且转型企业数量少、规模小，文化企业间的数字生态系统尚未形成，未能很好地带动该领域企业主体间的互动与合作，以及在此基础上的社会资本积累。

3.符号资本悬浮，传统文化产业数字化内核空洞

符号资本的积累能够形成推动社会发展的文化软实力。创新传统文化内容及发展模式，提高传统文化的名誉与声望，有助于推动传统文化产业数字化转型以及文化的持久传播，最终实现传统文化的文化资本向符号资本转化。但随着网络化、城市化进程的进一步深入，新兴事物更新换代迅捷，人们对传统文化的关注度不够，传统文化的受众群体仍十分有限，其社会知名度与质量评价差异很大，其所附带的符号价值也未能凸显。尽管拥有元宇宙技术的支持，但由于传统文化本身相关的贸易及旅游产业发展缓慢，导致其数字化品牌建设难度大且大多浮于表层，无法形成历史、文化、精神和名誉等深层次的符号资本，进一步恶化了传统文化产业数字化内核空洞的局面，难以形成较高的国际知名度。

四、元宇宙赋能传统文化产业数字化转型路径优化

布迪厄指出，在当代社会，文化已渗透到社会的所有领域①。就当前我国传统

---

①　靳永翥，丁照攀．从物化资本走向社会资本：中国地方政府社会建设的路径依归．新视野，2017（3）：42-48.

文化的发展状况来看，传统文化的传承受阻，传统文化产业数字化转型难以有效运作。因此，传统文化产业亟须借助元宇宙等高阶技术赋能来实现创新性发展。依托布迪厄的文化资本理论，当下中国传统文化的传承与发展应以具体化文化资本的积累、客体化文化资本的转化和制度化文化资本的建设为主要路径，并在优秀传统文化的传承与发展中注重充分发挥多种资本的协同作用[①]。

重构传统文化产业数字化的文化资本形态

1. 打造具体化形态，凝聚传统文化精神

具体化形态的文化资本通过对各级非遗传承人的文化资本的挖掘延续文脉、传承文化。一方面，应当将传承人视为相关非遗知识的权威，关注传承人在非遗传承、发展方面的现状与面临的困境，同时借助元宇宙技术，从个体视角出发，记录非遗传承人学艺、从业经历等文化资本内容，并将数字化技术嵌入个人生命发展历程中，鼓励非遗传承人学习数字技能，借助元宇宙等数字技术进一步推动非遗的传承和赓续；另一方面，传统文化产业应主动利用元宇宙技术，着力丰富文化传承主体，塑造元宇宙虚拟人物，赋予其角色意义，使其承担文化传承重任，创新传统文化延续及发展的方式。

2. 形塑客观化形态，制造传统文化产品

一方面，应提升传统文化的数字化体验，将传统文化根植于数字化活动中，针对诸如民俗舞蹈、传统农耕等非遗设计专门的客观化呈现方式，如可以通过建设虚拟生活场馆和打造文创产品等方式实现其文化资本客观化形态的呈现，在延续传统文化基本形态的基础上，呈现传统文化的独特风情。另一方面，应充分利用元宇宙的数字孪生技术，实现传统文化客观化形态打造。数字孪生能立足于传统文化的现实基础，通过全息影像等技术，对其进行客观映射，实现文化产品或文化场景的迁移，促使传统文化遗产得以复原与传播。借助数字孪生技术，能够在文物形体、色彩、质感等方面做到一比一的原真记录，解决文物信息准确记录的问题，让文物信息完整地保存在数字世界里[②]。此外，借助元宇宙技术还能实现传统文化客观化形态的线上展览、远程观赏以及数字化复原和重建等。借助元宇宙技术对书画艺术品进行复原，不仅可提高其收藏价值，还有利于传承中华民族的悠久文化遗产，从而

---

① 刘继文，良警宇. 文化资本理论视角下瑶族语言文字的传承与发展研究. 广西民族研究，2019（5）：166-173.

② 杨英法，郭广伟. "文化衡水"建设中董子文化资源的数字化经营. 衡水学院学报，2021，23（1）：36-42.

实现传统文化生命的延续。

3. 注重制度化形态，树立文化产业规范

制度化文化资本形态的确立需从正式制度确立和官方认证这两方面切入。在正式制度确立方面，应针对传统文化产业数字化转型发展制定相应的规范制度并设立专门的组织机构，如相关研究会、协会、联合会等，且在组织内补充相应的专业人才。同时应充分激发市场和政府的双重动力，促使元宇宙背景下的传统文化产业迈向规范、有序、可持续发展的新阶段。在官方认证方面，政府应积极与元宇宙等数字技术研发机构开展合作，共同举办各类文化展演活动，提高传统文化产业数字化的官方认可度，由此激发民众的参与积极性，帮助人们树立文化自信，推动人们文化自觉的养成。此外，人们在实践中也需不断进行自身文化资本的积累，促进传统文化产业数字化转型中文化资本再生产的实现，将文化真正融入社会发展中。

推动传统文化产业数字化的文化资本转化

1. 加大经济资本投入，扩大传统文化产业数字化规模

2022 年 5 月，中共中央办公厅、国务院办公厅印发的《关于推进实施国家文化数字化战略的意见》强调了文化数字资源的社会和经济双重价值[①]。对文化产品的利用和开发能够充分发挥其经济价值，实现其文化效益与经济效益的最大化。一方面，应充分挖掘传统文化的经济价值，将文化发展与当地旅游资源等相融合，延长传统文化产业发展的产业链。此外，还可以在文化、艺术和设计中融入传统元素，创造出具有地方特色的产品以增加其附加值，实现传统文化的传承与推广的融合。同时，应重视文化消费在文化传承中的重要地位，关注消费者对相关作品的喜好，兼顾文化产品的商品属性和文化属性，如借助 NFT 能够对优秀传统文化进行创造性转化与创新性发展，实现文化的延续与再造。另一方面，应在保护特色传统文化的基础上，对传统文化进行产业化的提升，实现传统文化产业的更新再造，构建具有鲜明地域特色的文化产业，从而推动行业传承，促进产业发展规模化的实现，以更好地发挥其文化价值。同时，元宇宙技术借助文化展演的形式，使得传统文化转换为带有经济价值的文化表演，进而实现传统文化的经济化，如非遗文化的变现便为非遗文化产业发展带来了新的增长空间，极大促进了非遗文化在数字化时代的持续保存与广泛传播。

---

① 中共中央办公厅 国务院办公厅印发《关于推进实施国家文化数字化战略的意见》. (2022 - 05 - 22)[2022 - 09 - 18]. http://www.gov.cn/xinwen/2022 - 05/22/content_5691759.htm.

2. 拓宽社会资本渠道，整合传统文化产业数字化资源

首先，传统文化产业的数字化资源整合应由政府牵头，多元社会主体共同参与，构建资源调配与利用的协同机制。相关职能部门与社会主体应加大支持力度，鼓励多元主体参与到传统文化产业的数字化转型发展过程中，形成传统文化产业数字化转型的行动合力。其次，政府应给予足够的政策和资金支持，进一步落实具体工作，为地方传统文化产业的数字化转型之路消除障碍。再次，可借助新媒体科技对传统文化资源进行数字转化，提升传统文化的传播广度与传播效能。同时应充分利用各类先进技术和手段改造传统文化的生产经营和传播模式，加快构建覆盖广泛、传输便捷的文化传播体系，用先进的技术创造和传播先进文化，使优秀传统文化通过互联网得到延伸和释放[①]。最后，应及时关注元宇宙前沿科技的研发和应用，为元宇宙与传统文化的融合提供最新的技术支撑，如虚实相融、即时交互等，为受众带来更好的文化体验。

3. 深化符号资本形成，凝聚传统文化产业数字化精神

符号资本与文化资本有着不可忽略的内在联系。文化资本在转化为符号资本的过程中，一直不断地被复制和模仿，在时间的流逝中积聚起了具有现代性的符号资本。传统文化的符号资本积累可以分为两个部分：一是当地积极申请高级别的文化认证，如文化遗产名录、风景名胜区、传承人等，以提升传统文化的荣誉知名度，提高传统文化的声望。二是进行传统文化的品牌建设，如借助元宇宙数字技术打造文化元宇宙、文化展馆群，并积极通过网络新媒体宣传传统文化，提升社会认可度，扩大符号资本的转化覆盖面，以此实现对传统文化中所携带的名誉、声望、精神等以符号化形式存在的资本的生产与再生产，促进符号资本的增值。同时可拓宽文化宣传渠道，利用微博、微信、短视频等进行跨媒介传播，提升大众的关注度，达到对传统文化进行规模化推广与传播的效果。

结　语

面对信息纷繁、技术迅猛迭代的新社会环境，我国在传承优秀传统文化方面，可以以传统文化产业数字化转型为核心，努力促成传统文化所蕴含的文化资本、社会资本、经济资本间的互相转化，构建传统文化产业数字化转型体系，进而发挥文化再生产的功能，实现优秀传统文化的繁荣发展。然而，我国传统文化产业的数字

---

① 谢雪屏. 论文化软权力与中国国家形象的塑造. 山西师大学报（社会科学版），2009（5）：41－45.

化转型之路面临多重障碍，本研究以非遗为例，基于布迪厄的文化资本理论，发现其中存在文化资本形态难以确立、资本整合受阻等困境。有鉴于此，本章提出应当以传统文化产业数字化转型过程中形成的内外部文化因素为着眼点，借助元宇宙等新一代高阶数字技术积极促进其中各类资本的形成、转化与整合，进而助推我国传统文化在新时期的创新性发展。需要指出的是，本研究还存在经验总结不能深入、分析不够全面等诸多不足之处。同时在现实中，伴随着技术更迭与社会发展，传统文化产业数字化转型之路仍会面临诸多不确定性，需要社会各界予以充分关注，共同为维系中华优秀传统文化的生命力出谋划策。

参考文献

［1］2023年文化元宇宙开年盘点：非遗、影视、文旅、内容，纷纷涉足元宇宙．（2023－02－27）［2023－03－17］．https：//mp. weixin. qq. com/s/ KnjfWLg-sPrrQJviD45GwBg.

［2］毕海龙．河南神垕钧瓷传统文化资本形态探析．中国陶瓷，2016，52（9）：87－89.

［3］布迪厄．文化资本与社会炼金术．包亚明，译．上海：上海人民出版社，1997.

［4］常宝．从布迪厄的"文化资本"理论谈族群文化的发展问题．西北民族研究，2011（3）：32－36，11.

［5］傅才武，岳楠．论中国传统文化创新性发展的实现路径：以当代文化资本理论为视角．同济大学学报（社会科学版），2018，29（1）：28－38.

［6］官方出手搭建非遗数字藏品NFT铸造平台，携非遗通往东方文明元宇宙．（2021－02－11）［2023－03－25］.https：//mp. weixin. qq. com/s/GXEU8I6UuzYasj2OViQntA.

［7］黄永林，刘文颖．非物质文化遗产文化空间的特性．华中师范大学学报（人文社会科学版），2021，60（4）：84－92.

［8］靳永翥，丁照攀．从物化资本走向社会资本：中国地方政府社会建设的路径依归．新视野，2017（3）：42－48.

［9］快来认识她！元宇宙里诞生的"苏小妹"成为眉山数字代言人，"宋文化推荐官"！.（2022－08－08）［2023－03－02］. https：//mp. weixin. qq. com/s/-D3vFN9KBnYzs3FlhXlTJw.

［10］李美熙，肖植．潮州民间艺术研究的文化资本与转化：以国家级"非遗"项目为例．艺术研究，2022（4）：146－149．

［11］刘继文，良警宇．文化资本理论视角下瑶族语言文字的传承与发展研究．广西民族研究，2019（5）：166－173．

［12］刘明辉，屠静芬．中国式现代化核心要义的理论辨析和价值探讨．石河子大学学报（哲学社会科学版），2023，37（2）：15－22．

［13］罗宾斯，李中泽．布迪厄"文化资本"观念的本源、早期发展与现状．国外社会科学，2006（3）：36－42．

［14］你说啥？玩 NFT 还不知道华夏数艺？.（2022－10－24）［2023－03－05］．https：//mp.weixin.qq.com/s/VxCUMR6MORA0Fyvjmi8Jjw．

［15］抛开金融化，如何看待 NFT 赋能非遗产业．（2022－10－27）［2023－03－02］．https：//www.5m88.com/post/3971.html．

［16］全国首个！"元宇宙"中有了潮州工艺美术馆．（2022－05－31）［2023－03－03］．https：//mp.weixin.qq.com/s/DZH42V-enEY6sz965hjI8g．

［17］施炎平．从文化资源到文化资本：传统文化的价值重建与再创．探索与争鸣，2007（6）：50－54．

［18］数字藏品：走红之后，走向何方．（2022－06－14）［2023－03－25］．https：//mp.weixin.qq.com/s/0RuKmhU_ot7e-iQzDPAMVA．

［19］魏錾涛，任利民．数字孪生视域下的非物质文化遗产设计转化研究．包装工程，2023，44（6）：302－310．

［20］谢雪屏．论文化软权力与中国国家形象的塑造．山西师大学报（社会科学版），2009（5）：41－45．

［21］薛晓源，曹荣湘．文化资本、文化产品与文化制度：布迪厄之后的文化资本理论．马克思主义与现实，2004（1）：43－49．

［22］杨英法，郭广伟．"文化衡水"建设中董子文化资源的数字化经营．衡水学院学报，2021，23（1）：36－42．

［23］袁勇我．文化资本的代际传递机制分析．云南行政学院学报，2019（1）：149－154．

［24］占琦．非遗元宇宙：赋能、融合、沉浸．今传媒，2022，30（9）：101－103．

［25］张小军．象征资本的再生产：从阳村宗族论民国基层社会．社会学研究，2001，16（3）：51－62．

［26］张祝祥，刘杰辉．社会学视阈下的林纾现象解读．上海翻译，2014（2）：

31－34.

［27］赵巧艳，闫春．文化资本视角下"老字号"的现代性转换：以钦州坭兴陶为例．北方民族大学学报（哲学社会科学版），2015（6）：32－35.

［28］中共中央办公厅 国务院办公厅印发《"十四五"文化发展规划》．（2022－08－16）［2022－09－18］．http：//www. gov. cn/gongbao/content/2022/content_5707278. htm.

［29］中共中央办公厅 国务院办公厅印发《关于推进实施国家文化数字化战略的意见》．（2022－05－22）［2022－09－18］．http：//www. gov. cn/xinwen/2022－05/22/content_5691759. htm.

［30］朱伟珏．"资本"的一种非经济学解读：布迪厄"文化资本"概念．社会科学，2005（6）：117－123.

附录 2022 年重要网络社会事件

国家网信办等四部门发布《互联网信息服务算法
推荐管理规定》

2021 年 12 月 31 日，国家网信办、工信部、公安部、国家市场监管总局联合发布《互联网信息服务算法推荐管理规定》（以下简称《规定》），自 2022 年 3 月 1 日起施行。近年来，在算法应用给政治、经济、社会发展注入新动能的同时，算法歧视、"大数据杀熟"、诱导沉迷等算法不合理应用导致的问题也深刻影响着正常的传播秩序、市场秩序和社会秩序，给维护意识形态安全、社会公平公正和网民合法权益带来挑战。在互联网信息服务领域出台具有针对性的算法推荐规章制度，是防范化解安全风险的需要，也是促进算法推荐服务健康发展、提升监管能力水平的需要。《规定》明确了应用算法推荐技术是指利用生成合成类、个性化推送类、排序精选类、检索过滤类、调度决策类等算法技术向用户提供信息；明确了算法推荐服务提供者的信息服务规范，要求算法推荐服务提供者应当坚持主流价值导向，积极传播正能量，不得利用算法推荐服务从事违法活动或者传播违法信息，应当采取措施防范和抵制传播不良信息；明确了算法推荐服务提供者的用户权益保护要求，包括保障算法知情权，要求告知用户其提供算法推荐服务的情况，并公示服务的基本原理、目的意图和主要运行机制等。国家网信办有关负责人表示，出台《规定》，旨在规范互联网信息服务算法推荐活动，维护国家安全和社会公共利益，保护公民、法人和其他组织的合法权益，促进互联网信息服务健康发展。（刘延飞）

"流调中最辛苦的中国人"赴京打工寻子事件

2022 年 1 月 19 日，北京市第 269 场新冠肺炎疫情防控工作新闻发布会召开，会上公布了朝阳区一无症状感染者的流行病学调查的行动轨迹。这位感染者岳先生从 1 月 1 日开始，18 天去了 28 个地方做搬运，没有一天休息，工作时间不固定，工作地点不固定，连续数天深夜夜班，不停奔波穿梭在北京各个角落。这位"流调中最辛苦的中国人"，引发网友的关注和热议。经媒体采访，网友得知，这位岳先生来北京是为了寻找失联儿子的线索，他的儿子于 2019 年在山东威海东山失联，他去过山西、北京、山东烟台等地方寻找，一边找孩子一边打零工挣钱养家，这次在北京寻子的过程中不幸感染病毒。对此，许多热心网友帮忙转发了岳先生儿子失踪的消息和线索，并对威海警方推诿、不定位手机、不调监控、三个月才立案等情况提出了质疑。威海市公安局立即组织开展调查核实，及时发布了情况通报。通报显示，2020 年 8 月 12 日，荣成市公安机关接岳先生的妻子报警，称其儿子（时年 19 岁，在当地务工）于当日 9 时许失踪，公安机关通过调取监控、追踪轨迹、走访调查、发布寻人启事等方式开展查找工作，未发现有价值线索，将其列为失踪人员调查。8 月 26 日，公安机关接群众报警，在当地一水塘内发现一具高度腐败的男性尸体，经过 DNA 鉴定比对，确定为其子，且未发现有犯罪事实存在，不符合立案条件。但该夫妻对鉴定结论不予接受，死者遗体存放于当地殡仪馆未火化。（陶真）

河北寻亲男孩刘某某自杀身亡

2022 年 1 月 24 日凌晨，河北寻亲男孩刘某某定位三亚发布"生来即轻，还时亦净"的微博长文，诉说自己经历被生父母出卖、养父母身亡、遭受校园欺凌猥亵以及网暴的一生，这封绝笔信提到"有很多人来骂我、讽刺我、诬陷我、诽谤我，对我评论和私信人身攻击，我看到后很难过"。当日中午，三亚警方证实刘某某在三亚自杀身亡。据媒体此前报道，刘某某大概 3 个月大的时候被养父母抱养，养父母意外去世后，他被老人抚养长大。2021 年 12 月 15 日，山西临汾警方通过 DNA 找到了刘某某亲生父亲所在的家庭。2022 年 1 月 17 日，刘某某在社交平台发布因与亲生父母产生矛盾而被亲生母亲拉黑的截屏和通话录音，称再遭亲生父母遗弃，并否认矛盾因其要求"买房"而产生，但网暴者以刘某某要求"买房"为由开始了肆意攻击。多位接受《法治日报》记者采访的专家认为，个人生活经历、性格，寻亲过程中遭遇的挫折，以及网络上的一些粗暴指责等因素的综合作用下，悲剧发生了。其中，网暴是刘某某自杀的重要诱因。1月24日下午，针对该事件，微博社区管理官方微博发布消息称，根据用户举报投诉，社区未成年人保护专项团队对相关泄露当事人个人隐私、挑动矛盾纠纷的违规内容进行了排查清理，清理内容290条。随后，微博社区管理官方微博称拟上线两个新功能：一键开启"防暴模式"，开启后用户能够在可选时间内，隔离未关注人的评论和私信攻击；当用户收到大量非正常评论时，将弹窗提示用户是否开启隐私防护功能。（刘延飞）

丰县生育八孩女子事件

2022年1月27日，抖音博主发布"丰县生育八孩女子"视频。视频呈现了该女子的生活境遇，并在抖音和微博等平台被迅速传播。围绕家庭暴力、非法拘禁、拐卖妇女、强迫生育等问题，社会舆论空前高涨。1月28日，丰县县委宣传部发布通报称，八孩母亲为杨某某，其与丰县董某某系领证结婚，且患有精神疾病，经常无故殴打老人和小孩，并表示已对杨某某及其丈夫董某某的家庭给予救助。针对丰县通报，网民认为存在诸多疑问，对该女子的原生家庭情况、婚姻登记的合规性、超生等问题提出了质疑。1月30日，丰县发布通报否认关于拐卖和虐待的传言，宣布成立联合调查组进行深入调查。随后，网民对八孩的性别和亲子关系提出质疑，认为存在强制生育和强奸问题，呼吁寻找杨某某的家人。2月7日，徐州发布通报，确认该女子为走失的云南亚谷村村民，认定八孩与董某某、杨某某符合亲子关系。2月10日，丰县发布调查处理情况，对该事件中涉嫌非法拘禁和拐卖妇女的人员采取刑事强制措施。此后，部分网友分析四份通报中前后矛盾的内容，质疑徐州妇联履职不力。2月17日，江苏省政府成立调查组，对该事件进行全面调查。当天，"丰县生育八孩女子事件调查组成立"的话题占据微博热搜榜首，主流媒体也开始转发和报道相关内容。2月23日，江苏省调查组发布通报，问责徐州和丰县的十七名相关涉案人员。该事件表明了社会大众对侵害妇女和精神疾病患者权益事件的广泛关注。（马颖）

冰墩墩、雪容融网络走红引发购买狂潮

2022年2月，北京冬奥会吉祥物冰墩墩和北京冬残奥会吉祥物雪容融火爆全球。2019年9月17日，以熊猫为原型的北京冬奥会吉祥物冰墩墩和以灯笼为原型

北京冬残奥会吉祥物雪容融正式对外发布，但在亮相之初，冰墩墩和雪容融并没有掀起如此巨大的抢购狂潮。2022 年 1 月 31 日，在春晚冬奥特别节目中，作为吉祥物的冰墩墩、雪容融与观众见面。随后，节目中的片段"冰墩墩抖雪"的动画图片在各类短视频平台疯狂刷屏。2 月 2 日，来华报道北京冬奥会的日本记者辻冈义堂在与日本电视台的直播连线中，主动介绍冰墩墩，并掀开衣服展示自己胸前的已经购买的 6 个冰墩墩徽章。这一视频片段立刻引起了广大网友的关注，"日本记者买太多冰墩墩徽章被吐槽"成为网络热议话题。2 月 3 日，各国运动员在国内外各大社交媒体上分享冬奥村中冰墩墩和雪容融的各种活动视频，并纷纷展示其购买到的各种吉祥物造型的纪念品，引发网友们对冰墩墩和雪容融的抢购。当日，市民在线下旗舰店购买冰墩墩需要排队一小时以上，而在线上奥林匹克官方旗舰店，很多款式的冰墩墩挂饰和摆件已经售罄下架。2 月 4 日，在北京冬奥会开幕式上，冰墩墩闪亮登场。随后，网友们反映，无论是线上还是线下都是"一墩难求"，呼吁能实现"一户一墩"，并在 2 月 10 日通过直播成为冰墩墩生产线的"云监工"。可以说，冰墩墩和雪容融成为北京冬奥会和北京冬残奥会期间的"顶流"，仅在微博就产生了三百多个热搜话题。冰墩墩和雪容融成为广大网友们情感迸发的窗口，关注它们的信息，购买它们的周边，参与它们的活动，成为人们体验冬奥最直接的方式。（林傲耸）

中国女足夺得亚洲杯 2022 年冠军引发网友热议

2022 年 2 月 6 日，在印度新孟买帕提尔球场的亚洲杯决赛中，中国女足在上半场落后 2 球的情况下，下半场连扳 2 球，并在补时阶段完成逆转，以 3 比 2 击败韩国队，时隔 16 年再次夺得亚洲杯冠军，捧起了中国女足第九座亚洲杯冠军奖杯。"女足夺冠"迅速登上热搜，中国女足以在整个赛事过程中保持全胜的姿态赢得冠军，令国人感到振奋与自豪。线上和线下，民众都对"铿锵玫瑰"进行了高度赞扬，彰显出其对中国女足的热爱与支持。这种支持，不仅仅是对中国女足所取得的成绩和高超的技战术安排的肯定，还是对女足所展现的顽强拼搏、不屈不挠的斗志的赞扬。在网络热议中，除了对中国女足的赞扬，还涉及对中国男足"不争气"的愤慨，仅在 5 天之前，男足在大年初一的 2022 年世界杯预选赛中输给越南而无缘世界杯赛程，在春节期间给球迷和全国人民"添堵"。在网络热议中，网友们还挖掘出中国女足与男足在训练条件、待遇保障等方面的差距，形成了"中国男足吃海参"等热梗，更由此揭开了中国男足系统内部新一轮反腐工作的序幕。（聂石重）

星巴克驱赶门口用餐民警事件

2022 年 2 月 13 日，有网友发帖称：重庆一星巴克赶走在门口吃盒饭的民警，还恶意投诉。截图显示，星巴克员工看到在门口吃饭的民警，称其"会影响品牌形象"，所以驱赶并投诉了当事执勤民警。迫于舆论压力，星巴克中国于 2 月 14 日晚间发布微博回应称此过程中不存在网传的"驱赶民警"及"投诉民警"的情况。然而，网友对星巴克这一回应并不买账，不断爆料星巴克"黑料"，使得网络事件发酵，引起网络热议。据网络爆料，不久前，星巴克因违规被监管部门处罚。2021 年 11 月 26 日，深圳市市场监督管理局对星巴克咖啡（深圳）有限公司盐田壹海城二分店未及时清理超过保质期的食品（台式月饼）处以警告。2021 年 12 月，无锡市两家星巴克门店被卧底调查发现，过期咖啡食材仍在继续售卖，保质期被随意更改，报废糕点被再次上架。2022 年 2 月 9 日，上海"星巴克门店使用过期食品被罚百万"的话题曾在微博引起热议，后被证实实际被罚款近 70 万元。这让星巴克的品牌口碑受到损害，现在其又因"驱赶民警"陷入舆论的漩涡。（李净净）

白象方便面网络走红

2022 年 3 月 6 日，北京冬残奥会开幕第三天，有网友发布一则白象食品公司有三分之一的在职员工是残疾人的话题，使白象冲上当日微博热搜。当日，有 230 万名左右的网友关注了该话题。随后，大量网友涌入白象官方旗舰店，成为其粉丝，购买白象方便面。白象官方旗舰店在冬奥会期间粉丝暴涨了 300 万人。2022 年 3 月 15 日，央视"3·15"晚会曝光插旗菜业土坑酸菜腌制过程存在食品安全问题后，与插旗菜业合作的方便面企业受到质疑。有网友指出，此前有媒体报道称白象将插旗菜业列为原材料供应重点企业。对此，白象食品在微博评论里回复称："一句话：没合作，放心吃，身正不怕影子斜。"该微博声明发出后再次获得网友关注，使其登上热搜。"买方便面就要买国货之光白象""支持方便面界的鸿星尔克，去直播间买空白象"……网友以实际行动又来了一波"野性消费"。随着网友对白象方便面的持续关注，3 月 18 日，"白象三分之一员工是残疾人"的话题又一次登上微博热搜。除此之外，白象低调捐助灾区、坚持民族品牌等事迹不断被网友找出并转发、讨论，感动了无数网友。网友感叹白象"自己明明就在暴风雨中行走，却还要想着帮他人挡雨”，将其视为民族企业的典范。因此，无数网友发出"吃面就吃白象方便面"的呼吁。随后，白象的销量与店铺粉丝暴涨，直播间被挤爆，仓库的存量全部卖光。截至 3 月 19 日 17 点，白象抖音官方旗舰店直播间的粉丝已经突破 137 万人。（贺灵敏）

广州保洁有限公司因发布侮辱女性广告被处罚

2022 年 3 月 13 日，广州宝洁有限公司为推销其产品在其微信公众号"宝洁会员中心"发布标题为《女人的脚臭是男人的 5 倍？不信现在闻一下》的广告，宣传时涉嫌存在广告违法行为，广告中针对男女身体不同部位的卫生情况、气味等进行描述，含有"女人脚臭是男人的 5 倍"等文字内容。3 月 24 日，这一事件在互联网被广泛讨论，引起大量网友强烈不满，相关话题登榜微博热搜。3 月 24 日 12 时 32 分，宝洁中国官方微博发布声明郑重道歉，称"宝洁公司一直提倡平等、包容和尊重的价值观。我们已经删除这篇文章，并严肃整顿该账号的运营。我们一定会深刻反思，杜绝类似情况再次发生"。随后，"宝洁会员中心"官方微博也发表了相同内容的声明。同日，"宝洁致歉"词条登上微博热搜榜首。针对宝洁涉嫌侮辱女性的广告，网友纷纷表示愤怒并提出质疑。有网友表示："本人因曾经使用过宝洁及其旗下产品而致歉，我一定会深刻反思，杜绝类似情况再次发生。"对此事件，《中国妇女报》官微评论："人们不会为侮辱性'营销'买单，不尊重女性，会让你真正被'保洁'。"6 月 24 日，广州市黄埔区市场监督管理局对广州宝洁有限公司作出行政处罚。对此，广州宝洁有限公司提交了证明其广告使用的数据、统计资料、调查结果等引证内容出处的材料。经核对，广告在引用引证内容时，未标明出处，与原引证内容不完全一致。因此，广州市黄埔区市场监督管理局责令宝洁停止发布违法广告，删除广告，整改公众号，并对其处以 70 万元的行政处罚。（刘延飞）

央视"3·15"晚会曝光湖南插旗菜业土坑酸菜问题

2022 年 3 月 15 日，央视"3·15"晚会曝光湖南插旗菜业有限公司用土坑腌制酸菜的食品安全问题，指出插旗菜业所谓的老坛酸菜是在不能保证卫生条件的土坑中腌制的。报道指出，每年初春收获的芥菜并不进行清洗，有些甚至夹杂着枯萎发黄的叶子，就直接倒入菜地旁的土坑，然后加水、盐等，用薄膜包上，盖上土直接腌制。腌制的环境差，工人的操作更让人反胃，有的穿拖鞋，有的光脚，直接踩在酸菜上，甚至一边抽烟一边干活，抽完的烟头直接扔到酸菜上。更离谱的是，这些酸菜在被插旗菜业收购时，插旗菜业并不对其进行任何卫生指标检测，也没有经过其他的消毒杀菌处理，直接供应给相关企业。事件曝光后，在网络上引起了人们对食品安全问题的巨大关注。统一、康师傅等方便面企业都遭受极大的打击，虽然它们立即发表声明、表明态度，但是在短时期内依然受到了严重的影响，如统一的股价下跌了 7.7%，每天亏损 52 亿港元，而康师傅作为"塌房"的源头，受到的损失更加严重，每天的损失达到 75.5 亿港元。（罗胤斌）

网络平台开放用户 IP 属地功能

2021 年 10 月 26 日，国家网信办发布《互联网用户账号名称信息管理规定（征求意见稿）》，规定互联网用户账号服务平台应当以显著方式，在互联网用户账号信息页面展示账号 IP 地址属地信息，境内互联网用户账号 IP 地址属地信息需标注到省（区、市），境外账号 IP 地址属地信息需标注到国家（地区）。2022 年 3 月 17日，微博发布消息称，由于俄乌局势和国内疫情等热点事件引发网友的高度关注和讨论，站方在加强违规信息排查处置的同时，发现仍存在个别冒充当地网友发布和传播不实信息的行为，为更好地维护传播秩序，站方将于未来一周上线"用户个人资料页展示近期发帖所在地"的功能。4 月 15 日，国家安全教育日当天，抖音、今日头条、快手、小红书、知乎等平台相继宣布，将在用户个人主页等位置展示账号IP 属地。5 月 5 日，《现代快报》发文《"公开显示 IP 归属地"之后有人慌了，IP代理畸形产业爆火》，澎湃新闻发文《显示 IP 归属地后 IP 代理畸形产业爆火，最低 6 元可更改》。5 月 6 日，新浪科技发文《付费 IP 代理产业爆火，最低 6 元可更改》，中新经纬发文《平台回应 IP 代理产业爆火：已开始屏蔽，不建议售卖，后续会处理》。这些报道引起了网民对网络安全与网络用户实名制问题的关注和讨论。（马颖）

拼多多六万人在线砍价不成功

2022 年 3 月 17 日，斗鱼平台游戏主播超级小桀在直播过程中发动网友参与了拼多多的砍价免费领手机活动，活动开始后，参与者数量迅速飙升，传言参与人数最多时高达 6 万人，结果两个小时都没有成功。该事件引发了广泛的关注和热议。对此，拼多多向新浪科技回应称"未砍成功"不实，3 月 17 日已砍价成功；"几万人参与砍价"不实,主播是向其 QQ 群友发出帮砍邀请的。此外拼多多还表示,平台将进一步完善活动流程和规则,优化活动指引,提升活动体验。但涉事主播并未认可拼多多的回应。后来,上海一位律师就因为在拼多多砍价但始终差"0.9%"而起诉拼多多。该律师发布的文件显示,拼多多给出的理由是"因页面显示百分数位数有限,所以他们把小数点后有 6 位以上的百分数,省略显示为 0.9%,砍价页面显示的 0.9% 不是 0.9%,而是 0.9996427%。"总体来看,拼多多六万人在线砍价不成功事件反映了公众对拼多多在病毒式营销、算法推广方面的不满,也对规范网络企业营销手段、提升用户体验提出了更多的要求。(周骥腾)

"3·21"东航 MU5735 航空器飞行事故引发网友关注

2022 年 3 月 21 日,东方航空云南有限公司波音 737-800 型 B-1791 号机,执行 MU5735 昆明至广州航班,在广州管制区域巡航时,自航路巡航高度 8 900 米快速下降,最终坠毁在广西壮族自治区梧州市藤县埌南镇莫埌村附近。事故发生后,广大网民密切关注救援进展和事故原因调查,中国民航局根据调查进展适时召开新闻发布会公布最新消息。3 月 23 日国家应急处置指挥部发布东航客机坠毁事故调查进展,同日东航客机坠毁地卫星遥感影像在网上公布。然而,个别网民却借机散播网络谣言,造成恶劣影响,对此国家网信办指导多家网站平台,加强了对相关网络谣言的溯源及处置。3 月 26 日国家网信办官网发布消息称,相关网络谣言均已被及时清理,首发账号已被相关网站平台依法依约予以关闭禁言处置,此外,腾讯、新浪微博、字节跳动、快手、百度、哔哩哔哩、小红书、知乎等网站平台,对借东航客机坠毁事故造谣传谣、散布阴谋论、调侃灾难等的违法违规信息和账号从快从严处置,截至 26 日晚,共计清理违法违规信息 27.9 万余条,其中谣言类信息 16.7 万余条,处置账号 2 713 个,解散话题 1 295 个。随后国家网信办督导各网站平台切实履行信息内容管理主体责任,及时处置相关违法违规信息和账号,引导网民客观理性发声。4 月 20 日中国民航局通报了关于该事故调查的初步报告,对事件调查情况做了详细说明。时隔一年,2023 年 3 月 20 日,中国民航局又通报了关于该事故调查的进展情况,表示调查仍在持续深入进行中,后续会根据调查进展情况及时发布相关信息。(田志达)

魔鬼教练刘畊宏直播健身走红,"云健身"出圈

"如果华佗再世,崇洋都被医治,外邦来学汉字,激发我民族意识……"伴随

着周杰伦的《本草纲目》，刘畊宏一夜之间成了坐拥千万粉丝的"现象级"大网红。每天有几千万"刘畊宏女孩"跟着他一起跳操，甚至全家齐上阵。2022 年 4 月 24 日晚，刘畊宏抖音账号粉丝数突破 4 500 万人。短短一周内，其粉丝数增长超过 3 000 万人，直播单场人气峰值破 300 万人。疫情发生后，线下健身场所受疫情防控影响，经营受到限制。这使大量的潜在健身人群加入"云健身"队伍，也给"云健身"带来了新的机遇。抖音 2020 年推出"抖音健身房"活动，2021 年 12 月发起短视频健身行动"DOU 动计划"，2022 年 4 月推出《一起宅家吧》系列节目；快手上线"客厅健身房"；垂直社区 Keep 与帕梅拉合作；等等。据统计，疫情初期，B 站健身运动视频累计播放超 6 亿次，小红书的相关笔记发布量增长了约 2 倍。"云健身"出圈充分说明了人们的生活方式日趋线上化。（李净净）

虚拟偶像女团 A-SOUL 官宣珈乐休眠引发退圈风波

2022 年 5 月 10 日，国内头部虚拟偶像女团 A-SOUL 发布公告，其成员珈乐因身体及学业原因，在和团队认真沟通、反复讨论后，做出艰难决定：除了已签约的商业及合作活动外，将从当周开始终止日常直播（包括单播和团播）和大部分偶像活动，进入"直播休眠"。这在粉丝群体中激起轩然大波。早在 4 月底，隐藏在 A-SOUL 五位虚拟成员背后的扮演者（即"中之人"）的部分现实身份和个人网络账号等隐私信息被逐渐曝光（即"开盒"），在粉丝群体中已经出现了"珈乐毕业"的传言。虽然 5 月 10 日的公告表示珈乐只是因为个人原因而"直播休眠"，并不等于退出 A-SOUL，但在粉丝看来，这意味着珈乐这名成员极大可能今后将不再出现。随后，有粉丝爆料，A-SOUL 成员的中之人的薪酬过低，其工作成绩与个人回报极度不匹配；通过"开盒"获得的信息，粉丝发现她们还面临工作强度过大、职业损伤和工作中不受尊重等问题。这些信息使得粉丝们很快从对珈乐退出的惋惜转向对中之人不公平的待遇和 A-SOUL 背后运营方的愤怒。5 月 11 日，A-SOUL 发布了企划负责人的公开信，回应了企划设计、工作流程以及中之人待遇等诸多争议问题，随后珈乐在临时举行的直播里简单回应了这些问题，但这并没有使粉丝满意，不少粉丝通过取消关注、拒绝打赏、发布差评等方式继续表达对运营方与成员之间分配不公的愤怒。5 月 14 日，A-SOUL 制作委员会发布了对近期事件的说明，在向大家致歉的同时，公开了中之人的收入构成，并声明不存在"霸凌、压榨"等情况。5 月 17 日，杭州市人力资源和社会保障局回应了 A-SOUL 粉丝事件，声称未发现克扣工资和强迫签订劳动合同情况。珈乐休眠事件，引起了人们对虚拟偶像

和中之人价值的关注，以及对该产业背后劳动关系的反思。（林傲耸）

王心凌《爱你》翻红，掀起"回忆杀"

2022 年 5 月 20 日，《乘风破浪的姐姐》第三季初舞台节目一经播出，王心凌凭借一首《爱你》引发了全网热议，无数网友大声呼喊着"甜心教主""青春回来了""你是刘畊宏女孩，我是王心凌男孩"。一时间，各大短视频平台都被翻唱翻跳的《爱你》刷屏，尤其是王心凌的无数中年男粉都活跃起来唱跳《爱你》。该单曲也快速攀升至各大音乐平台热搜榜榜首。截至 5 月 21 日 9 点，新浪微博"王心凌乘风破浪再唱爱你""王心凌 甜心奶奶"双话题合计阅读量超 3.5 亿人次。《爱你》翻红的背后，是一群"隐藏"的"80 后"粉丝对青春的缅怀。不同于当下主流的"00后"饭圈粉丝为自己心仪的明星打榜、刷屏，占据粉丝经济的中心位置，"80 后""90 后"多已进入社会，为工作和家庭倾注大量精力，对青春的追星记忆已经消解在了日常操劳之中。王心凌的《爱你》提供了一个窗口，掀起诸多国人的青春"回忆杀"，唤醒了一代人的集体记忆。随着 8 月 5 日《乘风破浪的姐姐》第三季节目的收官，《爱你》的热度递减，只出现在人们日常生活的偶然交谈之中。（付埻琪）

人教版小学教材插图事件

2022 年 5 月 26 日，因教材上的插图引发争议，"人教版数学教材"登上了微博热搜。一些网民在社交媒体上曝光了人教版小学数学教材中的插图存在涉黄、涉暴、低俗等问题。这些插图包含了暴力、色情等不适合儿童阅读的内容，引起了家长和公众的强烈关注和谴责。该事件引起了社会广泛的关注和反响，公众对儿童教材的安全性和质量提出了更高的要求。2022 年 8 月 22 日，教育部通报人民教育出版社小学数学教材插图问题调查情况，对包括人民教育出版社社长在内的 27 人追责问责。通报称，教材存在不美观向上、不严肃规范、不细致准确三方面问题，但没有发现人民教育出版社相关人员与插图作者、教材整体设计艺术总顾问之间存在经济利益输送问题。该事件也促使出版社、教育部门和其他相关部门加强了对教材审查、发布的管理，以确保儿童教材的内容符合相关法律法规和道德规范，保护儿童的身心健康。（周骥腾）

网曝高考数学疑似泄题事件

2022 年 6 月 7 日，多位网友爆料称高考数学全国乙卷疑似泄题。他们曝光了 QQ 群聊截图，截图显示，一名昵称为"Pursue-张瑞瑞"的网友在 QQ 群发布求助信息，声称要有偿寻求高三数学题的答案，并附上多张疑似数学试卷的照片。高考数学科目考试结束后，该 QQ 群内的多位网友认定这些题目是高考数学全国乙卷中的试题，并对高考数学泄题事件进行举报。当天，广东某考生在考前发布的试卷图片、安徽某考生自称"考前押中语文全国乙卷试题"的信息，在网络平台上被大量传播，引发了网民对高考泄题的怀疑。6 月 8 日，教育部教育考试院发布情况通报称，不存在高考泄题问题。考中发布数学全国乙卷试题的事件，系甘肃某考生违规携带手机进入考场，开考后拍摄试卷发至 QQ 群寻求解答未果；而考前发布高考试题的，则是恶意编辑"占坑帖"，即考前在 QQ 空间发布无关帖子占位，考后再用试卷内容替换原有内容，帖子显示的发布时间仍是考试前。高考数学疑似泄题事件传播的高度即时性和广泛性，反映了社会大众对高等教育选拔制度的公平公正原则的重视。（马颖）

东方甄选掀起内容带货风潮

自 2021 年 12 月新东方推出直播带货平台东方甄选至 2022 年 6 月 9 日，东方甄选直播一直处于低迷状态，直播在线人数长期维持在数百人左右。2022 年 6 月 9 日晚，在直播中，东方甄选主播董宇辉用中英双语的形式介绍、销售商品，并同时通过商品向直播间的观众讲解生活常识、地理知识、诗词歌赋、西方哲学等内容。这样的直播方式吸引了上万人驻足观看。直播间内，网友纷纷表示"每次来直播间都是来学知识的"，并评价东方甄选直播间为"最有文化的直播间"。在此热度下，话题"新东方转型直播间双语带货太卷了"一度登上抖音热搜榜。东方甄选主播董宇辉的直播间带货量位居抖音同时段首位。截至 6 月 10 日 12 点 47 分，东方甄选董宇辉直播最高成绩达到带货榜第 5 名，在线人数逾 4 万人，点赞 509 万人。6 月 10 日下午，"新东方主播"成为热搜词条。当日晚上 10 点左右，俞敏洪出现在直播间，直播间同时在线人数最高峰超过 10 万人。当日，东方甄选新增粉丝 32 万人。6 月 11 日上午 9 点 20 分，东方甄选仍排在抖音带货榜第 6 名，粉丝人数接近 200 万人。在东方甄选主播 YoYo 的直播间里，网友们依然热情。截至 6 月 14 日下午 3 点，东方甄选仍位列直播榜榜首，直播间粉丝增加 157 万人，销售额增加 1 777 万元，且在线观看人数最高约达 10 万人，相比之前的峰值在线千人上涨了超 100 倍。6 月 29 日，东方甄选直播间关注人数进一步突破至 2 000 万人。灰豚数据平台数据显示，东方甄选账号的粉丝量级和带货水平已达到了头部水准。

与其他直播间直接卖货模式不同，以董宇辉为代表的东方甄选主播结合个人特色更多展示人文知识，而较少介绍产品。消费者在直播间学习知识的同时，与主播产生共鸣后下单。这种以知识为主的内容直播，打破了直播带货的边界，开启了以内容为中心的带货形式。新东方转型东方甄选不仅开启了内容带货形式，还开启了教培公司转型进入直播领域的热潮，如：好未来申请注册了"学思心选""晓思严选""学思优选"等商标，并上线"学家优品"直播间；高途也在抖音上线了"高途好物"尝试直播带货；豆神教育旗下拥有"豆神甄选"；思考乐教育则有"思考乐 GO"。（贺灵敏）

"唐山打人案"引起全网关注，网友呼吁打击黑恶势力

2022 年 6 月 10 日，有网友在微博发布视频《唐山某路烧烤店，男生耍流氓未果，随即动手打人》，引发社会关注。根据官方案情通报，10 日凌晨 2 点 40 分，陈某某在路北区机场路一烧烤店对一名女性进行骚扰并殴打对方，陈某某与其同伴（共 7 男 2 女）对被骚扰一方（共 4 名女子）进行了长达近 4 分钟的暴力殴打，随后陈某某一方驾车逃离现场。2 点 46 分左右警察到达现场，受伤的 2 名女子被救护车送往医院。网友和各媒体纷纷斥责打人狂徒，要求执法部门依法严惩这种暴力犯罪行为。10 日晚上，两名涉案犯罪嫌疑人被警方抓获。11 日凌晨央视评论唐山打人事件，提出"扫黑除恶绝不能有盲区"。一时间，全国各地掀起了通过视频实名举报涉黑和腐败的浪潮。11 日下午，该案 9 名涉案人员全部归案，涉案人员陈某某等人有寻衅滋事、非法拘禁、故意伤害等前科。9 月 23 日，廊坊市广阳区人民法院依法对案件公开宣判，查明了盘踞唐山市多年的、以陈某某为纠集者、以王某某等 27 名被告人为成员的恶势力组织。被告人陈某某数罪并罚，判处有期徒刑 24 年，并处罚金人民币 32 万元；对其余 27 名被告人依法判处 6 个月至 11 年有期徒刑不等的刑罚。"唐山打人案"引起了网友对扫黑除恶问题的持续关注，网络大 V 以专题形式阐述严惩施暴者的观点，普通网民积极呼吁有关部门应持续打击黑恶势力。（陶真）

"雪糕刺客"引发网络热议

2022 年 6 月，多名网络博主在微博、抖音和小红书等平台分享了自己遭遇"雪糕刺客"的经历。他们使用"雪糕刺客"一词，形容一些高价雪糕平时"隐藏"在冰柜里，待结账时人们才发现其价格高出预期这一情形。随后，媒体针对雪糕市场的价格乱象进行了报道和批评。钟薛高、哈根达斯、獭祭等雪糕品牌备受争议。一些网友开始挖掘涉事品牌信息，称有关产品存在质量问题，甚至有"烧不化"的现象。"雪糕刺客"话题引发网络热议，其中充斥着网民对雪糕价格攀升、雪糕食品安全问题频发、高价雪糕未明码标价、高价雪糕与平价雪糕混同销售等市场乱象的不满。7 月 1 日起，国家市场监管总局发布的《明码标价和禁止价格欺诈规定》施行。该规定指出不标示或者显著弱化标示对消费者或者其他经营者不利的价格条件，诱骗消费者或者其他经营者与其进行交易属于价格欺诈行为。这为相关部门依法依规监管和处罚雪糕行业中的价格欺诈问题提供了制度保障。12 月 26 日，"雪糕刺客"一词，入选《咬文嚼字》编辑部公布的"2022 年十大流行语"。2023 年 1 月 30 日，中国消费者协会发布《2022 年十大消费维权舆情热点》报告，其中位居舆情热点榜首的是"'价格刺客'有违明码标价诚信原则"。该报告指出，"价格刺客"就是利用不规范标价等各种手段，将一些高价商品伪装成普通商品，从而"套路"消费者买单，实质上是一种变相价格欺诈行为，侵犯了消费者的知情权和选择权。这充分展现了消费者对未明码标价、计量单位不统一、价签不规范等侵犯消费者权益问题的不满。（马颖）

易烊千玺等明星考上编制引发"小镇做题家"热议

2022 年 7 月 6 日，中国国家话剧院公示 2022 年应届毕业生招聘人员名单，易烊千玺等明星出现在拟聘名单中，引发了网友对考核流程是否合规的质疑。在网络舆论的发酵中，《中国新闻周刊》的一篇文章将大众对明星考编的质疑归结为"小镇做题家"的被剥夺感，文章中"小镇做题家每天上培训班，做真题，依旧考不上那个能为他们带来安全感的编制内职务……总感觉抢了自己的坑"等表述的嘲讽意味，激发了许多网友的不满和愤慨。"小镇做题家"这一网络用语，出自豆瓣"985废物引进计划"小组，原本是指出身农村或小城镇的学生，通过努力学习和刷题考试而考上名校，却发现自己只会埋头苦读，而其他方面的能力、视野与资源等有诸多不足，是网友"自嘲"用语，然而在这场舆论风波中却被用作对寒门学子的挖苦和嘲讽。在相关热议中，"小镇做题家"成为对那些不向命运苦难屈服之人的鼓励，而不是一种傲慢的嘲讽，其污名化的标签逐渐被撕下，更深层次上触及了教育公平、阶层流动、就业困难以及社会心态的分化等问题。网络热议还涉及青年群体更应该坚持不懈地努力学习、久久为功，以拼搏精神和积极乐观的生活态度努力实现自我价值等内容。（聂石重）

"张小泉菜刀不能拍蒜"引发网络热议

2022 年 7 月 14 日，话题"张小泉客服称菜刀不能拍蒜"登上热搜，起因是 7 月 12 日，广州王女士用张小泉菜刀拍蒜后，菜刀断开，而张小泉菜刀售后客服给出的答复是"菜刀不能拍蒜"。7 月 15 日，张小泉官方做出回应称，经销商客服回复不当，并向消费者表示歉意，同时赠送其一把新刀具。同一天，张小泉品牌官方微博发布了题为《有关本次广州客诉事件的情况说明》的微博，微信公众号也发文表示，一般而言，张小泉的常规刀具是可以拍蒜的。然而 7 月 18 日，"张小泉总经理称中国人切菜方法不对"相关话题又迅速冲上热搜首位。当晚，张小泉总经理夏乾良在其个人社交账号致歉称，网传视频并非视频的全部，且未还原当时情境和语境，因而引发误解。舆论发酵多日后，《消费日报》8 月 17 日报道称，中国新闻网、《南方都市报》、上游新闻、中国网、《中国经济周刊》等各类媒体从中餐市场的需求、不同刀具的测试、公司财报及商业模式、相关法律分析等角度深入报道了该事件。截至 8 月 11 日，该事件的网络相关信息数量达 112 147 条，其中敏感信息达101 597 条，客户端和微博成为该事件热度最高的媒体渠道和平台。网民对此观点不一，大部分网民认为"菜刀不能拍蒜"的解释有悖当前国民使用习惯，少部分网民则坚持认为"不同的刀应该用来做不同的事"。（田志达）

国家网信办对滴滴依法作出网络安全审查相关行政处罚

2022 年 7 月 21 日，国家网信办依据《网络安全法》《数据安全法》《个人信息保护法》《行政处罚法》等法律法规，对滴滴全球股份有限公司处以人民币 80.26亿元罚款，对滴滴全球股份有限公司董事长兼 CEO 程维、总裁柳青各处人民币 100万元罚款。经查明，滴滴公司共存在 16 项违法事实，归纳起来主要是 8 个方面。一是违法收集用户手机相册中的截图信息 1 196.39 万条；二是过度收集用户剪切板信息、应用列表信息 83.23 亿条；三是过度收集乘客人脸识别信息 1.07 亿条、年龄段信息 5 350.92 万条、职业信息 1 633.56 万条、亲情关系信息 138.29 万条、"家"和"公司"打车地址信息 1.53 亿条；四是过度收集乘客评价代驾服务时、App 后台运行时、手机连接桔视记录仪设备时的精准位置（经纬度）信息 1.67 亿条；五是过度收集司机学历信息 14.29 万条，以明文形式存储司机身份证号信息 5 780.26 万条；六是在未明确告知乘客的情况下分析乘客出行意图信息 539.76 亿条、常驻城市信息 15.38 亿条、异地商务/旅游信息 3.04 亿条；七是在乘客使用顺风车服务时频繁索取无关的"电话权限"；八是未准确、清晰说明用户设备信息等 19 项个人信息处理目的。2023 年 1 月 16 日，滴滴出行宣布已对涉及问题进行了全面整改，经报网络安全审查办公室同意，恢复"滴滴出行"的新用户注册。滴滴事件引发了互联网服务平台的信任危机，个人隐私在信息时代的安全性问题在网络上持续引发热议。（罗胤斌）

南京玄奘寺供奉日本战犯牌位事件

2022 年 7 月 21 日，有网友在视频平台上反映，南京玄奘寺内供奉着四个日本战犯牌位，南京一位刷到该视频的小伙子第一时间赶到玄奘寺求证，在确证属实之后，迅速通过社交平台曝光了此事，供奉牌位事件激起了中国网民的公愤。7 月 22 日，南京市玄武区民族宗教事务局发布情况通报称，已对该寺开展整顿；同日，央视网就此网络事件发表评论称："如此突破底线的恶行，是愚昧无知还是出卖良知？" 7 月 23 日，广东省佛教协会发布《关于组织全省佛教活动场所自查供奉牌位情况的通知》，要求各地佛教活动场所立刻开展本场所内的牌位排查工作，将牌位逐一登记造册、建档立卡。7 月 24 日，江西赣州市佛教协会发布类似通知，要求各县（市、区）佛教协会、佛教活动场所主要负责人加大宣传力度，强化督导检查，教育引导佛教弟子增强法律意识，厚植爱国主义情操。随后，多地佛教协会发出通知，要求各佛教活动场所对供奉牌位开展自查。与此同时，政府方面，南京市委市政府调查组于 7 月 24 日发布消息，通报玄奘寺供奉侵华日军战犯牌位事件调查处理情况，国家宗教事务局于 7 月 26 日部署对宗教活动场所开展紧急排查，要求针对这一损害国家利益、伤害民族感情的恶劣事件，各地要指导宗教界深刻汲取教训，举一反三，对宗教活动场所开展全面自查整改，发现问题立即纠正，依法依规严肃处理。（田志达）

"二舅"视频引发全网热议

2022 年 7 月 25 日，哔哩哔哩视频网站 UP 主衣戈猜想上传了一段名为《回村三天，二舅治好了我的精神内耗》的视频。该视频一经上传，便迅速在互联网上引发热议。该视频击中了当代人，尤其是当代年轻人的时代困境，视频中用"二舅"平凡而又伟大的一生诠释了普通人的生存处境与时代追求。央广网评论称："我们致敬二舅那坚韧的生命力，感叹他豁达通透的人生观，悲悯他身处社会的底层、边缘，却羡慕甚至嫉妒他仍拥有一颗向善向上自强的心、一个内心丰盈而完整的'小世界'。面对充满遗憾的人生，他依然活得自洽而简单。二舅的这幕人生剧场景虽然不大，却充满向上生长的张力和韧性"。由视频扩展出的"精神内耗""平常人的一生"议题引发了全网热烈讨论。与此同时，"二舅"视频也受到了极大争议，有网友质疑视频中的时间、残疾证、独自赡养老人问题。9 月 20 日，该视频创作者 UP 主衣戈猜想发布时长 39 分钟的澄清视频，回应了互联网中的九大争议。回应视频截至 2023 年 3 月 31 日也获得了 1 011 万次的播放量。（付埔琪）

重庆山火救灾事件

自 2022 年 8 月 17 日起，重庆涪陵、江津、巴南等区先后发生了 10 余起山林火灾，受极端高温天气的持续影响，此次重庆森林火灾在短时间内多点发生，在疫情防控形势依然严峻的情况下，火情扑救工作的难度较大。面对火情，重庆统一调度消防、武警等紧急扑救，但重庆自身救援力量仍有不足。在应急管理部的统筹协调下，甘肃、四川、云南等省的森林消防救援队伍火线支援。由于山路陡峭崎岖，救援车辆通行难度大，无法将救援物资及时运达，众多市民和摩托车手加入志愿者行列，形成一幅"摩托车大军"救援火灾的图景。消防救援人员、武警官兵和群众"逆火而行"，汇聚起赴汤蹈火守护家园的磅礴力量，更展现出当代中国青年挺身而出的担当和英雄气概。在此次重庆火灾救援事件中，"多方来援"的救援力量与当地居民的暖心互动在网络和短视频中得到广泛传播，重庆人民自发组织起来，热情感谢各地的消防救援人员，救援队伍和当地居民众志成城，以"中国凝聚力"向世人展示了感动整个城市和互联网的温暖力量。截至 8 月 26 日，经过各方共同努力，重庆森林火灾各处明火已被全部扑灭，进入清理看守阶段，无人员伤亡和重要设施

损失。（聂石重）

辛吉飞网络爆料"科技与狠活"引发食品添加剂争议

2022年8月份开始，抖音视频博主辛吉飞发布了一系列关于食品添加剂的视频，比如糖水加香精合成的蜂蜜、没有肉的淀粉肠、明胶片混合糖浆制成的燕窝等。由于他标志性的歪嘴表情和那句魔性的"这都是纯纯的科技与狠活儿"，"科技与狠活"一词迅速成为网络热词，被网友称为"海克斯科技"（游戏《英雄联盟》用语，指魔法与科技的融合技术）。截至2022年9月29日，抖音平台上，话题"海克斯科技"的播放量超过了15.2亿次，"科技与狠活"的播放量超过了9亿次，"三花淡奶"的播放量超过了5.7亿次。不少网友认为，博主的视频消除了自己对外卖食品的喜爱，亲妈苦口婆心20年没有劝明白的事，被"科技与狠活"迅速劝诚了。但也有很多人认为，"科技与狠活"实质上和挂着"震惊"标题的文章没有区别，抛开剂量谈食品添加剂的危害，拿极端案例当作普遍现象，这些本就站不住脚。但在强大的算法下，病毒式传播消解了人们思考的时间，这件事后来被认为是在贩卖食品安全焦虑。（周骧腾）

一青年歌手患口腔癌去世，再引网络热议"槟榔禁售"

2022年9月10日，36岁的歌手傅松因口腔癌去世。据悉，其患口腔癌，与长达六年的嚼槟榔史有关。他曾在自己的抖音账号发视频称"珍惜生命，远离槟榔"。在其去世消息公布后，"36岁歌手嚼槟榔6年因口腔癌过世"的话题一度登上微博热搜，舆论场中关于禁售槟榔的呼声再起。网络呼声普遍要求立法限制、规范乃至禁止槟榔的生产、经营和食用。多家媒体报道称，浙江、江西、四川多地食品安全监管部门纷纷出手，加速宣布现售槟榔产品下架、禁售槟榔，后《新京报》等媒体报道称，多地规范监管槟榔制品，要求不得把槟榔按食品销售，并非单纯下架。槟榔消费遭遇如此热议，生产商也做出回应。其中海南省槟榔协会9月21日在其官方微信公众号发布了《关于近年海南槟榔产业发展情况通告》，向社会呼吁关注海南推动槟榔产业转型升级的举措，立刻在网络上引发热议，后迫于舆论压力于当日从公众号上紧急撤下该通告。逝者已逝，但围绕槟榔的网络话题仍在继续，因为它牵涉消费者的健康问题和槟榔产业的发展。（田志达）

《羊了个羊》小游戏爆火

2022 年 9 月 13 日，一款名为《羊了个羊》的消除类休闲小游戏开始在微博、微信、抖音等社交媒体中爆火，全网热度居高不下。不到两天时间，在微博就获得了 8 个热搜话题，游戏服务器甚至在两天内崩了 3 次。在这居高不下的讨论度和参与度背后，是众多网友被困在第二关难以自拔。在《羊了个羊》微信小游戏的简介中，更是直接写明"通关率不到 0.1%"。极简的玩法却搭配了极难的关卡，持续的挫败激发了玩家不断挑战的欲望，使《羊了个羊》一跃成为当时最火的现象级小游戏。《羊了个羊》还按照各地通关总人数的多少设计了地区排行榜，激发了玩家"为家乡而战"的游戏动力。玩家为了获得复活机会不断在社交媒体中分享游戏，更加快了它的传播。为了尽快通关，很多玩家开始在网络中搜索攻略，一些不法分子通过假意销售游戏道具、增加复活次数等手段进行网络诈骗。多地警方接到了"《羊了个羊》通关诈骗"的报案，纷纷提醒网友在游戏中不要轻易点击二维码链接或轻易转账，防止个人信息泄露。（林傲箐）

中国共产党第二十次全国代表大会召开

2022 年 10 月 16 日至 22 日，举世瞩目的中国共产党第二十次全国代表大会在北京人民大会堂胜利召开。习近平代表第十九届中央委员会向大会作报告，报告题为《高举中国特色社会主义伟大旗帜 为全面建设社会主义现代化国家而团结奋斗》。本次大会的主题是"高举中国特色社会主义伟大旗帜，全面贯彻新时代中国特色社会主义思想，弘扬伟大建党精神，自信自强、守正创新、踔厉奋发、勇毅前行，为全面建设社会主义现代化国家、全面推进中华民族伟大复兴而团结奋斗"。二十大报告回顾了过去五年的工作和新时代十年的伟大变革，全面阐述了二十大时期党的领导思想和中国现代化发展道路。大会选举产生了新一届中央委员会和中央纪律检查委员会，通过了关于十九届中央委员会报告的决议、关于十九届中央纪律检查委员会工作报告的决议、关于《中国共产党章程（修正案）》的决议。党的二十大号召，全党全军全国各族人民紧密团结在以习近平同志为核心的党中央周围，牢记空谈误国、实干兴邦，坚定信念、同心同德，埋头苦干、奋勇前进，为全面建设社会主义现代化国家、全面推进中华民族伟大复兴而团结奋斗。党的二十大召开实行网络直播模式，全国各族人民通过各直播平台、网络媒体平台进行观看和学习。党的二十大召开期间，通过互联网平台，网民们对国家过去五年的工作和努力给予了肯定和支持，也对国家在疫情防控期间的防疫政策、医疗保障、居民就业等问题给予了高度关注。（李净净）

胡某某失踪案谣言四起，真相呼吁青少年心理健康教育

2022 年 10 月 14 日傍晚，江西省 15 岁高一学生胡某某离奇失踪。10 月 15 日上午，家属报案后，警方到学校持续搜救未果。在胡某某失联一个月后，极目新闻等媒体报道了该事件，其中包含了"身上带有录音笔""宿舍到教学楼不到 100 米""离奇失踪"等信息要素，引发了大量的关注和讨论。同时，部分自媒体为了博眼球、蹭热度，引流牟利，恶意编造传播了诸多虚假信息，比如传播较广的"黑恶组织贩卖器官""光头老师杀害学生"等谣言。这些耸人听闻、没有逻辑、用谣言构建的阴谋论的大肆传播不仅给当事人家属带来巨大伤害，而且误导了公众认知，引发了极大的恐慌，更严重干扰了公安机关的正常调查和搜寻工作。2023 年 1 月 7 日，警方发布案情通报，对网上说法进行辟谣。但胡某某母亲在网络上持续发声，坚持认为是"他杀"，情绪激烈，再次引起了舆论热议。因当时警方并未找到胡某某，他仍处于失联状态，舆论热度并未平息，转而质疑学校的安全性和警方的搜救效率。在胡某某失踪 106 天后，警方发布通报，在河口镇一树林中发现一具尸体，经 DNA 检验确定死者系胡某某。在国内权威刑事技术专家现场指导下，在公安机关进行现场勘查、尸体检验、物证检验鉴定等工作后，出具尸检结果认定其为自缢死亡，现场的录音笔有两段录音清晰显示了他的自杀意愿，没有合成和造假的痕迹。警方将这次事件调查的具体细节精准且及时地向社会公布，用实际行动回应了舆论关切。（陶真）

河南女教师遭"网课爆破"后去世

2022 年 11 月 2 日凌晨，一名网友在微博发文称，其母亲在去世前的网课直播中多次受到恶意干扰，并称 10 月中旬受疫情影响，新郑市所有高中改为线上直播上课，"也正是这个时候，逼死我妈妈的网络暴力已经开始了"，"用各种恶劣下作的手段扰乱直播课堂秩序，不顾我妈妈的再三劝阻和维持纪律的努力，前后通过语音辱骂、共享屏幕干扰课件投屏等多种方式再三刺激我妈妈，最终我妈妈情绪激动落泪退出了直播课堂"。11 月 2 日下午 5 时许，新郑市教育局发布情况通报称，"10

月 28 日，新郑市第三中学教师刘某某在家上完网课后意外离世。经公安机关调查反馈，排除刑事案件可能。针对网传刘某某老师遭遇网暴事件，公安机关已经立案侦查，调查结果会第一时间向社会公布"。据媒体此前报道，多地发生过"网课入侵"事件，不少学生在上网课过程中都遭遇过类似情况，也有人称之为"网课爆破"。社交平台上也可找到"网课爆破""爆破组""禁止网课"等社交小组，人数众多、内容多样，包括直播淫秽视频、辱骂师生等。已有深圳、天津等地网警通过微博发声，称关注到了"网课入侵"现象。律师表示，入侵网课、扰乱网课秩序不仅要承担刑事责任，还有可能承担民事侵权责任。专家认为，这类现象背后的深层原因是有人利用部分学生及家长对上网课的不满，煽动负面情绪，应当引起重视。（刘延飞）

2022 年世界互联网大会乌镇峰会

2022 年 11 月 9—11 日，由世界互联网大会主办、浙江省人民政府承办的"2022 年世界互联网大会乌镇峰会"在浙江省桐乡市乌镇举办，会议主题为"共建网络世界 共创数字未来——携手构建网络空间命运共同体"。此次大会是世界互联网大会国际组织成立后的首届年会，因此受到海内外热切关注。11 月 9 日，国家主席习近平向峰会致贺信并强调：面对数字化带来的机遇和挑战，国际社会应加强对话交流、深化务实合作，携手构建更加公平合理、开放包容、安全稳定、富有生机活力的网络空间。中国愿同世界各国一道，携手走出一条数字资源共建共享、数字经济活力迸发、数字治理精准高效、数字文化繁荣发展、数字安全保障有力、数字合作互利共赢的全球数字发展道路，加快构建网络空间命运共同体，为世界和平发展和人类文明进步贡献智慧和力量。

会议采取"线上＋线下"相结合的方式举行。围绕主题，大会设置了 20 个分论坛。来自 120 余个国家和地区的政府、国际组织、行业机构、互联网企业、高校智库的 2 100 多名代表，围绕主题着重就"合作与发展""科技与产业""人文与社会""治理与安全"四大板块中的焦点、热点问题展开了积极交流并建言献策。峰会期间，"世界互联网领先科技成果发布活动"、"互联网之光"博览会、"直通乌镇"全球互联网大赛以及"携手构建网络空间命运共同体最佳实践"案例展示等重要活动也成功举办。这些活动成果不仅能助力人民群众日常生活的服务均等化，还展现了中国的大国担当。同时，《中国互联网发展报告 2022》和《世界互联网发展报告 2022》蓝皮书新闻发布会也在会议期间举行。中国社会服务领域的数字

化、网络化、智能化助推公共服务普惠均等的实效得到了与会人员的广泛认可。（贺灵敏）

动视暴雪宣布停止中国大陆游戏服务

2022 年 11 月 16 日，暴雪娱乐发布声明称，由于同网易的现有授权协议将在 2023 年 1 月 23 日到期，因此将暂停在中国大陆市场的大部分暴雪游戏服务，包括《魔兽世界》《炉石传说》《守望先锋》《星际争霸》《魔兽争霸Ⅲ：重置版》《暗黑破坏神Ⅲ》《风暴英雄》。针对动视暴雪的停服声明，网易回应称一直在尽最大努力和动视暴雪公司谈判，希望推进续约，但仍然无法就一些合作的关键性条款与动视暴雪达成一致，因此不得不接受此决定，公司在停服前将继续履行职责，为玩家服务到最后一刻。动视暴雪游戏玩家、游戏主播在各大平台发表对停服事件的遗憾，并分享了暴雪游戏陪伴自己的美好岁月。"暴雪""暴雪将在中国大陆暂停多数游戏服务"等关键词一度位于各大门户网站热搜榜前列，网友们围绕动视暴雪国服停运事件展开讨论，且多数声音为批评动视暴雪不尊重国服玩家权益，并以此为导火索开启了对暴雪"黑历史"的盘点。2023 年 1 月 24 日 0 时，动视暴雪国服正式停运，网易代理方开启退款通道，引发了互联网上关于停服游戏退款问题的热烈讨论。2023 年 3 月 16 日，杭州 2022 年第 19 届亚运会官网发布消息称将动视暴雪游戏移出亚运会项目。（付堉琪）

通信行程卡正式下线

2022 年 12 月 13 日 0 时，通信行程卡服务正式下线。中国信息通信研究院发布公告称，已按照有关法律法规规定，同步删除了行程卡所有相关数据，切实保障个人信息安全。通信行程卡，俗称行程码，是 2020 年上线的利用手机信令数据为用户免费提供查询本人前 14 天到过的所有地市信息的服务。2022 年，随着疫情防控政策的调整，通信行程卡于 2022 年 6 月 29 日取消了地点"星号"标记，于 2022 年 7 月 7 日将查询结果的覆盖时间范围由 14 天调整为 7 天。2022 年 12 月 12 日，通信行程卡微信公众号发布公告：为深入贯彻党中央、国务院关于进一步优化新冠肺炎疫情防控措施，科学精准做好防控工作的决策部署，根据国务院联防联控机制综合组有关要求，12 月 13 日 0 时起，正式下线通信行程卡服务。通信行程卡短信、网页、微信小程序、支付宝小程序、App 等查询渠道将同步下线。（林傲耸）

C919 大飞机开启 100 小时验证飞行引发网友关注

2022 年 12 月 26 日，全球首架 C919 开始进行总计 100 小时的验证飞行，引发网友热烈关注。当天，首班验证飞行的航班号为 MU7801，该航班 13 点 25 分从上海虹桥国际机场起飞，15 点 17 分抵达北京首都国际机场。100 小时验证飞行将持续到 2023 年 2 月中旬，共涉及 9 条航线。在每个验证飞行日，C919 飞机从上海虹桥机场始发起飞，飞往北京首都、北京大兴、成都天府、西安、海口、青岛、武汉、南昌、济南等机场，并于当天返回上海虹桥机场。验证飞行需要模拟整个航班的运行过程，包括签派放行、旅客登机、飞行员操作、机务维修等整个流程。C919 大型客机是我国按照国际通行适航标准研制、具有完全自主知识产权的全球新一代单通道干线客机，于 2007 年立项，2017 年首飞，2022 年 9 月 29 日取得中国民航局型号合格证（TC 证）；11 月 29 日，取得中国民航局生产许可证（PC 证）。12 月 9 日，全球首架 C919 大型客机正式交付中国东方航空。验证飞行主要是验证航空公司安全运行 C919 飞机的能力，主要包括东航前期制定的关于该机型的政策、标准、规定和程序的适用性和可操作性，同时验证航空公司各个专业系统的保障能力，以及各类专业人员是不是具有安全运营 C919 的能力，以此保证航空公司在国产大飞机进入商业运行之后，能够为广大旅客提供良好的乘机体验。在 C919 飞机完成航线验证飞行后，中国民航局将对验证结果进行审定和检查，确认东航具备安全运行 C919 飞机能力之后，将颁发相应的运营许可。（罗胤斌）

知网因滥用市场支配地位被罚

2022 年 5 月，国家市场监管总局依据《反垄断法》对知网涉嫌实施垄断行为立案调查。根据《反垄断法》第五十七条、第五十九条规定，综合考虑知网违法行为的性质、程度、持续时间和消除违法行为后果的情况等因素，2022 年 12 月 26 日，国家市场监管总局依法作出行政处罚决定，责令知网停止违法行为，并处以其 2021 年中国境内销售额 17.52 亿元的 5% 的罚款，计 8 760 万元。该事件引起了广泛的社会关注和讨论。一方面，有人认为知网垄断行为严重影响了学术文献的自由获取和传播，损害了消费者权益，国家市场监管总局的处罚是必要的、合理的；另一方面，也有人认为知网在市场竞争中取得优势是其自身不断努力生产优秀产品的结果，处罚不仅会影响企业的正常运营，还会影响整个行业的发展和创新。

综合来看，知网因垄断被罚事件，揭示了当前学术文献检索服务市场的不健康竞争现象，也提醒了企业在发展过程中要遵守市场规则和竞争原则。（周骥腾）

江歌案二审宣判

2016 年 11 月 3 日，中国留学生江歌在日本被刘某的前男友陈某某用匕首残忍杀害。案件发生前，刘某与前男友陈某某发生矛盾，搬到江歌处与她合租，陈某某来到江歌和刘某的住处纠缠，刘某先躲进了房间，而江歌在门外为了保护刘某而被陈某某惨无人道地用刀多次刺伤脖子和胸部，最终因失血过多而丧生。其间，刘某躲在屋内一直没有开门。日本警方于 2016 年 12 月 14 日对杀害江歌的嫌疑人陈某某以杀人罪正式起诉，2017 年 12 月 18 日，检察官建议法庭判处被告陈某某 20 年有期徒刑。在这个过程中，刘某一直在诋毁江歌母亲江某某，甚至在江歌去世的纪念日发了很多让人难受的言论和图片来刺激江某某，最终江某某决定起诉刘某一家，为女儿讨回公道。2022 年 1 月 10 日，山东省青岛市城阳区人民法院作出一审判决，刘某被判决赔偿原告各项经济损失 496 000 元及精神损害抚慰金 200 000 元，并承担全部案件受理费。刘某一家不服一审判决，提出上诉。2022 年 12 月 30 日，山东省青岛市中级人民法院对江某某与刘某生命权纠纷案作出二审判决：驳回上诉，维持原判。（罗胤斌）

后　记

随着信息技术革命的全面铺开，元宇宙正由科幻走向现实，开始被定位为网络社会发展的新阶段，并被赋予了一系列社会意义和未来想象。推进和建设元宇宙的行动发生了从虚拟转向现实的融合扩展，元宇宙由此不仅同经济、政治、文化和社会生活发生了广泛联系，还呈现为广阔而崭新的社会现象。它使得社会现实在虚拟空间得到广泛延展，深刻改变着人们的日常生活世界与互动关系，也使得传统行业发生着深刻变革。为了系统总结元宇宙的研究进展与发展前景，本年度《中国网络社会研究报告》围绕元宇宙专题组织编写，对元宇宙与现实社会的互动关系、元宇宙对各行业产生的影响以及元宇宙的发展前景等问题展开研究和讨论。

本报告秉持一贯的写作风格，即基于社会学的理论和方法，通过叙议结合的方式，为读者呈现一幅丰富多彩的元宇宙图景，以期对人们更深入、全面地理解元宇宙及其影响有所助益。本报告兼顾学术性、趣味性与可读性，既可以作为网络社会研究和元宇宙研究的参考文献，也可以作为广大网民了解网络社会与元宇宙的发展前景、思考虚拟与现实问题的阅读资料。

本报告的编写分工如下：

第一章　刘少杰（中国人民大学）

第二章　林傲耸（中国人民大学）

第三章　时立荣（中央民族大学）

第四章　王建民、何鹏（中央财经大学）

第五章　杨江华、邵煜杰（西安交通大学）

第六章　程士强（中央财经大学）

第七章　付堉琪（中国人民大学）

第八章　宋辰婷（北京工业大学）

第九章　吴海琳、曾坤宁（吉林大学）

第十章　周骥腾（中国人民大学）

第十一章　刘延飞、张荣（安徽大学）

第十二章　黄俏（国家开放大学）

第十三章　聂思言、杨江华（西安交通大学）

第十四章　张军（安徽大学）

图书在版编目（CIP）数据

中国网络社会研究报告 . 2022：元宇宙专题 / 刘少杰主编；王建民副主编 . -- 北京：中国人民大学出版社，2024.9

（中国人民大学研究报告系列）

ISBN 978-7-300-32723-5

Ⅰ.①中… Ⅱ.①刘… ②王… Ⅲ.①计算机网络-社会问题-研究报告-中国- 2022 Ⅳ.①D669

中国国家版本馆 CIP 数据核字（2024）第 072281 号

中国人民大学研究报告系列

中国网络社会研究报告 2022

元宇宙专题

主　编　刘少杰

副主编　王建民

Zhongguo Wangluo Shehui Yanjiu Baogao 2022

出版发行	中国人民大学出版社	
社　　址	北京中关村大街 31 号	邮政编码　100080
电　　话	010 - 62511242（总编室）	010 - 62511770（质管部）
	010 - 82501766（邮购部）	010 - 62514148（门市部）
	010 - 62515195（发行公司）	010 - 62515275（盗版举报）
网　　址	http://www.crup.com.cn	
经　　销	新华书店	
印　　刷	唐山玺诚印务有限公司	
开　　本	787 mm×1092 mm　1/16	版　　次　2024 年 9 月第 1 版
印　　张	16.25 插页 1	印　　次　2024 年 9 月第 1 次印刷
字　　数	297 000	定　　价　58.00 元